교양인을 위한

휴먼 리더십 이론과 실제

김대규 저

양 성 원

머리말

휴먼 리더십함양을 위하여

제4차 산업혁명시대의 매우 빠른 사회 변화는 새로운 리더십을 요구하고 있다. 모바일시대의 리더십은 더 이상 수직적이며 권위주의적인 리더십이 허용되지 않는다. 새로운 리더십은 과거에 연연하지 않고 수평적이며 분권적이어야 하며, 인공지능을 능가하는 역동성을 가진 구성원 모두의 리더십을 말한다. 특히 그것은 기존의 방식과 타협하려 하지 않고 과감히 권위에 도전적이며 창의력을 토대로 미래지향적이어야 한다.

인공지능과 로봇산업에 의한 과학과 기술의 고도화에 따른 시대적으로 매우 엄중한 때에, 과거와는 차별화되고 혁신적인 교양교육이 절실히 요구되는 시기이다. 즉, 융합과 혁신이라는 ICT분야와 제조업의 창조적인 경영방식은 지금까지의 고급인재들에 대한 채용과 운용방식에 새로운 과제를 제시하고 있다는 것을 알아야 한다. 분명 새로운 기기와 물질문명은 인간들의 삶을 풍요롭게 하는 만큼 그에 상응하는 변화된 자세를 요구한다는 점에 유의하여야 할 것이다.

현실적으로 이러한 국면에 대한 불안정한 대비로 인하여 우리 사회에서는 대학졸업자들이 안정적인 직업인으로 사회에 진출하기가 해가 거듭될수록 점점 더 어려워지고 있다. 대학당국에서도 졸업생들을 위한 지식교육은 물론 다양한 교양교육의 프로그램을 개발하여 학생들이 더욱 창의적인 인성함양을 위한 교육과 연구에 모든 힘을 쏟아야 할 때임을 아무리 강조하여도 지나치지 않을 것이다.

'교양인을 위한 휴먼 리더십 이론과 실제'는 지금 제기되는 사회환경의 시대적 요청과 대학 교양교육의 다양화와 창의성이 발휘될 수 있는 인성함양을 위하여 개발되었음을 강조하고자 한다. 교재의 구성은 리더십에 관한 기초이론의 이해에서부터 리더십의 함양을 위한 기법에 관한 소개 그리고 그러한 스킬들의 활용과 적용을 위한 실제연습을 제시하고 있다. 패러다임의 변화와 적용이 매우 민감한 현실에 지금까지 교양교육이 가졌던 '틀에 얽매인 사고'를 과감히 탈피하여 현장연구와 실습위주의 리더십함양을 목표로 구성하려고 노력하였으나 시간적 제한으로 아쉬움을 인정하지 않을 수 없다. 그럼에도 불구하고 급변하는 환경에서 대학교양인으로서 가져야 할 리더십과 개개인의 경쟁력 강화에 부분적이나마 도움이 되었으면 하는 바람이다. 교재구성의 객관성 부족과 학문적 접근의 불충에 대하여 독자들의 질책과 성원을 기대한다.

끝으로 어려운 출판환경에도 기꺼이 대학교양교육의 발전을 위하여 물적 · 인적 지원을 아끼지 않으시는 양성원의 대표님과 여러 직원분들께 진실로 감사의 말씀을 올린다.

2019년 8월

인각당에서 저자 김대규 씀

차례

1장

리더십의 기초이론

The significant problems we face cannot be solved at the same level of thinking we were at when we created them.

The important thing is not to stop questioning.

Imagination is more important than knowledge.

– Albert Einstein –

Thomas Edison viewed each setback he encountered in making a light bulb simply as another way NOT to make a light bulb.

MISTAKES are the stepping stones that lead to future accomplishments.

The way to SUCCEED is to double your FAILURE rate.

– T.J.Watson, Sr. –

■ 리더십의 이해와 기초이론

리더십의 개념이해와 내용소개	매우 그렇다	그렇다	보통 이다	아니다	전혀 아니다
1. 나는 모든 일을 수행함에 있어서 인간적이다.					
2. 인간사회의 구성원으로서 더불어 살아가는 인간의 삶에 대하여 생각하며 살아간다.					
3. 인간 공동체에서 자신의 개발을 위하여 힘쓰고 있다.					
4. 인간과 인간과의 상호관계를 생각하며 살아간다.					
5. 조직 구성원으로서 조직의 목표달성을 위하여 노력한다.					
6. 어떤 조직에서나 권리와 의무를 생각하며 살아간다.					
7. 조직의 발전에 대하여 생각해 본 적이 있다.					
8. 조직생활에서 구성원으로서 항상 책임감을 생각한다.					
9. 리더십의 개념은 조직을 통솔하는 것이다.					
10. 사회생활에서 리더십을 생각하며 생활하고 있다.					
11. 변화하는 사회에서 변화를 주도적으로 이끌어 간다.					
12. 하루하루 새로운 모습을 보이며 생활한다.					
13. 나보다는 다른 사람의 입장에서 전체를 생각한다.					
14. 나는 인간의 정을 소중히 생각하는 사람이다.					
15. 어떤 형태든지 다른 사람과의 관계를 맺고 살아간다.					
16. 리더십의 개념은 상명하복의 수직적 관계이다.					
17. 현대의 리더십은 상호관계에 의한 수평적 관계이다.					
18. 조직의 목표달성을 위해 구성원들의 창의성이 있어야 한다.					
19. 4차 산업혁명의 시대에 상응하는 새로운 리더십이 필요하다.					
20. 나는 리더십이 있다.					

1. 리더십의 개념

1) 현대사회와 리더십의 의의

우리가 살아가는 현대사회는 리더십으로 구성되어 있다. 국가 최고지도자의 리더십에서부터 기업의 경영과 조직관리에 리더십의 영향력은 말할 필요도 없으며, 지금은 문화행사에서도 뛰어난 리더십이 행사의 성공과 실패를 좌우한다. 심지어 한 가정에서의 리더십은 물론 초등학교 어린이 교실에서도 리더십이 요구되는 시대이다. 10여 년 전 케냐출신의 아버지를 둔 흑인 오바마가 미국사회의 인종갈등을 극복하고 대통령이 될 수 있었던 것도 탁월한 '오바마의 리더십'이 있었기 때문에 가능하였을 뿐만 아니라, 미국인 개개인의 탁월한 현대적이며 수평적 개념의 리더십이 있었기 때문이다. 이와 같이 리더십이 현대의 인간생활에 끼친 영향력은 매우 크다. 그러한 현상은 오늘날 리더십에 관한 개념정의가 무수히 많은 것에서도 나타난다. 리더십의 연구자와 접근방식에 따라 리더십개념은 무려 250여 가지 이상 논의되기도 한다. 영국이 낳은 세계적인 지도자 처칠(Winston Churchill) 수상은 "나는 리더십에 대하여 잘 모른다. 그러나 그것이 세상사는 사람들의 마음을 얻어가는 과정이라는 것은 아는 것 같다."라고 정의하였다. 수많은 개념 때문에 리더십의 본질이 매우 어려운 것으로 이해하기 쉬우나 사실 리더십은 더불어 살아가는 인간생활의 일상이며, 인간들 상호 간의 최선의 관계를 유지해가는 삶의 방식이라고도 할 수 있다.

2) 전통적이며 권위주의적 리더십의 개념

전통적인 관점에서 리더십의 개념은 지도자, 즉 리더의 관점에서만 강조되어 리더의 통솔력과 지도자 정신으로 정의되어 왔다. 리더는 앞서서 지도하고 추종자는 뒤에서 리더를 따라가는 것이 고전적이며 권위적인 리더십의 개념이었다. 지금까지 우리가 알고 있는 리더십의 개념, 즉 통솔력을 의미하는 것은 우선 정치, 군사, 봉건적 집단, 구제도와 같은 조직 등에서 행사되어온 헤드십(headship)이다. 지배자와 피지배자와의 명령과 복종에 의한 수직적 관계이다. 또한 경영관리의 관점에서도 매니저십(managership)의 개념으로 관리자와 부하 간의 업무추진을 위한 역할분담과 상명하복의 관계를 나타내고 있다.

그러나 리더십의 개념도 사회의 다원화와 패러다임의 변화에 따라 새로운 흐름에 맞추어 진화해 가고 있다. 산업화 전후시대의 권위주의적 사회구조에 의한 일방적이던 리더십의 개념이 현대사회에서는 조직문화, 경영, 관리, 민주적 집단, 자기계발, 디지털 방식에 의한 구조적인 변화에 따라, 구성원 상호 간의 협력과 조화의 관계를 나타내는 릴레이션십(relationship) 그리고 조직 목표달성을 위한 상호 영향력과 상호관련성을 의미하는 멤버십(membership)의 의미가 강화되고 있다.

첨단 정보매체의 발달로 수평화된 인간관계를 특징으로 하는 현대사회의 리더십은 이제 한두 사람의 지도력에 중점을 두는 것이 아니라, 공동체 구성원 모두의 상호관계에 관한 과정이라는 의미에 무게를 더 두고 있다는 것이다.

리더십 용어의 어원에서도 리더의 정신이나 통솔력을 생각하기 쉬우나 오히려 조직 구성원의 관점에서 보자면 지도자와 추종자 간의 상호작용에 의한 하나의 과정으로 규정할 수 있다. 이러한 작용의 특징은 자발적이며 공동의 목적을 달성한다는 의미에서 서로 협력의 관계로 설명할 수 있는 것이 최근 리더십에 관한 개념정의의 경향이다. 원래 리더십에 관한 사전적 개념정의도 "리더십이란 집단적 기능의 하나로 집단 구성원으로 하여금 그 집단의 목표를 달성하는 방향으로 행동하도록 하는 모든 작용"(International Encyclopedia of the SOCIAL SCIENCES)으로 설명하고 있다. 그리고 리더십에 대한 심리학적, 사회학적 그리고 정치학적, 경영학적 관점에서 따라 그 개념정의를 조금씩 달리하고 있다

3) 최근 수평적 의미의 리더십 개념

현대사회의 리더십은 인간적이며 창의적인 리더십이어야 한다. 본질적으로 리더십은 조직 구성원들이 자신이 소속된 집단과 조직의 목표달성을 위하여 행동하는 구성원 상호 간의 작용에서 생겨나는 것이라고 정의할 때, 그 조직 구성원 상호 간은 인간적이어야 하며 목표달성을 위한 행동은 창의적이어야 한다는 의미이다. 경

영컨설턴트 로스트는 현대사회에서의 리더십이란, "한 조직사회에서 그 조직 구성원들의 공동목표 달성을 위하여 구성원들 상호 간의 交互作用(interaction) 혹은 相互作用(reciprocal action)의 과정"으로 정의하였다(Rost, 1993). 현재 리더십의 본질은 조직 상층부의 지도자에 초점을 맞추는 것이 아니라, 어떤 조직에 있어 구성원 모두의 상호관련성(relationship)으로 그것은 집단 구성원들 사이에서의 '제휴하고 협력하려는 노력'으로 정의되고 설명된다. 오늘날 정보화시대의 리더십이란 지배와 복종의 관계가 아니라 협력과 조화의 관계이며, 상명하복의 수직적 개념이 아니라 상호작용의 수평적 개념이다.

구성원들 상호 간의 '상호작용'과 '과정'은 인간적이어야 한다. 오늘도 우리는 인간답게 살아가기를 다짐한다. 그리고 무엇이 인간답게 살아가는 것인지를 고민해 본다. 인간다움은 휴머니즘이다. 휴머니즘은 인간중심주의로서 인간을 최상의 가치로 인간의 이성과 감성을 최대한 보장하는 것이어야 한다. 그것은 산업화와 더불어 시작된 물질문명의 발달에 따라 인간이 물질과 기계의 노예로 전락된 비합리적 사고에서 다시 원래의 이성적이며 합리주의적인 인간중심사상을 말하는 것이다. 최근 물질문명이 극대화된 컴퓨터기술의 발달과 더불어 더욱 인간은 자신의 가치를 찾지 못하고 컴퓨터와 그 기술에 예속되고 있음을 부정할 수 없다. 사이버 세상의 현란한 모습은 인간을 또다시 컴퓨터의 노예로 전락시키는 결과를 낳았다. 비참하게도 오늘 인간사회에 컴퓨터가 없거나 그 기능이 일시 정지해 버리면 인간세상은 아비규환이 되어버린다. 그래서 인간사회의 발전과 더불어 본래 인간의 모습이 절실히 요구되는 시점에서 인간적이며 합리적인 인간성의 추구가 더욱 당연하다고 할 것이다.

현대의 다원화되고 고도화된 인간사회에서의 리더십은 더욱 인간의, 인간을 위한 인간관계의 정립이 되어져야 한다. 즉, 인간사회 구성원들의 상호관계에서 인간의 존엄성을 최고의 가치로 두어야 한다. 상호 간에 인간존중의 정신을 둠으로써 비인간화와 인간성 상실을 극복해야 본래의 리더십정신이 이루어질 것이다.

상대를 배려하는 마음, 끊임없이 상대를 격려하고 칭찬하는 모습에서 인간애를 가질 수 있다. 설득과 타협, 봉사와 희생, 믿음과 사랑 그리고 통합의 정신은 휴머니즘의 기본이다. 배려하는 마음은 현대사회 리더십의 출발점이 되어야 한다.

2. 리더십 교육과 훈련의 필요성

4차 산업혁명의 시대라고 불리워지는 현대사회가 얼마나 빨리 변화하고 인간의 생활방식에 패러다임의 전환을 초래하고 있는지에 대하여 세계경영학의 대가 게리 해멀(Gary Hamel) 교수는 "진화의 시대가 가고 혁명의 시대가 도래했다"라고 한다. 이것은 "20세기가 점진적인 경쟁전략으로 이끌려졌다면, 불확실성이 지배하는 21세기에는 경쟁의 룰을 바꾸는 혁명적인 전략만이 있다"는 의미로 해석할 수 있다. 또한 해멀 교수는 조직의 생존과 발전을 위해서 끊임없는 새로운 사고와 창의성이 지배하는 현대사회를 주장한다. 즉, 지금은 '지식경제'가 아니라 '창조경제'의 시대에 접어들었음을 지적하고 산업화시대의 '부지런함과 복종'의 시대에서 전문성에 의한 '지식경제시대'가 주류를 이루었으나 장차 창의성과 주도력(initiative) 그리고 열정(passion)을 핵심으로 하는 창조경제시대를 내세운다. 그래서 우리는 이제 진화가 아니라 혁명을 해야 한다고 강하게 주장한 바 있다.

지식기반의 지식경제사회에서 인간관계 핵심은 리더십이다. 역시 창조경제사회에서도 인간의 상호관계에 관한 기반은 리더십이 되어야 할 것이다. 리더십은 사회와 조직의 유지와 발전을 위하여 사회가 추구하는 목표를 달성하기 위한 사회 구성원들의 일체의 작용이다. 게리 해멀의 지적과 같이 혁명적 변화를 추구해야 하는 현대사회에서 리더십훈련의 당위성과 필요성이 대두된다. 즉, 정보화와 지식사회에서의 사회 · 경제적 특성은 무한경쟁의 시대를 감안하여 정보와 지식을 공유하고 세계화된 사회에서 우리는 능동적으로 주체적인 삶을 영위할 수 있도록 리더십을 갖추어야 할 것이다.

어떤 사회에서나 조직과 개인의 성공을 위해 리더십은 중요한 역할은 한다. 특히 새로운 시대가 필요로 하는 능력을 우리가 갖추기 위해서는 스스로 변화할 수 있는 자질의 개발을 위해 리더십이 필요할 것이다. 이와 같이 변화가 빠르고 경쟁력이 필요한 때에 개인의 경쟁력은 물론 우리가 소속되어 있는 조직과 사회의 경쟁력을 향상시킬 수 있는 리더십이 필요한 이유를 간추려 보면 다음과 같다.

1) 글로벌시대에 언제나 어디서나 사용 가능한 전문능력이 있어야 한다.

경쟁적 국제사회와 노동의 현장에서 살아남기 위해서는 어느 곳에서나 통용 가능하면서 다른 인재로 대체하기 어려운 전문능력을 보유하고 있어야 한다. 특정한 장소와 제한된 곳에서만 통용되고 다른 지역에서나 어떤 기업에서는 통용되지 않는 특수한 능력만을 갖고 있는 경우에는, 전직이 어렵고 한 조직에 대한 종속성만 심화시켜 환경변화에 경직화될 공산이 크다. 전문화된 지식과 능력을 겸비할 수 있어야 한다.

이러한 전문적 지식과 능력의 구비는 상대적이고 쌍방향이다. 즉, 쌍방통행형의 글로벌 경쟁체제하에서는 호환성이 있는 의식, 행동, 지식체계를 갖춘 전문능력의 필요성이 크게 높아진다는 것이다. 이에 따라 능숙한 외국어 구사력은 물론 국제적 매너와 인간관계의 능력을 갖출 수 있어야 한다.

2) 새로운 지식을 신속히 받아들일 수 있는 학습능력이 있어야 한다.

경쟁의 성격이 지식의 경쟁으로 변화되면서 지식을 신속하게 흡수할 수 있는 학습능력의 중요성도 당연히 높아진다. 정보화의 진전에 의해 공급되는 정보나 지식의 양이 엄청나게 증가하고 지식의 반감기도 크게 축소되고 있기 때문에 지식의 절대량보다는 지식의 축적 및 활용을 위한 학습능력이 보다 중시되고 있다.

세계화와 정보화시대에 학습능력을 높이기 위해서는 자연언어인 외국어와 인공언어인 컴퓨터를 능숙하게 구사할 수 있어야 한다. 외국으로부터의 지식습득이나 기술도입을 위해서는 높은 수준의 외국어능력이 요구되며 특히 전 세계의 지식 중에서 80% 이상이 영어로 통용되므로 영어는 지식습득을 위한 필수적 무기임을 명심하여야 한다. 외부의 네트워크를 효과적으로 구축하고 활용할 수 있는 능력도 학습능력을 크게 좌우한다. 세계화와 정보화의 진전으로 누구나가 같은 정보, 자원, 기술, 시장에 접할 수 있게 됐기 때문에 이들 요소를 가장 빠르고 가장 혁신적인 방식으로 네트워킹 할 수 있는 능력이 승자와 패자를 갈라놓는 경우가 늘어나고 있다.

3) 고정관념에서 벗어나 문제를 해결할 수 있는 창의적 능력이 있어야 한다.

불확실성이 크게 높아진 경쟁환경에서는 스스로 문제를 발견하고 해결해나가는 창조적 능력이 중요하다. 게리 해멀의 지적과 같이 새로운 경제시대를 살아가기 위하여 창의성을 개발하여야 한다. 다음 장에서 구체적으로 논의되겠지만 우리는 스스로 문제를 발견하고 해결해 나갈 수 있는 창조력, 상황판단력, 전략과 통찰력 등의 개념적 숙련 및 협상능력, 커뮤니케이션능력과 같은 리더십이 필요하다.

4) 활동의 결과가 조직과 개인에게 성과로 연결되는 능력을 가져야 한다.

무한경쟁시대에서는 일에 대한 측정 가능한 성과로 나타나는 개인이 실제 발휘할 수 있는 능력이 중요하다. 경쟁이 심화되면서 능력과 성과와의 관련이 보다 중시되어 성과로 연결되지 않는 '잠재능력' 등은 인정을 받을 수 없고 실제 나타나는 '발휘능력'을 인정받을 수 있을 뿐이다. 그러므로 앞에서 제기된 국제화시대의 언어능력 그리고 4차 산업혁명시대의 IT능력과 같은 실제 일상업무와 일에서 사용 가능한 능력으로 키워나가야 한다. 자신이 속한 집단의 업무가 곧 자신의 발휘능력으로 언제 어디서나 인정받을 수 있도록 능력을 신장시켜야 한다.

3. 현대사회에 요구되는 리더십

1) 현대사회의 리더십 형태

현대 정보화사회에서는 더 이상 농경사회와 산업사회에서 볼 수 있었던 절대권력에 의한 지배와 통치형태는 무의미해질 것이다. 권모술수형의 전제군주는 새삼 언급할 필요도 없으며 이념지향의 지도자, 권력추종형의 지도자는 이제 설자리가 없다. 지식과 정보화에 의하여 전문성과 다원성을 지니면서 철저한 권력의 분화와 네트워크화를 전제로 한 수평적 리더십이 대세를 이룬다. 이것은 지식과 정보라는 눈에 보이지 않는 능력으로 경쟁하고 공동체와 조직 구성원들의 욕구를 만족시킬 수 있어야 하기 때문이다.

정보화사회에서는 양적으로나 질적인 규모 면에 있어서 엄청나게 방대하면서 환경변화의 속도가 빨라지게 되므로 중앙집권적 권한을 가진 한 사람이 지시하고 통제하는 방식은 효율성에서나 합리성이 크게 뒤떨어지게 될 것이다.

과거와는 많이 차별화되는 후기산업사회 이후 리더십의 형태는 지식과 정보화의 사회에 상응하는 조직구조와 경영환경에 따라 ① 강자형 리더십, ② 거래형 리더십, ③ 영웅형 리더십, ④ 슈퍼 리더십으로 나누어 설명할 수 있다. 4가지 형태의 리더십을 먼저 정리해보면 〈표 1-1〉과 같다.

〈표 1-1〉 현대사회의 리더십

내용 \ 형태	강자형 리더십	거래형 리더십	영웅형 리더십	슈퍼 리더십
리더의 방법	명 령	보 상	Vision 제시	Self-Leader
권력의 행사	직위와 권한	보 상	영감과 관계	공유가치
리더십의 근원	최고리더	관리형 리더	보스형 리더	구성원 모두 리더
구성원들의 반응	강압과 복종	계산상의 복종	비전과 감성에 호소	모두의 주인의식
리더의 행동	지시와 명령, 협박과 복종	상호 교환적 보상과 징계	교화와 설득 공감적 추종	유능한 셀프리더, 창조와 휴먼 문화

4차 산업혁명을 기반으로 하는 현대사회의 리더십은 〈표 1-1〉에서 나타나듯이 구성원들이 주인의식을 셀프리더로 갖고 급변하는 사회구조에 경쟁력을 스스로 발휘하여 창의적으로 대처해 나갈 수 있는 슈퍼 리더십을 요구한다.

과거 산업사회 이전의 리더십이 구성원들에게 '나를 따르라'는 식으로 구성원들을 끌고 가는 역할이었다면 정보화사회의 리더십은 스스로 문제를 파악하고 해결할 수 있는 능력을 배양해 줌으로써 구성원들이 주체적으로 역량을 발휘할 수 있도록 하는 역할이 더욱 중시되는 것이다. 그래서 현대사회의 리더십은 먼저 슈퍼 리더십으로서 Self-Leader가 되어야 한다. 타인 즉, 조직의 구성원들을 Self-Leader로 만드는 슈퍼 리더가 되기 위해서는 먼저 Self-Leader가 되어야 한다. 스스로 일을 찾아서 해결하지는 못하면서 구성원들에게만 강요해서는 신뢰감을 얻을 수 없다. 자신의 행위가 과연 구성원들이 보고 배울 만한 가치가 있는 행위인가, 고쳐야 하는 행위는 없는가에 대한 깊은 성찰을 통해 강점은 잘 발휘하고 약점은 최대한 보완하는 자기계발의 노력이 필요한 것이다.

2) 슈퍼 리더십의 내용과 행동덕목

슈퍼 리더십은 모든 면에서 행동으로 모범을 보여야 한다. 현대사회의 조직 구성원들에게 반드시 Self-Leadership을 행동으로 보여주는 것이 필요하다. 조직 구성원들은 상급자의 행위에 많은 영향을 받기 마련이다. 특히 상황이 불확실한 경우에는 상급자의 행위 하나 하나가 그대로 바람직한 행위로 인식되어지는 경우도 있다. 급격하게 변화하는 사회에서 역할모델이 되기 위해서는 솔선수범으로 문제를 찾아서 해결하려는 적극적인 자세를 보여야 한다. 어느 조직에서나 과업을 보다 효율적으로 수행하기 위해서 해결해야 할 과제는 산적해 있다. 문제의 일부는 자체적인 노력으로 해결될 수 있을 것이고, 또 자체의 힘만으로 풀리지 않는 과제도 있다. 어떠한 문제이든 간에 리더가 앞장서서 해결하려는 자세를 가져야 한다. 먼저 자체적으로 해결할 수 있는 과제들에 대해 집중적으로 해결하도록 함으로써 문제가 발생하는 데에 따라 스스로의 변화로 해결하려는 노력을 보여야 한다는 것이다.

또한 슈퍼 리더로서의 지도자는 이러한 조직의 변화를 앞장서서 이끌고 가야 할 책임이 있다. 자신이 맡고 있는 업무를 충실히 수행하기 위해 공부하는 것도 중요하지만 미래의 성공적인 관리자가 되기 위해서는 구성원들에게 미래를 창조할 수 있는 능력을 갖도록 해주는 것이 더욱 중요하다. 관리자 스스로 이러한 분위기를 조성하고 나아가 구성원들을 가르쳐 줄 수 있는 실력을 배양하는 것이 무엇보다도 필요한 것이다.

셀프 리더십으로 훈련된 슈퍼 리더의 자세와 요구되어지는 행동덕목을 살펴보면, 리더는 자신에게 개인적으로 최선을 다할 수 있는 기회가 주어지면, 먼저 리더 스스로가 주어진 모든 과정에 도전할 수 있어야 하고, 둘째, 동료와 구성원들에게 비전을 심어줌으로써 경쟁에 대비한 능력개발의 선도자가 되어야 한다. 셋째, 슈퍼 리더는 구성원들의 행동을 유도하여 조직화할 수 있어야 한다. 넷째, 목표달성에의 방법을 객관적으로 모델화할 수 있어야 하며, 다섯째, 조직 구성원 모두를 격려할 수 있어야 한다는 것이다.

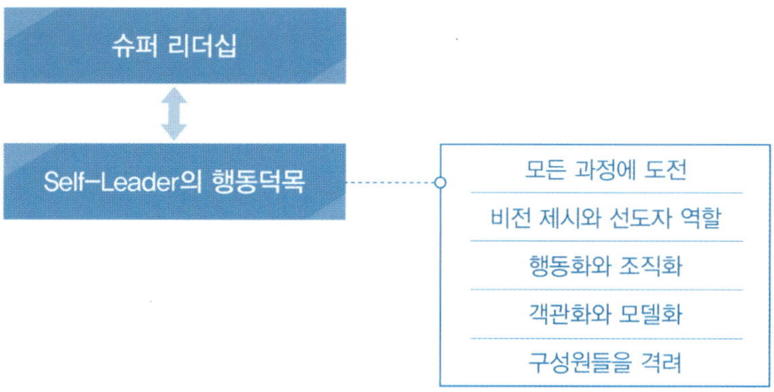

[그림 1-1] 셀프 리더의 행동덕목

결국 국제화시대의 무한경쟁사회에서 지식과 정보화에 대한 전문성을 갖고 구성원들로 하여금 적극적 동기부여는 물론 자신의 능력을 극대화할 수 있는 조직과 사회를 만들고 이끌어나갈 지도자로서 셀프리더로서 슈퍼 리더십을 현대 정보화사회의 리더십으로 요약할 수 있다.

4. 리더십의 유형과 기술

1) 리더십의 유형 나누기

리더십 유형은 리더와 조직 구성원들 사이에 권한과 업무가 어떤 관계로 형성되어져 있는가에 따라 나누어진다. 주안점은 구성원 각자가 자신을 어떻게 보는가가 아니라, 구성원들과 리더와의 상호관계가 핵심적 내용이라고 할 것이다. 즉, 권한과 업무가 어느 쪽으로 더 많이 치우쳐져 있느냐로 가름해 볼 수 있다. 이를 그림으로 나타내보면 하나의 직사각형 내에 그림과 같이 대각선을 그려 넣고 좌측은 리더의 권한영역으로 그리고 우측을 구성원들의 업무의 재량영역으로 가정하였을 때 세로변의 길이가 긴 쪽이 리더의 권한이 크다고 할 수 있으며 반면 구성원들의 재량영역은 거의 없을 수도 있다. 마찬가지로 그 반대는 리더의 권한이 축소되고 구성원들이 재량영역이 커지게 될 것이다. 이 경우 전자는 그림에서 볼 수 있듯이 명령과 복종의 독재적 리더십이라 할 수 있을 것이며, 후자는 상호협력과 자율에 의한 민주적 리더십으로 설명할 수 있다.

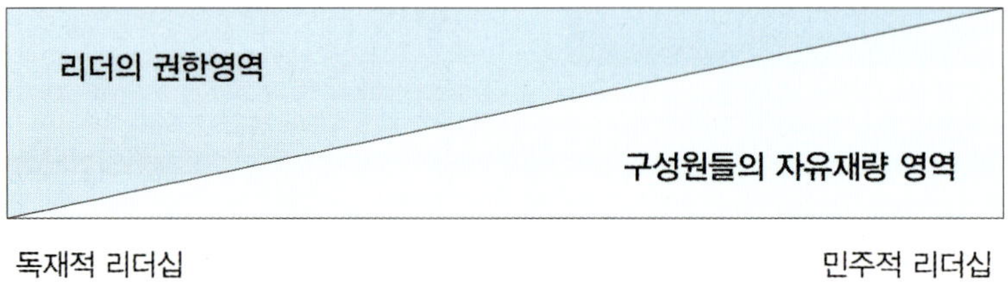

[그림 1–2] 리더십의 영역별 유형 나누기

2) 리더십 유형 분류기준

지금까지 있어온 모든 리더십 유형은 위에서 보는 바와 같이 두 가지 양극단 사이에 존재한다고 할 수 있다. 즉, 리더십의 유형을 나눌 때 권한의 사용과 업무의 결과에 따라서 양극단 사이에 존재한다는 것을 보여줌을 뜻한다. 이러한 현상들을 바탕으로 현실적으로 리더십을 분류하기 위해서 미국의 오하이오대학 연구팀에서는 '구조적 행동'과 '고려적 행동'으로 나누었으며, 이것을 또 다르게 1967년 미국의 경영학자 블레이크와 머턴(Blake & Mouton)은 '생산성에 대한 관심'과 '인간에 대한 관심'으로 나누어 설명하고 있다.

이들 연구의 내용을 쉽게 설명하기 위하여 업무에 있어서 '일을 중시하는 행동'과 '인간관계를 중시하는 행동'의 2차원으로 나누어 살펴보면,

첫째로 '일'을 중요시하는 리더십 행동은, 리더가 개인이나 구성원들의 임무나 책임에 대해서 관여하는 정도를 말한다. 성과를 중시하는 리더들은 구성원들에게 누가, 언제, 어디서, 무엇을, 어떻게 하는가를 직접 제시하는 것을 뜻한다. 그리고 둘째로 '인간관계'를 중요시하는 리더십 행동은 리더가 개인이나 구성원들과의 커뮤니케이션에 관여하는 정도를 말하며, 이를 중시하는 리더들은 업무수행의 동기부여를 중요시하며 구성원들의 의견을 들어주고, 격려하고, 조정하고, 적극적인 지원을 아끼지 않는다.

이러한 내용을 사사분면으로 분류하여 표시하면 다음 [그림 1-3]과 같이 표시할 수 있다.

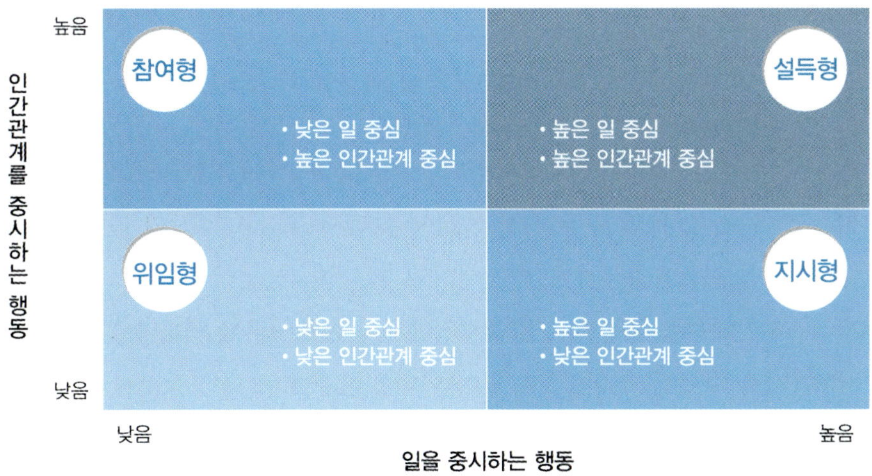

[그림 1-3] 리더십 유형 분류

3) 리더십의 4가지 유형

앞의 분류기준에 의해 분류된 리더십의 네 가지 유형을 보다 구체적으로 설명하면 다음과 같이 나누고 있다.

① **설득형** : 리더의 의사결정 및 지시사항을 설명하고 대화의 장을 열어놓아 지원의지를 분명히 한다(단순방향 제시). 설득형은 일과 인간관계를 직접 챙기는 리더이므로 리더가 원하는 방향을 제시하고 항상 대화할 자세를 보여줌으로써 구성원과 자주 접촉하려고 한다.

② **지시형** : 리더는 자세한 실행지침을 제시하고 철저한 관리를 한다(방향제시 및 확인). 지시형은 일의 달성을 강조하며, 인간관계에는 크게 관심을 갖지 않는 유형이다.

③ **위임형** : 리더의 의사결정과 실행에 대한 책임을 위임시킨다(완전 위임). 위임형은 일이나 인간관계에 대해서 전적으로 구성원을 신뢰하여 방향설정이나 임무수행과정에 크게 관여하지 않는 유형이다.

④ **참여형** : 리더와 구성원이 아이디어를 공유하고 의사결정과정에 참여시킨다(단순 동기부여). 그러므로 참여형은 가능한 한 모티베이션에 의해 구성원들을 움직이게 하려고 한다.

이상의 모든 리더십 유형에는 장단점이 있으며, 자신의 유형에 좋고 나쁨을 평가할 필요는 없으며. 업무의 종류와 양과 질에 따라서 그리고 조직과 리더가 처한 상황에 맞는 리더십의 유형분류가 타당하다고 할 것이다.

한편, 이러한 내용을 중심으로 경영조직에서의 목표이론에 의하면 리더십 종류를 다음 네 가지로 나누어 설명할 수 있다(이대웅, 1992).

① **지시적 리더십** : 이것은 도구적 리더십이라고도 하며, 계획 · 조직 · 통제와 같은 공식적 활동을 강조하는 유형이다. 즉, 이 스타일은 조직활동의 구체적 지침과 표준 · 작업 스케줄을 제공하고 규정을 마련하여 구성원들로 하여금 그들에게 기대되는 것을 알게 해 준다.

② **후원적 리더십** : 이것은 구성원들의 후생복지와 조직의 안락에 관심을 쓰며 후

원적 분위기 조성에 노력한다. 그리고 구성원들 간에 상호 만족스러운 인간관계 발전을 강조한다.

③ **참여적 리더십** : 이것은 구성원들에게 자문을 구하고 그들의 제안을 끌어내어 이를 진지하게 고려하며, 구성원들과 정보를 공유하는 스타일이다.

④ **성취지향적 리더십** : 이것은 인도적인 작업목표를 설정하고 성과개선을 강조하며 구성원들의 능력발휘에 대해 높은 기대를 설정하는 스타일이다.

지금까지 (올해 혹은 현재) 나의 일상을 체크해 보면?

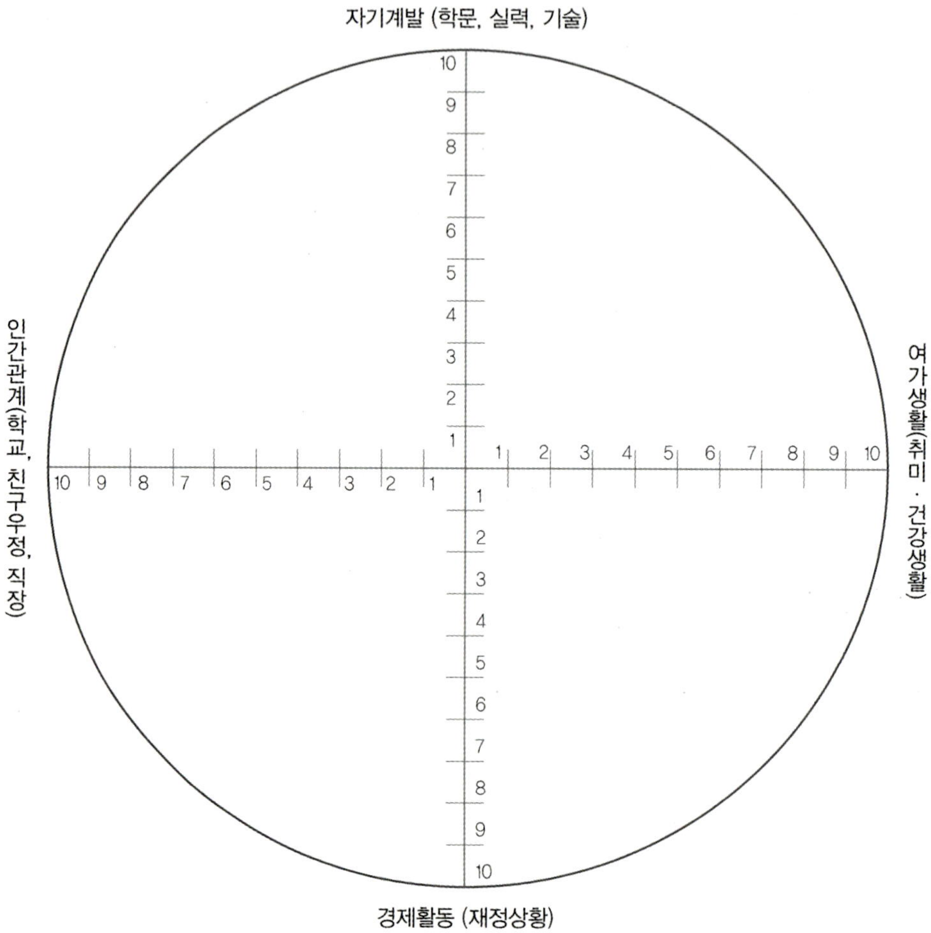

나의 리더십 지수 측정과 유형 알아보기

리더십 제 1장에서는 여러분들이 지금까지 학창시절이나 과외활동을 통해 이미 터득한 공동체 구성원으로서 자질을 우선 측정해 봄으로써, 여러분 스스로가 본 강좌의 학습과 연구에 참고자료로 활용될 수 있도록 하며, 아울러 인성함양과 창의적 리더십을 갖기 위한 본 교과의 목표달성에 도움이 되고자 한다.

공동체 구성원의 일원으로 생활하면서 우리가 어떤 공동체의 공동목표를 달성하기 위하여 어떤 행동을 취할 것인가를 다음 설문을 통하여 체크해 보자.

우리가 속해 있는 공동체가 가정 혹은 직장이라도 좋고 나아가 정치집단이라도 생각해도 좋다. 가장 현실적으로 학우들 상호 간의 학내외 활동에서 어떤 목표를 달성하기 위해 구성된 집단이라고 가정할 수도 있다. 내가 우선 조직의 구성원으로서 어떤 결정을 내리고 상호 간의 의사결정을 해야 할 경우를 생각하고 설문에 응하면 된다.

방법은 다음의 주어진 상황에서 구성원으로서 여러분이 실제로 취할 것 같은 방안에 대해서 직감적으로 선택해야 한다. 바람직한 대응방안이 아닌 최대한 빨리 직감적으로 응답하는 것이 효과적이다. 우리 자신이 취할 것 같은 대응방안을 선택해야 함을 전제로 하여야 한다. 물론 바른 정답이 있는 것은 결코 아니다.

[상황 1]

최근에 당신의 부드러운 건의사항이나 발전적인 지적에 대하여 당신의 공동체 구성원이 반응을 보이지 않고 있다. 그들의 업무실적은 형편없다. 당신은 어떻게 대응할 것인가?

가. 업무절차를 일관되게 따를 것과 업무 목표달성의 필요성을 강조한다.
나. 대화를 유도하지만 강요하지는 않는다.
다. 직원과의 대화를 통해서 목표를 정한다.
라. 상관하지 않는다.

[상황 2]

당신이 소속되어 있는 공동체의 성과는 가시적으로 향상되고 있다. 당신의 구성원들도 자신의 역할과 업무표준을 확실히 이해하고 있다. 당신은 어떻게 대응할 것인가?

가. 우호적인 관계를 갖지만, 그들로 하여금 각자의 역할과 업무표준을 재차 인지시킨다.
나. 특별한 조치를 취하지 않고 알아서 하도록 한다.
다. 구성원들이 중요하고 모두 관심의 대상이 되어 있다는 것을 느낄 수 있는 무엇인가를 한다.
라. 업무 및 마감일의 중요성을 강조한다.

[상황 3]

당신이 소속되어 있는 공동체의 구성원들이 어떤 문제를 스스로 해결 못하고 있다. 당신은 보통 그대로 내버려 두었었다. 그들의 업무실적과 인간관계는 좋다. 당신은 어떻게 대응할 것인가?

가. 집단에 관여해서 함께 문제해결에 동참한다.
나. 집단이 자체적으로 해결하게 한다.
다. 빨리 강력한 조치를 취해서 조정하고 방향을 수정한다.
라. 집단이 그 문제를 해결하도록 격려를 하고 언제든지 상의할 수 있도록 대화의 장을 열어 둔다.

[상황 4]

당신이 속해있는 공동체를 크게 변화시키려고 한다. 당신의 집단 구성원들은 좋은 업무 수행능력을 가지고 있고, 그들도 변화의 필요성을 인식하고 있다. 당신은 어떻게 할 것인가?

가. 변화를 계획하는 데 있어서 집단을 참여시키지만 강요하지 않는다.
나. 변경된 사항을 단독 발표하고 그 실행 정도를 세밀하게 관리한다.

다. 집단의 제안을 참고하지만 변화를 주도한다.
라. 집단으로 하여금 스스로 방향을 설정하도록 한다.

[상황 5]

어떤 공동체가 잘 운영되고 있는 상황에서 당신이 새로 그 공동체의 일원으로 관리자가 되었다. 전임자는 그 집단을 매우 혹독하고 엄하게 관리했다. 당신은 생산성 있는 상황을 잘 유지하면서도 인간적인 업무환경을 만들고 싶다. 당신은 어떻게 할 것인가?

가. 집단으로 하여금 스스로 방향을 설정하도록 한다.
나. 집단의 제안을 참고하지만 그들의 목표가 달성되는지 주시한다.
다. 목표를 재정립하고 관리를 강화한다.
라. 목표 재정립에 집단을 참여시키지만 강요하지는 않는다.

[상황 6]

당신이 속해 있는 공동체의 업무실적이 지난 몇 개월 동안 계속 나빠지고 있다. 과거에 이런 경우에 목표를 수정함으로써 극복했었다. 그들은 업무를 제때에 마쳐야 된다고 지속적으로 주지시킬 필요가 있었다. 당신은 어떻게 할 것인가?

가. 집단이 중요하고 모두 관여되어 있다는 것을 느낄 수 있도록 하는 조치를 취한다.
나. 업무 및 마감일의 중요성을 강조한다.
다. 변화를 꾀하지 않는다.
라. 구성원으로 하여금 의사결정에 참여하게 하지만 목표달성을 주지시킨다.

[상황 7]

당신은 공동체의 관리자로서 조직의 구조를 획기적으로 변화시키려고 한다. 공동체 구성원들은 어떻게 변화시킬 것인가에 대해서 제안을 해왔다. 공동체 구성원들은 일상업무에 있어서 유연성을 보여왔다. 당신은 어떻게 할 것인가?

가. 변화를 정립하고 세밀한 관리하에 이행시킨다.
나. 변화에 대한 집단의 동의를 얻고 구성원들로 하여금 그것을 추진하도록 한다.
다. 제안된 대로 변화를 기꺼이 시도하지만 이행 상태는 잘 관리한다.
라. 대립을 피하고 모든 것을 그대로 놔둔다.

[상황 8]

공동체의 구성원들의 업무실적과 인간관계는 좋다. 당신은 자신이 집단에게 제대로 방향제시를 못하고 있다고 생각하고 있다. 당신은 어떻게 할 것인가?

가. 그냥 놔둔다.
나. 집단과 그 상황을 논의하고 필요한 변화를 시도한다.
다. 직원들을 잘 정리된 방법으로 업무에 유도할 수 있는 절차를 따르도록 한다.
라. 지나친 방향제시로 직원과의 관계를 망치지 않도록 주의한다.

[상황 9]

공동체의 대표가 당신을 변화에 대한 제안 마감일을 훨씬 지나치고 있는 어떤 실무추진팀의 팀장으로 임명했다. 그 공동체는 자신들의 목표에 확신이 없다. 회의 참석률이 낮았고 회의가 친목으로 바뀌고 있다. 그들은 충분한 잠재력을 갖고 있다. 당신은 어떻게 대응할 것인가?

가. 집단 스스로 해결하도록 한다.
나. 집단의 제안을 참고하되 목표달성을 주시한다.
다. 목표를 재정립하고 감독을 강화한다.
라. 목표 수립에 집단을 참여시키지만 강요하지는 않는다.

[상황 10]

당신은 새 자리에 승진했다. 전임자는 업무의 수행 및 추진방향 설정에 집단의 의견을 반영하고 있다. 집단 간의 관계는 좋다. 당신은 어떻게 할 것인가?

가. 새로운 업무표준을 재정립하는데 집단을 참여하도록 하지만 강요하지는 않는다.
나. 업무표준을 재정립하고 관리를 강화한다.
다. 강요하지 않고 갈등요인을 피한다.
라. 집단의 제안을 참고하지만 새로운 업무표준이 달성되는지 주시한다.

[상황 11]

당신이 새 자리로 승진했다. 전임자는 공동체의 업무에 직접적으로 관여하지 않았다. 집단은 적절하게 업무를 수행하고 추진방향도 적절하게 설정했다. 집단 간의 관계는 좋다. 당신은 어떻게 할 것인가?

가. 구성원들을 잘 정리된 방법으로 업무에 유도할 수 있는 절차를 따르도록 한다.
나. 집단으로 하여금 의사결정에 참여시켜서 기여하도록 한다.
다. 집단과 함께 과거의 업무 수행에 대해 토론하고 새로운 업무의 필요성을 조사한다.
라. 집단을 계속 그대로 놔둔다.

[상황 12]

최근 정보에 의하면 공동체의 구성원들 간에 내부갈등이 있는 것으로 나타났다. 구성원들은 장기목표를 효과적으로 유지하고 있었다. 지난해에 그들은 잘 협력해서 일했었다. 모두 업무수행 자질을 충분히 가지고 있다. 당신은 어떻게 할 것인가?

가. 당신의 해결책을 가지고 직원들에게 시도해서 새로운 해결책에 대한 필요성을 타진한다.
나. 집단 스스로 해결하도록 한다.
다. 빨리 강력한 조치를 취해서 조정하고 방향 설정을 한다.
라. 대화의 문을 열어 놓지만 직원과의 관계를 망치지 않도록 조심한다.

리더십 유형의 측정과 분석

위의 설문에 응답한 결과를 바탕으로 여러분 자신의 리더십 유형을 분석해 보자. 〈표 1-2〉의 리더십 유형 분석표에 있는 상황번호에 대해서 앞서 여러분이 설문에 응답한 결과를 동그라미 치고, 리더십 유형에 체크된 동그라미 숫자를 세어서 '합계 숫자'를 적으면 리더십 유형별 점수가 된다. 가장 높은 점수를 얻은 유형이 여러분의 리더십 유형에 해당된다. 여기서 주의할 점은 이 유형 중에 좋은 유형이나 나쁜 유형은 없다는 사실이다.

〈표 1-2〉 리더십 유형 측정 분석표

상황번호	리더십 유형			
	설득형	지시형	위임형	참여형
1	다	가	라	나
2	가	라	나	다
3	가	다	나	라
4	라	나	다	가
5	나	다	가	라
6	라	나	다	가
7	다	가	라	나
8	나	다	가	라
9	나	다	가	라
10	라	나	다	가
11	다	가	라	나
12	가	다	나	라
합계				

출처: 신완선(1999). 27인의 리더십을 배우자. 도서출판 물푸레.

리더십 지수 측정과 분석

다음은 리더십 지수를 계산한다. 리더십 지수를 분석하기 위해서는 우선 앞서 리더십 유형 분석 설문 결과를 근거로 각 설문 문항에 여러분이 응답한 결과를 〈표 1-3〉의 리더십 지수 분석표에 동그라미 표시를 한다.

각 칸에 표시된 동그라미 숫자를 세어서 합계숫자에 적는다. 그리고 나서 a의 합계에는 −2를, b의 합계에는 −1을, c의 합계에는 1을, 그리고 d에는 2를 각각 곱하여 합산한다. 이 합산된 결과가 여러분의 리더십 지수가 된다.

리더십 지수는 −24점에서 24점까지의 결과가 나올 수 있으며, 값이 클수록 리더십 지수가 높다는 것을 의미한다. 양수이면 전반적으로 공동체 생활을 영위함에 있어 양호한 편이며 만일 음수로 나타나면 앞으로 배워나갈 리더십프로그램에서 열심히 리더십을 신장시킬 수 있도록 노력한다.

〈표 1-3〉 리더십 지수 측정 분석표

상황번호	리더십 지수 분석을 위한 구분			
	a	b	c	d
1	라	나	다	가
2	나	라	다	가
3	다	나	가	라
4	나	라	가	다
5	가	라	나	다
6	다	가	나	라
7	가	다	라	나
8	다	나	라	가
9	가	라	나	다
10	나	다	가	라
11	가	다	라	나
12	다	가	라	나
합계	a=____	b=____	c=____	d=____
리더십 지수 (LQ)	(−2×a)+(−1×b)+(1×c)+(2×d) = __________			

출처: 신완선(1999). 27인의 리더십을 배우자. 도서출판 물푸레.

리더십 유형과 지수측정 설문조사 평가 보고서

대학 학부(과) 학번: 이름:

1) 상황별 응답 내용 작성

상황번호	리더십 유형 및 지수 분석 응답과 이유		
	응답내용	응답이유(간단히 서술)	비고
1			
2			
3			
4			
5			
6			
7			
8			
9			
10			
11			
12			

2) 나의 리더십의 유형과 분석은?

설득형	개
지시형	개
위임형	개
참여형	개

나의 리더십 유형은 ? ____________형이 가장 많다.

3) 나의 리더십 지수측정의 결과는?

① 리더십 지수　　LQ :

② 지수측정의 결과 나의 현재 리더십은?

③ 리더십 함양을 위해 향후 중점적으로 개발해야 할 점은?

4) 리더십 유형과 지수에 대한 종합적 분석과 평가는?

① ______________________________

____

② ______________________________

____

③ ______________________________

____

④ ______________________________

____

2장

4차 산업혁명시대의 리더십

God grant me the serenity to accept the things I cannot change,
the courage to change the things I can,
and the wisdom to know the difference.

– Reinhold Niebuhr –

Experience is what you get when you didn't get what you wanted.
Why does life keep teaching me lessons I have no desire to learn?

– Ashleigh Brilliant –

■ 제 4차 산업혁명시대, 급변하는 현대사회, 패러다임의 전환

제 4차 산업혁명, 패러다임의 전환, 현대사회	매우 그렇다	그렇다	보통 이다	아니다	전혀 아니다
1. 제 4차 산업혁명의 개념과 특성을 알고 이해하고 있다.					
2. 현대사회를 주도적으로 살아가는 방법을 모색하고 있다.					
3. ICT 시대에 관한 의의와 삶의 방식을 알고 있다.					
4. 매일 인터넷 포털 사이트를 광범위하게 활용하고 있다.					
5. 인터넷의 UCC프로그램을 활용하고 있다.					
6. 네티즌으로서 인터넷 토론문화에 참여한다.					
7. 새로운 시대 새로운 삶의 방식을 찾는다.					
8. 급변하는 사회에서 '오타쿠'의 삶을 이해한다.					
9. 변화의 시대와 관계없이 인간의 존엄성을 생각한다.					
10. 변화에 대처하는 방법을 터득하고 대처해 나간다.					
11. 급변하는 현대사회의 모습을 기술해보자.					
12. 패러다임 전환의 시기에 대하여 정리해보자.					
13. 사이버 공간에서 나의 캐릭터는? 이유를 서술해보면				이유	
14. 제 4차 산업혁명시대의 내가 살아가는 공간은?					
제 4차 산업혁명시대에 나의 직업은?					
15. 급변하는 시대에 휴머니즘에 기초한 리더십은? * 리더십 유형을 참고하여 작성	종류			이유	

1. 인간사회의 발전과 제 4차 산업혁명의 시대

21세기부터 시작된 디지털시대의 고도화는 플래시메모리분야에 있어 기가를 넘어 2010년 이후 테라(기가의 1천배)시대로 진입하였다. 매년 진보하는 디지털시대의 발전은 디지털 유토피아로 '플래시토피아(Flashtopia)'의 시대가 도래하였다고 IT전문가들은 주장한다. 뿐만 아니라, 기가시대를 훌쩍 넘어 이제 테라시대에서 페라시대를 향한 초고용량 반도체의 등장으로 상상을 초월한 디지털문화를 우리는 즐기고 있다. 이와 같이 급변하는 디지털 환경은 마침내 빅데이터 · 인공지능(AI) · 증강현실(AR) · 가상현실(VR) · 자율주행 · 드론 · 3D프린터 · 공유경제 등과 같은 새로운 주제어를 내세워 4차 산업혁명의 시대를 말한다.

4차 산업혁명은 위에서 언급되었던 IT기술이 진일보한 정보통신기술(ICT)을 바탕으로 한 3차 산업혁명의 연장선에 자리하지만 지금까지 인간사회에 대한 변화와는 많은 차이가 있다.

지금까지 1, 2, 3차 산업혁명이 주로 육체노동의 자동화로 인간의 삶을 변화시킨 것이었다면 인공지능에 의한 로봇산업으로 정신노동까지 책임지는 제 4차 산업혁명은 사람의 두뇌 자체를 대체하는 시대를 뜻한다. 그 결과 인간의 삶에 본질적인 변화를 가져오는 전환점으로 예상해 볼 수 있다.

1) 인간사회의 발전

지금까지 우리 인간사회는 초기 유목생활을 벗어나 정착생활을 가능하게 하였던 1만 년 전 신석기 시대의 '농업혁명' 이후 오랜 기간 농경사회를 살아 왔다. 그리고 인류문명에 획기적 전환을 이룩한 산업사회를 가져온 250여 년 전의 '산업혁명'을 겪었다. 1980년대부터 지금까지 불과 30년이 되지 않는 시간에 인류역사에 일찍이 없었던 새로운 과학적, 기술적 혁명을 경험하고 있다. 우리의 이런 경험을 일컬어 '디지털 혁명'의 시대로 현대사회를 규정하고 있다. 디지털 혁명은 정보통신 인프라와 인터넷망을 통하여 아주 짧은 시간에 전 세계와 전 인류사회에 파급되었었다. 디지털 혁명에 의한 정보의 신속한 전달과 정보의 다양화는 1960년 이후 미국에서 시작된 '정보화사회'를 고도정보화사회로 전환시켰으며 2000년대 이후 인간사회는 창조화의 미래사회로 진화해 가고 있다. 이러한 시기별 사회변화의 모습을 다음 표와 같이 요약해 설명하고 있다.

〈표 2-1〉 정보화사회와 미래사회

내용 \ 사회	농업화사회	공업화사회	정보화사회	창조화사회	미래사회
물결단계	제1의 물결	제2의 물결	제3의 물결	제4의 물결	제5의 물결
시 기	~18세기 초	18세기	20세기 후반	21세기 이후	
사회의 변화(혁명)	농업화 (농업혁명)	공업화 (공업혁명)	정보화 (정보혁명)	창조화 (창조혁명)	가상적
인간의 외부도구	발	손	눈, 귀, 입	머리	정보
가 치 (MERIT)	공동화 (Co-work)	표준화 (Scale)	시스템화 (Scope)	네트워크화 (創意發明)	
법 칙 (국 력)	자연법칙 (군사력)	정치법칙 (정치력)	경제법칙 (경제력)	문화법칙 (문화력)	
생산형태	소품종 소량	소품종 다량	다품종 소량	다품종 단품	가상품
기술의 척도	철, 도구 (돌)	증기기관, 에너지(칼로리)	IC, 컴퓨터 (비트)	Idea (創發量)	
키워드	오곡, 량	자동, 기계	최소	사랑, 즐김	
주도국	이집트, 중국	영국	미국	한국, 중국	

디지털 혁명에 의한 고도정보화사회의 문화는 네트워크 문화로 설명될 수 있다. 고도정보화사회는 컴퓨터와 통신기술의 결합에 의하여 시간과 거리를 초월하여 인간의 삶을 공존하고 공유하는 통합의 시대를 열었다. 또한 디지털 혁명을 통하여 가상사회(Virtual Community)를 출현시켜 가상공간(Cyber Space)을 인간 삶의 일부로 만들어 놓았다. 가상공간은 인간들로 하여금 새로운 문화공간을 만들고 무제한의 정보를 질적, 양적으로 역시 무한정 공급받을 수 있도록 하였다. 뿐만 아니라, 가상공간에서의 정보 공유는 일방적이면서도 필요에 따라 쌍방 대화의 장으로 복합적 공간으로 확대되었다. 나아가 사용자가 네트워크나 컴퓨터를 의식하지 않고

장소에 상관없이 자유롭게 네트워크에 접속할 수 있는 정보통신 환경을 만들어 ICT에 의한 새로운 인간 공동체가 생겨나 인간생활은 수평적이며 네트워크화된 특징을 나타내고 있다. 그래서 디지털시대의 리더십은 중앙집권적 시대의 리더십 방식을 거부한다. 디지털시대의 새로운 리더십은 수평화되어 있으며 모든 구성원의 상호작용에 의한 원형을 이루며 분권화된 리더십 방식을 요구한다.

2) 제 4차 산업혁명시대의 특징

제 4차 산업혁명은 2010년 초 이미 독일과 일본의 제조업분야에서 사용되기 시작하였으나 2016년 1월 20일부터 23일까지 스위스의 다보스에서 열린 제 46차 세계경제포럼(WEF) 연차총회(다보스포럼)의 핵심 주제로써 '제 4차 산업혁명의 이해(Mastering the Fourth Industrial Revolution)'에서 구체화되었다. 이 회의에서 WEF는 '제 4차 산업혁명(인더스트리 4.0)'을 3차 산업혁명을 기반으로 한 디지털과 바이오산업, 물리학 등의 경계를 융합하는 기술 혁명이라고 설명하고 그 개념을 공식선언한 바 있다.

즉, 인공지능에 의해 자동화와 연결성이 극대화되는 산업환경의 변화를 의미하는 것으로 2011년에 '인더스트리 4.0'이라는 주제로 독일의 산업정책에서 생산효율이 고도화된 '스마트 공장'을 실현하려는 것에서 맨 처음 사용되었다. 2010년 독일정부가 내세운 '하이테크 2020'이라는 산업정책에서 처음 INDUSTRY 4.0이라는 용어가 생겨나서 사용되고 2014년 4월 INDUSTRY 4.0 백서가 발표되었다. 아이러니하게도 INDUSTRY 4.0이 포커스를 맞추는 곳은 제조업분야였다는 것이다. 제조업의 혁신적 생산방식, 즉 '스스로 생각는 공장'이라는 스마트한 공장의 생산 메커니즘으로 생산라인의 효율성과 획기적 생산성의 향상에서 출발해서 제조업의 전 영역에서 확산되기에 이른다. '모든 산업을 혁신'한다는 슬로건으로 스타트 업 방식의 빠른 업무진행으로 지난 산업사회는 질적 양적으로 업그레이드 된 기업체계를 바꾸는 것을 강조한다. 그리고 그 중심에는 사람이 변혁의 원동력으로 기업의 철학까지 쇄신함으로써 근본적 가치관을 바꾸어 사람을 움직인다는 것이다.

1차 산업혁명이 기계화 과정에서 물과 증기의 힘을 사용했다면, 2차 산업혁명은 전기 에너지를 이용해 대량생산 체제를 만들어 냈다. 뒤이은 3차 산업혁명에선 전기기술과 정보기술을 이용해 자동화된 생산체계를 만들어냈다. 아직까지 구체적인 모습이 나타나진 않았지만 현재의 4차 산업혁명은 디지털 혁명이라는 3차 산업혁명 과정의 기반 위에서 창조되고 있다고 평가된다. 4차 혁명의 특징은 디지털, 바이오 등 기술 사이의 융합이다. 전문가들은 이 융합으로부터 새로운 창조가 이뤄질 것으로 예상하고 있다.[1)]

앞서 설명한 바와 같이 빅데이터, 인공지능, 3D프린팅, 자동차의 자율 주행기능, IoT, 바이오 테크놀로지 등이 4차 혁명으로 태어나게 될 주요 기술의 예다. 그리고 끊임없는 기술혁신이 4차 산업혁명의 역동성을 의미한다. 최근 발간된 도서『제4차 산업혁명』은 4차 산업혁명으로의 이행을 '모든 것이 연결되고 보다 지능적인 사회로의 진화'라고 요약한다. IoT와 인공지능을 기반으로 사이버 세계와 물리적 세계가 네트워크로 연결돼 하나의 통합 시스템으로서 지능형 CPS(cyber-physical system)를 구축할 것이란 예측이다. 이러한 방식을 쉽게 설명하자면 "자동차가 인간이 부르면 혼자 달려오고, 냉장고와 정보를 주고받는" 시대를 이야기한다.

4차 산업혁명의 핵심은 융합이다. 클라우스 슈밥 회장은 "물리적 시스템 · 전자적 시스템 · 생물적 시스템이 대융합한 인류 역사 최대의 혁명이 되어 쓰나미처럼 밀려올 것"이라고 주장하고 있다. 사물인터넷과 인공지능을 기반으로 사이버 세계와 물리적 세계가 네트워크로 연결돼 하나의 통합 시스템으로서 지능형 CPS(cyber-physical system)를 구축할 것이란 예측이다. 이 상태에서 각각의 하드웨어들은 스마트폰처럼 데이터를 축적해 이를 필요에 따라 해석해가며 스스로 자동 갱신한다. 이 같은 과정을 통해서 제조업과 인간을 둘러싼 시스템 운용방식은 대폭적인 변화를 초래할 수밖에 없다는 것이다. 요약하건대, 클라우스 슈밥 회장은 제 4차 산업혁명의 시대는 "우리는 지금까지 우리가 살아왔고 일하고 있던 삶의 방식을 근본적으로 바꿀 기술 혁명의 직전에 와 있다. 이 변화의 규모와 범위, 복잡성 등은 이전에 인류가 경험했던 것과는 전혀 다를 것이다."라고 전세계의 정치 경제 지도자들이 모이는 2016 다보스포럼에서 주장하고 책(클라우스 슈밥 지음, 송경진 옮김, 『제 4차 산업

---

1) 경향비즈, [경제Talk] 다보스포럼, 제4차 산업혁명을 논하다(2016.1.20.일자)
http://biz.khan.co.kr/khan_art_view.html?artid=201601200957091#csidx33477636e774bef83f0d61a4ff96b35

혁명』, 새로운 현재, 2016)으로 발행하여 전 세계인들에게 메시지를 전하고 있다.

결국 제 4차 산업혁명의 시대에 진로를 탐색하여야 하는 우리의 마음가짐은 새로운 사고에 의한 패러다임의 '융합적 변화'를 모색하여야 한다는 것이다. 취직이나 직업구하기의 일방적 탐색보다는 취업과 창업을 동시에 추구하는 한편 이 두 가지를 혼용하여 예컨대 창직이라는 진로전략을 모색해 볼 만하다.

제 4차 산업혁명의 현대사회에서 우리의 미래탐색을 위해 한 가지만 더 강조하고 넘어 가야 할 사안이 바로 인공지능의 시대가 점차 현실화되고 있다는 것이다. 2016년 봄, 서울의 한 호텔에서 진행된 알파고와 이세돌 9단의 바둑 대국은 오늘을 살아가는 우리 모두에게 삶의 모습을 되돌아보게 만들었고 미래사회에 대한 진지한 과제를 제시해 주었다. 우리에게 주어진 미래사회의 과제는 제 4차 산업혁명의 흐름에 능동적으로 참여하고 공상과학영화가 현실화되는 삶을 창의적으로 개척해나가야 한다는 것이다. 젊은 세대로서 앞으로 다가올 급변의 세계에 대한 훨씬 더 피부에 와 닿는 표현은 "10년 후 일자리 60%는, 아직 탄생하지도 않았다."라고 구글이 선정한 미래학 분야 세계 최고의 석학으로 불리는 토마스 프레이(Thomas Frey, 다빈치연구소 소장)의 말이다.

이 말은, 제 4차 산업혁명의 시대로 대변되는 새로운 패러다임의 시대가 우리에게 반드시 긍정적 의미로 다가오는 것이 아니며 지금 우리는 어떤 직업을 선택하고 살아가는 방법을 찾아야 할 것이며, 또 달리 어떻게 주도적인 삶을 살아갈 수 있느냐에 대한 긴박감과 위기의식을 느끼지 않을 수 없다. 21C를 살고 있는 대학생들의 리더십 함양과 진로개척의 고민과 탐색은 여기에서 출발해야 할 것이다.

2. 급변하는 현대사회

오늘 우리는 하루가 다르게 급변하는 사회에 살면서 정치와 경제 등 분야별로 이 세계가 어떻게 변해갈 것인지 아무도 단언할 수는 없다. 그만큼 하루가 다르게 우리의 사회가 변화무쌍한 것이 요즘의 추세이다.

급변하는 사회일수록 인간공동체와 구성원들에게 필요한 것은 인간다운 태도와 세계관을 가져야 한다는 것이다. 변화에 휴머니즘의 자세를 가져야 한다는 것이다. 급변하는 사회에 인간의 존엄성실현을 기본으로 하는 자세는 특히 고도화된 IT기술과 4차 산업혁명의 시대에 절대적으로 요구되는 가치관이다. 그럼에도 불구하고 우리는 급변하는 현대사회에 대한 본질적인 분석과 그 대처방안이 필요하다.

1) 급변하는 현대사회의 모습

스티븐 코비는 현대사회에서 불변하는 세 가지로, 첫째는 원칙(principle), 둘째는 변화(change), 셋째는 선택(choice)을 제시한다. 말하자면 현대사회는 선택의 여지없이 변화하는 사회에 우리가 원칙을 갖고 대처해 나갈 것을 요구하는 말이다.

그래서 현대사회에서의 중요한 화두는 변화이다. 그것도 매우 빠르게 변화한다는 것이다. 변화의 속도는 가히 광속으로 변화를 해 나간다. 변화란 기존의 가치나 개념이 전혀 다른 혹은 새로운 것으로 바뀌는 것을 의미한다. 급변하는 모습을 살펴보자.

첫째, 지구가 변한다.

지난 시대가 인류에게 불을 훔쳐다준 프로메테우스의 시대였다면, 웹2.0 시대는 대지의 여신으로 상징되는 가이아의 시대다. 러브록(J. E. Lovelock)의 말처럼 지구는 살아 있는 유기체다. 그는 지구 자체의 밸런스 시스템을 희랍신화에 등장하는 대지의 여신 이름을 따서 '가이아'라고 불렀다. 그러나 가이아가 파괴되고 생명체로서의 지구가 신음하고 있음을 우리는 이미 체감하고 있다. 따라서 21세기, 더 나아가 새로운 밀레니엄의 문명은 급변하는 지구환경의 생태 밸런스를 회복하는 일부터 시작해야 한다.

둘째, 국가가 변한다.

종래의 국가는 지배하고 군림했지만, 미래의 국가는 모든 분야에서 국민을 위한 서비스가 전제되어야 한다. 국가가 서비스의 기능을 포기한다면 그 국가는 사라질 것이다. 폴 케네디(Paul Kennedy)는 오늘날 우리가 직면하는 환경, 경제, 안보, 정치, 문화 등의 갖가지 문제들이 더 이상 국민국가 단위에서 해결될 성질의 것이 아니라고 말한다. 클린턴 1기 행정부의 노동장관을 역임했던 로버트 라이시

(Robert B. Reich) 역시 한 국가의 국민이 한 배를 탄 경제운명공동체라는 생각 자체가 이제는 허구라고 말한다. 지난 시대의 사람들은 개인의 부와 경쟁력이 국가의 부와 경쟁력에 의존한다고 생각해왔다. 그러나 앞으로는 개인의 경쟁력이 국가의 경쟁력을 대체할 것이다. 국가는 다만 개인의 경쟁력이 방해받지 않도록 제반의 서비스를 해줄 뿐이다.

셋째, 지식이 변한다.

지난 시대의 지식이 논리와 형식을 중시하는 하드웨어 형태였다면, 새로 맞이한 시대의 지식은 감성과 내용을 중시하는 소프트웨어 형태라고 할 수 있다. 논리와 형식 중심의 지식은 컴퓨터와 데이터베이스가 대체할 것이다. 따라서 그런 종래의 지식은 습득의 대상이 아니라 접근의 대상이 될 뿐이다. 그러나 감성과 내용 중심의 지식은 그 자체가 콘텐츠웨어를 형성하면서 새로운 부가가치의 창출처가 된다.

넷째, 돈이 변한다.

과거 돈이 눈에 보이듯이 쌓이고 축적되는 특성을 가진 것이 뱅킹머니였다면, 새로 맞이한 시대의 돈은 눈에 보이지 않고 온라인망을 타고 휘몰아 다니는 일렉트로닉 푸로잉머니의 성격을 더욱 강하게 띨 것이다. 동구블록의 붕괴와 소련의 해체, 그리고 중국의 개혁 · 개방 등으로 인한 냉전의 종식 후 사회주의권의 25억 인구가 새로 시장 경제권에 편입함으로써 '돈', 즉 자본에 대한 수요가 비약적으로 늘어났고 이로 인해 이동성 강한 금융자본이 그 어느 때보다 가공할 위력을 발휘하고 있다.

다섯째, 학교가 변한다.

지난 시대의 학교는 가르치고 배우면서 준비하는 곳이었다. 그러나 웹2.0 시대의 학교는 단지 준비의 마당이 아니라, 학생과 학교 그리고 교사가 직접 지식을 일깨우고 시도하는 조인트 벤처, 즉 모험합작의 장이 될 것이다. 전후 베이비 붐 세대가 은퇴하는 2010년에는 범지구적으로 노동력 부족 현상이 나타나 인력의 고(高)기술화, 초(超)정보화, 다(多)용도화, 범(凡)지구화가 불가피할 것이다. 이에 따라 선진국에서는 이미 각급 학교의 교육내용을 대폭 바꾸고 있다. 세분된 전공을 없애고 다양하고 폭넓게 유연성있는 지식응용방법을 가르치자는 것이 교육콘텐츠개혁의 핵심방향이다. 아울러, 여성인력의 사회진출이 폭증할 것으로 예상되는 가운데 새로 맞이한 시대에는 여성 교육에 성공하는지의 여부가 교육의 승패를 좌우할 것이다.

여섯째, 인간 육체가 변한다.

과거 인간의 육체는 오직 한 번 성장하고 형성되면 그만이었다. 그러나 웹2.0 시대에는 육체도 업그레이드될 수 있다. 보디 업그레이드가 그것이다. 이런 의미에서 사이보그(cyborg)로의 길이 열린 셈이다. 시황제도 할 수 없었던 불로장생의 꿈을, 새로 맞이한 시대에는 약간의 재력만 있어도 육체적인 노쇠현상을 늦추고 늙은 신체를 젊게 업그레이드하는 방식으로 이루어갈 수 있게 될 것이다. 이미 선진국의 50대와 60대 부유층 사이에선 노화된 장기를 교체하는 보디 업그레이드 수술과 노화현상을 억제하는 호르몬 요법의 시술이 확대되고 있다. 이러한 새로운 불로장생의 기술은 유전공학과 생명과학의 발전으로 가능해질 수 있을 것이다. 그러나 인공적으로 젊어질 수 있는 육체에 비해 뇌의 기능이나 정서 등 정신의 영역을 젊게 하는 의학적 요법은 아직 미개척상태에 있다. 그래서 보디 업그레이드를 한 노년층들 중에는 젊어진 육체와 여전히 늙은 상태인 마음 간의 불균형에서 오는 신종 노이로제가 심각한 사회병으로 등장할 것이라는 비관적 전망도 나오고 있다.

일곱째, 시간이 변한다.

우리는 지금 하나의 시계 아래 모두가 살고 있다. 웹2.0의 시대가 발전하면서 각자의 시계 아래 사람들은 각각 살게 될 것이다. 같은 시간에 출근해서 같은 시간에 퇴근하는 이른바 나인 투 파이브(9 to 5)의 관리된 시간 관념은 무너져 내리고 내가 스스로 일할 때를 정해서 워크타임을 할당하는 식의 시간관념이 보편화될 것이다.

이제까지의 시간은 하루 24시간, 1년 365일이라는 도식 속에서 쳇바퀴 돌 듯 관리된 시간(managed time)이었다. 그러나 웹2.0 시대에는 디지털화되고 네트워크화되어 광속도로 이루어지는 일과 소통(커뮤니케이션)을 통해 구해지고 창출된 시간(creative time)이 나올 것이다. 내가 필요한 만큼의 시간만을 쓰고 마는 것이 아니라 시간을 세이브해서 사고 파는 일이 있게 될 것이다. 그래서 시간이 새로운 자본으로 등장할 것이다.

여덟째, 공간이 변한다.

지금까지 우리의 주된 공간은 현실공간이었다. 그러나 새로 맞이한 시대에 우리의 생활은 가상공간을 통해 더 확장되어 이루어지게 될 것이다. 지난 15, 16세기의 지리상 대발견을 통해 팽창하기 시작했던 공간 감각이 제국주의시대를 정점으로 수축하기 시작해 20세기 후반을 거치면서 지구를 하나의 촌락으로 만든 미디어혁명을 거쳐 이제는 인터넷상의 한 점으로 응축되고 압축되기에 이르렀다. 인터넷과 같은 가상공간에서의 빈번한 '전자적 위치이동'은 사람들의 공간감각 자체를 팽창에서 압축으로 전환시킨 셈이다.

아울러, 지난 시대에 우리는 우주로 첫발을 내딛었다. 새로 맞이한 시대에 우리는 미지의 우주공간으로 더 가속적인 확장을 시도할 것이다. 그럼으로써 우리는 지구 안의 공간시대에서 지구 밖의 공간시대로 옮아갈 것이다. 또한 우리는 생명과 유전자의 비밀에 접근하기 위해 우리의 눈을 외부의 거시공간에서 내부의 미시공간으로 더 깊이 옮겨놓고 있다.

아홉째, 일이 변한다.

1912년에는 T형 포드 자동차 한 대를 만들기 위해 4,664시간의 단위시간 노동력이 필요했다. 그러나 오늘날 컴퓨터는 생산과정에서 인간의 물리적 노동력을 체계적으로 제거해가고 있다. 제레미 리프킨(Jeremy Rifkin)은 『노동의 종말(*The End of Work*)』이란 책에서 물리적 노동의 종말과 사이버 워크(cyber work)의 출현을 이야기했다. 지난 시대처럼 '몸을 움직이고 손이 수고해야' 무엇인지를 수확할 수 있다는 고전적 노동의 공식은 무너졌다. 새로 맞이한 시대에는 '마음을 움직이고 머리를 써야' 부가가치를 획득할 수 있다는 새로운 일의 공식이 더욱 보편화될 것이다.

열 번째, 전쟁이 변하고 있다.

지금까지의 전쟁은 물리전(physical warfare)이었다. 그러나 4차 산업혁명시대의 전쟁은 사이버전(cyber warfare)으로 전개될 것이다. 전쟁사가 존 키건(John Keegan)의 말처럼 전쟁은 일종의 문화양식이다. 인류의 삶 전반이 사이버 환경으로 더 폭넓게 진입하는 이 시대에 전쟁 역시 사이버전의 양상을 띨 것임은 그리 어렵지 않게 예측된다. 1990년의 아랍권에서의 걸프전은 새로 등장하는 사이버전의 예고편이었다고 할 수 있다.

사이버 공간에서의 공격과 방어는 전혀 새로운 안보환경을 만들 것이다. 사이버 공간의 특성상 전투영역의 경계는 매우 불확실하고 모호하다. 극단적인 경우, 적의 핵심 네트워크에 침투할 수 있는 해커와 프로그래머만 있어도 된다. 실제로 걸프전 당시, 유럽의 해커들은 100만 달러만 주면 미군의 군사작전능력을 무력화시켜 주겠다는 제안을 사담 후세인에게 한 적이 있다고 한다. 이런 점에서 존 워든(John Warden)의 말은 매우 시사적이다. "사이버 스페이스에서의 공격과 방어능력의 개발은 21세기 전쟁양상에 심대한 함의를 갖는다. 군대의 컴퓨터와 정보체계를 교란시키는 것은 우주에서 중력을 없애는 것과 마찬가지의 효과를 갖게 될 것이기 때문이다."

2) 변화는 현재 진행형이다.

"바보는 변화했다고 하고 현명한 사람은 변화하고 있다고 말한다." 이와 같이 변화에 대한 중요한 화두는 변화의 필연성과 함께 현재진행형을 강조한다. 우리가 언제 어떻게 변화하는가에 관심을 가지는 사이에도 변화는 반드시 일어나고 있다는 데 유의하여야 한다.

주변에서 항상 발생하는 변화를 주도적으로 대처해나가느냐 다른 사람에 의해 변화를 당하느냐 하는 것은 전적으로 자신에게 달려있다. 현재진행형인 변화에 대하여 우선 당면한 과제는

① 변화의 주체와 객체는 모두 우리자신에서 출발한다. 그리고 상대의 변화를 유도한다.

② 변화주체로서 변화를 위한 현재를 점검해 두어야 한다.
이 변화가 조직과 나에게 어떤 영향이 오는가?
변화는 구체적이고 명확한가?
변화를 성취할 수 있는 능력은 있나?

③ 변화의 과정과 분위기 체크와 만들기

④ 변화에 임하는 정신적 · 물질적 자세를 갖추어야 하는 것 등이다.

빠르게 변하는 현재상황에 대하여 리더십 전문가 존 맥스웰은 긍정적 변화를 시도할 것을 주장하며 태도를 변화시키는 6가지 방법을 제시하고 있다(존 맥스웰, 리더십의 법칙, 2003). 첫째, 재고하라(Review), 둘째, 결심하라(Resolve), 셋째, 다른 각도로 보라(Reframe), 넷째, 실천하라(Reenter), 다섯째, 반복하라(Repeat), 여섯째, 갱신하라(Renewal) 등 6R로써 설명하고 있다.

3) 변화에 대처하는 방법

변화의 속도만큼이나 적극적인 변화에 대응하는 메시지를 살펴보면, "변화하지 않으면 살아 남을 수 없다.", "바보는 변화했다고 하고 현명한 사람은 변화하고 있다고 말한다.", "변화를 두려워하지 말라", "변화를 예상하고 변화에 신속히 적응하라" 그리고 "변화를 즐겨라"라고 한다.

앞서 지적한 바와 같이 현대사회의 변화가 급격하게 그리고 빠르게 바뀐다는데 있다. 우리가 변화에 주체적으로 대응하고 신속하게 대응하도록 이러한 변화를 즐기기 위하여 우리가 명심하여야 할 사고방식과 행동방식을 살펴보면,

첫째, 창의력으로 차별화를 할 수 있어야 한다. 이미 일상화되고 보편화된 지식으로 변화를 능동적으로 대처해나갈 수 없다. 고정관념에서 해방되어 적극적으로 관련영역을 넓힘으로써 기존의 가치나 제도를 타파하고 여러 가지 가설에 도전할 때 창의력이 나타난다.

둘째, 지식을 구체화할 수 있어야 한다. 변화가 많은 사회일수록 실력이 있어야 한다. 앞의 장에서도 언급되었듯이 자신이 가진 전문화된 지식으로 어떠한 장소 어떤 때에도 사용이 가능하도록 평소에 지식을 구체적으로 연마해 두어야 한다.

셋째, 배짱을 가져라. 지식을 갖고 창의적인 생활을 할 수 있도록 매사에 배짱을 가져야 한다. 양보와 겸손이 변화하는 사회의 미덕이 될 수만은 없다. 혁신적인 사고를 하고 그것을 행동화하기 위하여 위험부담을 산정하여 때로는 실패의 부담을 갖고서라도 과감하게 실행에 옮길 수 있는 배포가 있어야 한다. 특히 급변하는 주변 환경에 주체적으로 대응하고 승리의 전략을 세우기 위하여 두둑한 배짱을 가질 수 있어야 한다.

넷째, 시간 관리를 철저히 할 수 있어야 한다. 최근 유명한 경영컨설턴트들은 모두가 성공의 열쇠는 철저한 시간 관리에서 출발한다는 것을 역설하고 있다. 디지털에 의한 변화의 시대에는 소프트웨어가 하드웨어를 주도하는 만큼 철저한 시간 관리는 업무의 신속한 결정과 추진에 중요하다. 그래서 시간은 곧 돈으로 환산된다.

4) 패러다임의 변화

현대와 같이 급변하는 21세기는 새로운 개념의 리더십을 요구하는 사회이다. 새로운 리더십이 필요한 것은 패러다임의 변화 때문이다. 위에서 살펴본 바와 같이 그 변화는 한 마디로 표현한다면 정보화에 의한 지식창출시대라고 할 수 있겠다. 예를 들어 20세기의 산업사회의 패러다임으로 21세기 지식창출시대의 교육을 준비하고자 한다면 분명히 많은 면에서 시대에 뒤떨어질 수밖에 없다. 따라서 변화하는 패러다임의 정확한 이해는 새로운 리더십, 시대가 요구하는 리더십을 제시하게 된다. 현대사회의 중요한 패러다임의 변화를 먼저 살펴보면 다음과 같다.

첫째, 산업사회에서 정보 · 지식중심 사회로의 패러다임 변화이다.

산업사회에서의 주요 자원인 3M(man, machine, money)을 대체하는 새로운 자원으로서 정보와 지식이 가치창출의 핵심으로 등장하였다. 그런데 정보와 지식은 흔히 혼동하기가 쉽다. 정보는 원인 또는 결과라는 단편적 사고이고 지식은 원인과 결과라는 종합적 사고이다. 정보는 외부에서 수용되는 수동적 성격이 강하고 지식은 생각, 가공, 판단하는 주체적 성격이 강하다. 또 정보는 지식의 창조의 매개체나 자료의 역할을 띤 플로우(flow)적 성격이 강하고 지식은 사고와 경험을 통한 스톡(stock)성격이다. 또한 정보는 가치판단 및 정보체계에서 정태적 성격이 강하고 지식은 동태적 성격이다.

예를 들면, "구슬이 서 말이라도 꿰어야 보배"라는 우리의 옛말을 생각하면 된다. 여기서 정보는 구슬로 지식은 보배라는 말로 표현할 수 있다. 이는 앨빈 토플러가 말하는 제3의 물결과 제4의 물결로 산업화사회, 정보화사회를 뛰어넘는 이른바 제5의 물결에 비유되고 있는 지식사회의 도래이다. 이러한 형상은 농업사회에서의 "농민시대" 산업사회에서의 "화이트칼라"계층을 지나 지식화사회에서는 "골든칼라"

가 주요 사회계층이 된다는 것, 즉 무한경쟁의 시대에 전문성이 있는 직업을 가진 사람 그리고 소위 하드웨어가 경제를 지배하던 시대가 끝나고 새로운 사회를 이끌어갈 경제 원리는 바로 지식이라는 것이다. 예를 들면, 만약 어떤 사람이 빌 게이츠의 마이크로소프트사가 제너럴 모터스사보다 더 가치있는 회사라고 생각하면 지식경제에 이미 몸담고 있다고 해도 좋을 것이다.

둘째, 수직화에서 수평화 사회로 패러다임의 변화이다. 새로운 경영환경의 변화의 엔진은 네트워크이다. 산업경제시대에서의 규모의 경제는 이제 범위의 경제와 연결의 경제라고 한다. 짧게 요약하면 과거 규모의 경제와 정보단속주의에서, 규모, 범위, 연결경제와 정보공개주의로의 변화이다. 기업들은 과거 중앙집권적 수직적 위계질서를 버리고 수평적 네트워크체제로 변신하여 아웃소싱과 제휴로 가벼운 경영으로 변하고 있다.

셋째, 제품 중심 시장에서 서비스 중심 시장으로의 패러다임 변화이다.

제조기술과 제품들이 범용화에 따라 이를 부가서비스와 효과적으로 결합해 고객에게 전달하는 접점확보가 기업경쟁력에서 중요하다는 이야기이다. 이른바 고객만족시대에서 고객감동시대로의 변화이다. 쉽게 고객만족시대를 지나 고객감동시대가 올 것이다. 예컨대, 만족은 제품에서 나오고 감동은 서비스에서 나온다는 것 등이다.

넷째, 생산자 중심에서 소비자 중심으로의 변화이다.

지금까지 생산규모의 확장 전략은 판매확장 전략으로 바뀌는 상황이다. 예전에는 우선적으로 공장을 완성한 후 일정규모 이상을 생산해야 수익을 내는 형태였지만 정보재는 생산비용이 거의 없는 관계로 생산 확대에도 수익정체 현상이 발생하지 않는다. 제품을 만든 후 고객을 찾는 매스(대중마케팅)가 일대일 마케팅으로 전환되는 추세이다. 또한 21세기 시장을 이른바 백인백색의 시장이라고 한다. 그리하여 현재 인터넷은 고객과 양방향 정보교환으로 고객별 맞춤서비스를 가능케 하고 있다. 한 예로 미국의 델 컴퓨터사는 주문형 컴퓨터를 생산해 창업 3년만에 세계3위 업체로 부상했다. 이처럼 이제 경영성패를 생산자가 아닌 소비자가 좌우하는 시대가 열렸다.

마지막으로 환경 적응에서 환경 창조의 시대로의 변화이다. 말하자면 패러다임의 변화도 새로운 환경 창조의 일종이다. 마이크로소프트사의 빌게이츠도 최근 저서 『생각의 속도』에서 자신도 "언제가 경쟁에서 뒤쳐져 사라질 때가 올 것이다. 다만 그 시기가 되도록 늦게 찾아왔으면 한다."고 말했다. 환경을 창조하지 않는 자는 영원할 수가 없다는 말이다.

이처럼 성공적인 패러다임의 전환을 위해서 우리 스스로가 변화의 중심에 서야 한다. 변화는 보다 훌륭한 목적과 미래를 위하여 현재 생각하고 행동하며 원하는 것들을 포기할 수 있을 때에야 비로소 가능하다.

3. 변화를 위한 혁신

1) 혁신의 의의

급변하는 현대사회에서 미래학자 피터 드러커는 "이제 혁신하는 자만이 살아남을 것이다."라고 주장하고 어떻게 스스로 혁신할 것인가를 역설하였다. 사회격동의 전환기에 새로운 사회질서에 주도적인 삶을 위하여 우리는 창조적인 혁신을 아무리 강조하여도 지나치지 않다.

300년 전에 데카르트가 "나는 생각한다. 고로 나는 존재한다."라고 말하였다. 변화의 시대인 오늘날 그것은 "나는 혁신한다. 고로 나는 존재할 수 있다."로 바뀌어져야 할 것이다.

새로운 사회에서의 스스로 혁신적인 자세로 삶을 영위해 가는 방법을 터득하여야 한다. 혁신적인 자세를 갖기 위해서 인간은 본질적으로 오히려 원칙(원리)에 충실하며 정직성과 솔직성, 감수성, 적응력 그리고 무엇보다도 용기를 필요로 한다. 정보화와 세계화로 요약되는 웹2.0 시대에 혁신가가 되려면 권위주의적이기보다는 민주적이고 개방적인 자세가 절대적으로 요구된다고 할 수 있다.

2) 혁신으로 삶을 바꾸는 훈련

패러다임 전환의 시기에 우리의 삶은 변화를 거듭하여야 살아갈 수 있다. 그래서 인간은 변화를 위해 정신적 · 육체적 혁신이 있어야 한다. 육체적 혁신으로 삶을 전환시키는 솔개의 지혜를 준용할 필요가 있다.

우리 사람들에게 친숙한 솔개는 가장 장수하는 조류로 알려져 있다. 솔개의 수명은 최고 약 70년을 살 수 있는 것으로 알려지고 있다. 솔개가 이렇게 장수하려면 약 40년이 되었을 때 매우 고통스럽고 중요한 결심을 해야만 한다는 것이다. 즉, 생후 40년 정도가 지나면 앞으로 자신의 인생을 선택해야만 된다고 한다.

솔개는 약 40세가 되면 전체 신체의 기능이 떨어지고 발톱이 노화하여 사냥감을 그다지 효과적으로 잡아 챌 수 없게 된다. 또한 솔개의 부리는 길게 자라면서 구부러져 가슴에 닿아 심장을 찌르게 될 정도가 되고, 깃털 역시 짙고 두껍게 자라서 날개가 매우 무겁게 되어 하늘로 날아오르기가 나날이 힘들게 된다. 이런 상황이 지속되면 솔개는 사냥을 못하게 되고 심한 고통 속에서 죽고 만다.

이때 솔개가 선택하는 방법은 두 가지가 있다. 하나는 현재대로 고통스럽게 심장을 부리에 찔리며 '굶어 죽게 되는' 것이며, 다른 하나는 '새로 태어나는' 것이다. 여기서 새로 태어나려는 솔개는 높은 절벽의 산으로 올라가 갱생을 위한 자기혁신을 하게 된다. 갱생의 길을 선택한 솔개는 먼저 산 정상부근으로 높이 날아올라 그곳에 둥지를 짓고 머물며 고통스런 수행을 시작한다. 우선 바위에 자신의 부리를 쪼어대기 시작한다. 그리고 결국 엄청난 고통 속에 부리가 빠지게 되면 새 부리가 돋아나게 된다. 솔개는 새 부리로 두꺼워서 쓸 수 없게 된 발톱을 하나하나 뽑아내고, 역시 자신의 깃털을 고통 속에 모두 뽑아낸다. 그렇게 하면 새 발톱과 새 깃털이 나게 되고 솔개는 완전히 새로운 모습으로 변신하게 된다. 솔개가 이 모든 과정을 거치는 기간은 약 6개월 정도 걸리게 되고, 이와 같이 혁신적으로 다시 태어난 솔개는 남은 30년을 새로 태어난 것처럼 마지막 수명을 누리게 된다고 한다. 인간을 비롯한 모든 영장류는 각자 자신의 삶을 살아가기 위하여 끊임없이 노력하고 혁신하여야 할 것이다. 그 방법은 여러 가지가 있을 수 있을 것이다. 인간의 경우에는 생활환경과 밀접한 관계가 있다.

삶을 지배하는 원리가 바뀌면서, 즉 삶의 수단이 바뀌는데 능동적으로 대처해 나가야 한다는 의미이다. 농경시대의 삶에 알맞은 자세가 있었다면 현재 디지털 정보화 시대에 알맞은 삶의 방식으로 혁신적 자세를 연마하여야 한다는 것이다.

일반적으로 혁신적 리더로서의 기본자세를 우선 다음과 같이 요약해 볼 수 있다.

첫째, 우수한 학습지능을 지니고 있어야 한다. 지금은 웹2.0이라는 지식창조의 사회다. 정보의 홍수 속에서 올바른 의사결정을 하기 위해서는 두뇌가 명석해야 한다. 그리고 둘째, 감성지능이 탁월해야 한다. 감성지능이 높은 사람은 자기 자신의 감정을 잘 이해할 수 있으며 동시에 조절능력이 뛰어나다. 그리고 이를 바탕으로 다른 사람의 감정을 이해하고 조절하는 능력도 탁월하다. 셋째, 사회성 지능이 높아야 한다. 사회성 지능은 함께 어울리는 능력을 말한다. 동시에 사회에 대한 균형 잡힌 인식과 안목을 의미한다. 정보화사회는 점점 개성을 중시하고 다원주의로 발전하고 있지만 이럴수록 팀워크의 중요성은 더욱 커진다는 점을 주목해야 할 것이다. 넷째, 도덕성 지수가 높아야 한다. 21세기 고도정보화사회는 투명성의 사회다. 모든 것이 전자적으로 검증되고 검증될 수 있다. 이런 사회에서는 '숨길 것이 없는' 그리고 '깨끗한' 사람일수록 지도력을 발휘할 수 있다. 다섯째, 경영마인드가 있어야 한다.

4차 산업혁명 시기에 지도자는 '통제자'가 아니라 '경영자'라는 것이다. 현대의 모든 조직에서 가장 중요한 개념이 바로 '경영마인드'이다. 대통령도, 대학총장도, 병원장도 모두 경영자라고 할 수 있다. 이들이 경영을 잘못하면 조직은 파산할 수밖에 없다. 그래서 요즈음 세일즈 시장, 세일즈 총장이 인기가 있다는 것이다.

또 4차 산업혁명시대는 참여와 개방의 열린사회이다. 다원적 가치와 개성이 존중되고 또한 인정받는 사회라는 것이다. 이런 사회에서는 더욱 탁월한 리더십이 필요하다. 이는 전통적인 카리스마나 권위주의적 리더십을 의미하는 것은 아니라, 개혁적 구상으로 개혁적으로 일을 추진할 수 있는 사람을 의미한다. 혁신적 리더는 사회 각 분야에서 구성원 각자가 잠재능력을 마음껏 발휘할 수 있도록 도와주는 사람이어야 하며 이를 수렴하여 조직 전체의 발전을 기약할 수 있는 새로운 감각을 소유한 리더라고 할 수 있을 것이다. 정치적, 사회적, 경제적 모든 분야에 있어서 변화와 혁신에 주체적이며 능동적으로 개인뿐만 아니라 조직 구성원들 모두를 끌어들일 수 있고 그것을 선도해 나갈 수 있어야 한다.

3) 혁신의 자세

현실적으로 우리는 정보화와 디지털시대에 아니 기술혁명의 시기에 분명한 사실은 만일 우리 스스로가 변화를 시도하지 않는다면 외부의 누군가에 의하여 종속적으로 변화될 수밖에 없다는 현실을 명심하여야 한다.

위에서 지적된 바와 같이 산업구조의 변동과 이에 상응하는 인력구조의 변화는 물론 사회경제적 변혁으로 인한 인간의 본질적 가치관이 변화되어야만 하는 시기임을 직시하고 혁신적 사고로 무장하여 혁명적으로 대처해 나갈 수 있어야 할 것이다. 전문가들은 '이제까지처럼' 그리고 '어제와 다름없이' 하루하루를 보내다가는 급변하는 세태 속에 혼자 낙오할지 모른다는 절박한 위기의식을 가져야 한다고 강조한다.

희망찬 가슴으로 새로운 삶의 환경을 나의 것으로 만들기 위하여 무엇을 준비해야 할까. 그리고 디지털시대, 나의 경쟁력은 어떠한지를 우선 점검해 보아야 한다.

① 나의 생존지수를 정확히 알자.

사람들은 한결같이 디지털시대의 경쟁력은 지난 시대의 그것과는 다르며 '생존지수'가 높을수록 급변하는 세상에 빨리 적응할 수 있다고 얘기한다. '충실', '강직', '의리'가 직장인의 가장 큰 덕목으로 꼽히던 시대는 이제 흘러갔다고 주장한다. 새천년에는 '회사를 배반할 수 있는 배짱'과 '자기 능력과 경험을 철저히 계발하는 힘'을 가진 사람에게 더 많은 성공의 기회가 주어질지 모른다.

주부의 경우도 전적으로 가장만 믿으며 가정 속에 안주하는 것이 행복으로 알던 시대는 지났다. 위기가 닥치거나 결단의 시기가 오면 주부가 당당히 나서야 한다는 '라이프 시나리오'도 항상 염두에 둬야 한다는 것이다.

② 정보화 능력을 일궈 나가자.

우리는 개개인의 이름보다는 E메일 주소가, 복잡한 서류정리를 잘 하는 솜씨보다는 정확하고 빠른 인터넷 정보검색능력이 더 중요한 시대라고 입을 모은다.

능력을 마음껏 발휘하고, 그에 따른 보상을 적절히 받기 위해서는 누구나 컴퓨터와 인터넷은 자유롭게 다룰 줄 알아야 한다. 바야흐로 지구촌 시대이므로 인터넷의 기본 용어인 영어는 물론이고, 가능하다면 제2외국어 하나쯤은 구사할 줄 아는 능력은 당연하다.

③ 따뜻한 삶의 문화를 가져야 한다.

디지털시대에는 단순한 '일벌레'가 더 이상 귀감이 될 순 없다. 주어진 시간에 철저히 효율적으로 일을 처리하고 자유로운 시간을 활용, 가족이나 개인의 레저 취미 등 '진짜 하고 싶은 일'을 즐겨야 삶의 질도 높아진다. 특히 가족이 함께 즐기는 캠핑 하이킹이나 여행 스포츠는 세상이 아무리 디지털문명으로 치닫는다 해도 결코 달라지지 않을 가족끼리의 끈끈한 정을 확인시켜 줄 것이다. 연극, 영화, 음악회 등 문화예술행사를 자주 감상하는 것도 가족의 '눈높이'를 한 단계 높여줄 수 있다. 가슴을 적시는 감동을 경험하기 위해 가계비용에 필수지출내용으로 문화비를 꼭 포함시키는 지혜가 필요하다.

④ 새로운 휴머니즘을 창조하자.

세상이 아무리 변한다고 해도 결코 달라질 수 없는 것이 '인간의 가슴'이다. 인간에 대한 배려, 사람과 사람 사이의 '휴먼 네트워크'는 사회가 정보화되면 될수록 더욱 강한 힘을 발휘한다.

인터넷과 PC통신을 통해 다양한 테마의 온라인동호회에 참가하거나 전문가모임에 정기적으로 참가하는 것은 따뜻한 인간과의 만남뿐만 아니라 경쟁력을 키우는데도 도움을 준다.

4) 혁신적 리더의 역할

4차 산업혁명시대를 주도적으로 살아가기 위한 혁신을 위하여 우리는 모든 일에 계획가로서의 자세가 되어야 하며, 동기부여자, 네트워크 관리자, 교육자, 조정자,

통합자, 집행자, 선구자, 옹호자, 중재자 등의 역할을 수행하여야 한다. 이러한 역할은 리더로서의 자질 이전에 사회의 엘리트로서 각 분야의 전문가로서 주어진 역할을 수행하는 것이다.

첫째, 계획가(planner)로서의 역할을 수행할 수 있어야 한다. 시민운동이 일어나는 것은 기존 사회의 구조나 규범의 문제 때문이다. 리더는 무엇보다 현재 사회구조의 문제점을 분석하면서 이상적인 사회발전 방향에 대하여 비전을 제시하고 실천규범을 제시해 주는 한편 사회변화의 당위성도 밝혀줄 수 있어야 한다. 아울러 이러한 비전에 맞추어 살아가는 새로운 규범체계 특히 생활양식, 행위양식의 역할 모델을 제시함으로써 사회변화를 이끌어 나가야 한다. 이러한 역할은 사회의 지도자가 각자의 영역에서 전문적인 지식을 바탕으로 새로운 가치를 창출하는 대안을 제시하는 것이어야 한다.

둘째, 동기부여자(motivator)로서의 역할이 요구된다. 리더는 먼저 자신들에게 동기부여를 하고 그들이 속해 있는 공동체나 조직이 발전해 나가는 방향에 대하여 중대한 책임을 지고 있다는 사실을 인지하여야 한다. 다음, 리더는 조직의 당면 문제점들을 지적하고 구성원들이 관심을 갖고 참여해야 하는지를 일깨워줄 수 있어야 한다. 리더는 열린 토론의 장을 마련하여 조직 구성원들의 집단사회에 대한 관심을 고조시키고 변화를 위한 그들의 사명을 고취시킬 수 있어야 한다.

셋째, 사회적으로 네트워크 관리자로서의 역할을 하여야 한다. 새로운 사회, 즉 열린 사회에서는 리더가 다양한 네트워크를 장악하는데 머물지 말고 조직을 구성하고 상호 교류하는데 모든 역할을 할 수 있어야 한다.

넷째, 교육자와 조정자(teacher and convener)로서의 역할을 명심하여야 한다. 조직 구성원들의 다수는 당면한 문제들에 대하여 무관심 혹은 무지하거나, 왜곡된 정보와 가치관을 갖고 있을 수 있다. 리더는 스스로 열린 마음을 가지고 먼저 조직이 처한 상황을 제시하고 새로운 밀레니엄 시대의 변화와 기회를 그 조직과 집단의 문제로 구체화하여 외부의 변화 정보들을 수용할 수 있도록 구성원들을 이해시키고 알맞게 조정의 역할을 하여야 한다.

다섯째, 집행자와 통합자(driver and integrator)로서 역할이 있다. 리더는 자신의 조직을 실제로 변화시키고 조직경영의 혁신을 기할 수 있도록 여러 가지 대안들이 실천 가능한지 점검하고 노력하여야 한다. 또한 통합자로서 그러한 대안들이 실천될 수 있도록 구성원들을 충원하고 동원하여야 한다. 또한 집행하는 과정에서 나타날 조직의 반발과 사회적 장애요인들을 제거해야 하며 상황의 변화에 유연하게 대처해야 한다.

여섯째, 선구자(mentor and agitator)로서의 역할이 요구된다. 하나의 대안이 성공적으로 실천되면 리더는 이러한 변화와 조직의 발전에 긍정적 요소가 다른 부문에까지 확산될 수 있도록 노력해야 한다. 즉, 리더는 지속적인 개혁 추진을 위한 교두보를 마련하고, 그 추진에 대한 문화적 토양이 뿌리내릴 수 있도록 하며 새로운 참여도 확대시켜 나갈 수 있어야 한다.

일곱째, 옹호자(advocate)로서의 역할이 되어야 한다. 조직에는 능력이 뒤지거나 병약한 사람, 비협조자까지 있을 수 있다. 사회적으로 충분한 권리를 향유하지 못하는 소수그룹들이 충분히 존재할 수 있다. 리더는 이들의 이익을 적극적으로 옹호하여 더불어 존재하는 건전한 공동체가 될 수 있도록 노력하여야 한다. 특히 이러한 소수집단들에게도 문호를 개방하고 그들의 권익을 보호하고 옹호해 줄 수 있어야 민주적인 리더로서의 역할을 다할 수 있다.

마지막으로, 중재자(mediator)로서의 역할을 필요로 한다. 다원화된 사회, 이중적 사회구조, 다차원의 가치관들로 인하여 조직과 조직, 조직과 구성원들 간의 갈등과 분쟁이 끊임없이 발생할 수 있다. 이러한 갈등의 경우 외부 공권력에 의한 권위적 해결이나, 법적 소송에 의한 해결은 분쟁을 장기화시키거나 오히려 리더십에 대한 불신으로 상황을 어렵게 만들 수 있다. 리더의 판단과 전문적 지식의 활용으로 객관적이고 공정한 중재가 되어야 한다.

4. 제 4차 산업혁명시대의 리더십

4차 산업혁명시대의 리더십은 구성원 모두의 참여가 일반화됨으로써 타인에게 배려하고 희생을 당연시하는 서번트 리더십이 되어야 한다. 앞서 지적한 바와 같이 전통적인 리더십에서는 조직 구성원 전체에 비중을 두기보다 앞서서 지휘하는 리더가 다른 구성원들에 대해 가부장적인 모습을 가지며, 모든 권한과 책임을 혼자 독점하는 경향이 있다. 리더는 아침 일찍 자신이 책임지고 있는 팀에서 오늘 하루 할 일이 무엇인지를 확인하고, 구성원들에게 해야 할 업무를 세세히 지시한다. 예를 들어 재무 부서에서 자금을 융통하려는 계획을 세웠다면 리더는 차입 은행과 방법, 금액 등을 모두 결정해 놓고, 구성원들에게는 결정된 사안을 실행하도록 지시한다. 오후가 되면 리더는 구성원들이 업무를 시킨 대로 제대로 처리했는지를 확인하는데, 일을 제대로 처리하지 못한 구성원은 질책의 대상이 되고, 그 일은 보통 다른 구성원이 처리하도록 만들어 성과를 내지 못하는 구성원들은 점점 더 업무 기회를 잃게 된다. 이러한 상황에서 리더는 자연스레 권위주의적인 모습을 띠게 되고, 구성원들은 지시 받은 일만을 규정대로 착실하게 수행하는 수동적인 자세를 갖는다. 그 결과 구성원들은 리더에게 의존적이게 되고 다양성이나 창의성을 발휘하기가 어렵다.

전통적인 리더십에서는 계획된 업무들이 리더의 지시대로 추종하는 자세를 취함으로써 일사불란하게 진행될 수 있다는 장점이 있지만, 구성원 모두의 참여가 보장됨으로써 급변하는 현시대에 맞게 행동을 취해야 하는 환경, 즉 유연성과 창의성이 요구되는 상황에서는 좋은 성과를 거두기가 어렵다.

현대가 요구하는 서번트 리더십에서 리더와 구성원 간의 관계는 상명하복의 관계가 아니라 참여와 공유의 수평적인 동료관계이다. 서번트 리더는 구성원들이 자율적으로 업무를 수행하도록 권한과 책임을 위임하고, 그들을 지원하게 된다. 전통적인 리더십 하에서 재무 부서의 자금 융통 업무가 서번트 리더십 하에서는 어떻게 이루어지는지를 살펴보자. 재무 부서에서 자금을 융통하려는 계획을 세운다면, 자금의 융통을 담당하고 있는 구성원이 자금이 필요한 이유와 차입 금액, 차입 방법 등에 대해 의견을 제시한다. 리더와 구성원들은 그 안을 토의하고 결정을 내리게 된다. 결정된 사안에 대해서는 구성원들이 협력하여 일을 추진해 나가며, 서번트 리더는 결정된 일이 잘 진행될 수 있도록 지원하고 환경을 조성해 주는 일을 한다. 또한 서번트 리더는 이 과정에서 질책보다는 격려를 통해 구성원들이 업무를 잘 수행할 수 있도록 동기를 부여한다. 이러한 과정들을 통해 구성원들은 자신의 다양성과 창의성을 자유롭게 발휘할 수 있게 되며, 업무에 대해 주인의식과 책임감을 가지고 환경의 변화에 대해 능동적으로 대처하게 된다.

※ 매우 빠르게 변화하는 현대사회에서, 변화에 대한 라인홀드 니버의 다음 말을 음미하고 변화를 의미하는 단어(두 음절)들로 아홉 개의 창을 메꾸어 봅시다.

변화에 대한 자세 (Reinhold Niebuhr)
어차피 변화시킬 수 없는 것에는 이를 겸허히 수용할 수 있는 자세를, 반드시 변화시켜야 하는 것에는 과감히 변화를 시도할 수 있는 용기를, 그리고 변화시킬 수 있는 것과 변화시킬 수 없는 것을 선별할 수 있는 지혜를.

토론의 시간 : 내가 적은 위의 단어들을 조별로 비교하면서 가장 많이 나온 어휘를 골라내고 역시 구성원 전체(반별 혹은 과별)에서 가장 많이 제시된 어휘를 찾아내서 변화의 상징어로 선정하고 토론해 봅시다.

서번트 리더십이란?

http://cafe.daum.net/speech2002/5mfx/2142의 내용을 보면 서번트 리더십(Servant Leadership)은 단어 그대로 조력자로서의 리더십을 발휘하는 것으로 기존의 권위적인 리더십과 차이가 있다. 기존의 리더십이 조직 구성원의 앞에서 조직 구성원을 이끄는 역할을 하였다면 서번트 리더십은 조직 구성원의 일체화와 공감대 형성을 통하여 조직목표를 달성하는 것이다. 20세기까지는 거대한 조직과 그 구성원 간의 연결을 중요시 하였던 제조업 산업시대에 필요한 강력한 리더십, 카리스마적 리더십이 요구되었다. 그러나 그 속에서도 아날로그적인 인간관계 형성은 리더의 중요한 겸비조건으로 존재하고 있었다. 21세기는 정보산업과 네트워크 산업의 발달로 거대 조직보다는 개인주의가 심화되었고 전문성이 많이 요구되고 있다. 이러한 디지털적인 사회환경 속에서 희미하여지는 인간관계 형성은 더욱 중요한 이슈로 되었고 심지어는 어느 리더가 더 많은 인적 네트워크를 갖고 있느냐가 리더의 역량을 가름하는 상황까지 되었다. 이러한 의미에서 서번트 리더십은 새로운 시대에 잃어버리기 쉬운 리더의 역량을 새롭게 정립하였다고 할 수 있겠다. 조력자로서의 서번트 리더는 기본적으로 방향 제시자, 파트너, 지원자의 세 가지 역할에 중점을 두고 구성원들을 리드해 나가는 특성을 갖고 있다.

서번트 리더십의 개발을 위해 첫째, 청지기 의식(Stewardship)을 가져야 한다. 리더는 서번트(Servant), 즉 '종'이 되어야 한다는 말로 다른 사람을 섬기는 청지기 의식을 가져야 한다는 뜻이다. 청지기 의식은 '타인을 섬기는 자세'로서 서번트 리더십의 바탕을 이루는 가치관이다. 이러한 리더십은 최고 경영자 '예수'의 리더십에서도 볼 수 있다.

둘째, 구성원들의 성장에 대한 지원이 필수적이다. 서번트 리더십을 통해 조직을 성공으로 이끌기 위해서는 구성원들에게 적절한 성장기회를 제시하고 적극적으로 지원함으로써 구성원들이 스스로 역량을 개발할 수 있도록 환경을 조성해 주는 지원이 필요하다. 서번트 리더는 우선 구성원들에게 바라는 목표와 기대치가 무엇인지 명확하여야 한다. 그 다음 단계로는 특정업무를 처음으로 수행하는 구성원의 경우에는 그 업무를 수행하는 기본적인 방법과 규칙을 가르쳐 주는 것이 필요하다. 마지막으로 구성원들이 스스로의 방법으로 일하도록 하고, 필요로 하는 자원을 지원하며 불필요한 외부의 간섭을 막아 주는 등 구성원이 자신의 역량을 최대한 발휘할 수 있도록 스폰서 역할을 한다.

셋째, 구성원들 상호 간에 인간적 배려가 우선이다. 구성원들이 제대로 업무를 수행하기 위해서는 업무 성과에 앞서 부하들의 개인적인 사정을 배려하는 노력도 중요하다. 구성원들이 잠재력을 발휘할 수 있도록 환경을 조성해 준다는 것은 구성원들에 대한 정서적 배려를 포함한다. 부하들이 업무와 개인적인 삶 사이의 균형을 이룰 수 있도록 리더가 적극적으로 배려해야 함을 말한다.

넷째, 신뢰를 바탕으로 공감대의 형성과 협력이 되어야 한다. 서번트 리더십을 통해 조직을 효율적으로 운영하기 위해서는 리더와 구성원들 간의 공감대를 형성하는 것이 필수 불가결한 요소다. 공감대 형성이란 구성원들이 업무적인 측면과 정서적인 측면에서 강한 유대감을 갖는 것을 의미하는데 이는 구성원들에게 주인의식과 책임의식을 갖게 하는 가장 기본적인 요소이다. 공감대 형성을 위해서는 다양한 경영 현안에 대해 리더와 구성원들 상호 간의 경청과 공감, 설득과정이 지속적으로 이루어져야 한다. 이러한 개방적인 커뮤니케이션은 구성원들이 리더와의 파트너십을 형성하고 조직에 대한 주인의식과 책임감을 갖게 하는데 매우 효과적인 방법이다.

3장

인성함양과 자기계발

"You can learn a little from victory;
you can learn everything from defeat."

— Christy Mathewson — [미국 프로야구스타, 1880-1925]

ETHICAL MUSTS:

The six core ethical values parents should be teaching and modeling for their children, according to the Aspen Declaration on Character Education are:

1. RESPECT
2. RESPONSIBILITY
3. TRUSTWORTHINESS
4. CARING
5. JUSTICE AND FAIRNESS
6. CIVIC VIRTUE AND CITIZENSHIP

■ 인성함양, 가치관, 습관, 비전과 목표설정

인성함양과 가치관의 정립에 필요한 요소	매우 그렇다	그렇다	보통이다	아니다	전혀 아니다
1. 나는 매사에 주도적이고 적극적이다.					
2. 일을 처리함에 있어 자신의 역할을 생각하고 나의 책무는 끝까지 다하려고 노력한다.					
3. 목표를 설정하고 계획적으로 일을 처리하며 사려깊게 행동한다.					
4. 상대에게 신뢰를 주는 행동을 한다.					
5. 합리적이며 보편타당한 입장에서 일한다.					
6. 중도에 포기하지 않고 끈기있게 노력한다.					
7. 조직의 규칙을 준수하고 도덕적, 윤리적 기준을 잘 지킨다.					
8. 다른 사람에게 의존하지 않고 혼자서 묵묵히 맡은 일을 처리해 간다.					
9. 상대의 제안을 겸허한 태도로 받아들이고 칭찬까지 한다.					
10. 기분에 따라 좌우되지 않고 냉정 · 침착한 태도를 유지한다.					
11. 조직의 팀워크를 생각하고 상대를 배려한다.					
12. 항상 심사숙고하는 자세로 임한다.					
13. 상대를 칭찬하기에 주저하지 않는다.					
14. 하루, 일주일, 한달, 일년, 목표를 설정하고 생활한다.					
15. 매일같이 자기계발을 위하여 노력한다.					
16. 습관의 중요성을 알고서 좋은 습관을 가지려 한다.					
17. 고정관념이나 선입견에 얽매여 행동한다.					
18. 나의 태도는 모든 일에 있어서 긍정적이고 적극적이다.					
19. 세상의 모든 가치관은 항상 상대적이라고 생각한다.					
20. 나의 성공에 대한 확신을 갖고 성공을 향해 매진한다.					

1. 인성함양과 가치관

문명이 발전하고 다양화되면서 사람이면 누구나 자신만의 개성을 찾으려고 한다. 나는 나고 너는 너다. 내가 잘 할 수 있는 일이 있고 너만이 할 수 있는 일이 있을 수 있다. 나에게 필요한 외모가 있으며 너한테 잘 어울리는 외모가 있다. 오래전 권위주의 시대의 우리나라에서와 같이 획일화를 요구하는 사회에서는 좀처럼 허용하기 힘든 가치관이 될 수도 있다. 과거 봉건체제 하에서 하나의 절대적 가치 하에서 동질성과 획일성을 미덕으로 인정하는 사회에서는 개인의 개성과 특기는 무시되었다.

본 장에서는 우리가 지금까지 그러한 기회가 없어 찾을 수 없었던 자신의 개성을 찾아 인성을 함양하고 새로운 가치관을 형성해 나갈 수 있는 방법을 지금까지의 나의 습관을 중심으로 탐색해보고자 한다. 내가 아니면 할 수 없고 나만의 특기를 찾을 수 있도록 과거의 잘못된 습관이나 버릇을 찾아 바꿔 나가고, 미처 발견하지 못한 개인의 자질을 찾을 수 있는 방법을 찾는 인성함양을 위하여 노력하여야 한다.

1) 인성계발의 의의

원래 리더십을 함양하기 위해서는 흔히 '인성'이라고 하는 인간의 '본질'에 관한 문제에서 출발하여야 한다. 인성은 인간의 본성 또는 생래적으로 타고난 심성을 뜻하는 것으로 개인의 특징적인 행동과 사고를 결정해주는 심리적, 신체적 시스템의 활동 조직을 의미한다. 흔히 성격, 성품, 기질, 개성 등으로 불리워진다. 인성은 인류의 보편적 가치를 기본으로 한다. 인간은 사회적 동물로서 인성을 바탕으로 서로 관계를 맺으며 삶을 영위한다. 그래서 인간 상호 간에 보다 선한 인성으로 관계를 맺고 선한 관계를 맺으려고 한다. 그렇지 못한 경우에 인성교육이란 것이 필요하다. 인성교육이란 인간에게는 누구에게나 선한 심성 또는 유능한 본성이 생래적으로 내재되어 있으며 교육을 통하여 그것을 개발시키고자 하는 것이다.

정신의학자 스콧 펙(M. Scott Peck)은 그의 저서 『끝나지 않은 여행(아직도 가야 할 길)』(원제 *Further Along The Road Less Traveled*)(M. 스콧 펙 지음, 김

영범 옮김, 2003)에서 인간의 본성이란 비유하건데 '팬티 안에 볼일을 보는 것'이라고 말하였다. 사람은 유아기에는 본능적으로 생리현상을 해결하게 되지만 "훈련"을 통하여 스스로를 극복하고, 예를 들면 화장실을 이용하는 습관에 익숙해지면서 부자연스런 인간이 자연스런 인간으로 성장해 나간다.

인간의 본성을 의미하는 인성은 심리학자들에 의하여 지각적인 기능(이성; IQ)과 정서적인 기능(감성; EQ)으로 나누어 설명되고 있다. 여기서 지각, 즉 지능 면에서는 유전적인 요인이 강하다고들 말하지만 인간의 노력에 의해 한계가 극복되기도 한다.

인간은 본능적으로 다른 사람과의 차별화를 선호한다. 물론 이것은 자연 연령에 있어서 스스로 독립과 자립으로 삶을 영위할 수 있는 단계에 이르러 해당되는 말이다. 삶의 방식에 있어서 특히 자라나는 청소년들에게 아직까지 획일화된 제도권 교육으로 개인의 특성을 인정하지 않고 천편일률적인 평가와 판단을 한다는 것은 지극히 비교육적일 뿐만 아니라, 개인의 장래를 망치는 결과를 초래하게 될 것이다.

다양화되고 수평적으로 네트워크화된 사회에 있어서 획일화와 균일화는 최선이 아니라 최악이다. "나만의 개성, 나만의 특기"를 찾고 이것을 발굴할 수 있어야 한다. 각자의 개성을 존중하고 다른 사람의 개성을 존중받는 사회가 되어야 한다. 어떤 의미에서 새로운 시대에는 이것이 생존의 절대 원칙이 될 가능성이 있다.

예컨대, 우리 청소년들이 학교에서 '나는 공부는 못하지만 이것만은 누구보다 잘할 수 있다'는 분야를 찾아주는 교육이 절실히 요구되는 이유가 바로 여기에 있다. 사실 내가 찾고 있는 '이것만'이라는 특기도 공부의 일부분일 수도 있다. 문제는 우리의 제도권 교육에서는 개개인의 특성을 보장하여 한 사람을 위한 특기교육이 인정되지 않고 있다는 점이다.

2) 선입견과 편견을 벗어나 적극적인 사고하기

창의적인 인성을 함양하려면 우리는 모든 일에 긍정적 사고와 적극적인 자세를 가져야 한다. 적극적이지 못하고 창의적인 습관을 갖지 못하는 것은 선입견과 고정관념에 얽매여 소극적이며 부정적인 인성을 갖게 되는 것이다. 선입견은 처음부터 머리 속에 들어가 있는 고정적인 관념과 견해를 말하고 편견은 공정하지 못하고 한쪽으로 치우친 생각으로 둘 다 미리 들은 말로 생각이 고정되어 새 의견을 받아들이지 않는 것이라 할 수 있다.

사람들에게 선입견을 갖게 하는 8가지 함정이 있다. 예를 들어 '정답은 하나뿐이다'라고 단순원리에 빠져있다든지 '그건 논리적이지 않다', '법을 지켜야지', '현실적으로 생각하라'라고 현실적 매너리즘의 함정에 빠져있는 것 그리고 '틀리면 안 된다'는 완벽주의자, '그건 내 소관 밖이다'라는 회피주의, '바보 같은 생각하지마!'라는 그야말로 바보 같은 생각을 하는 경우 그리고 '나는 창조력이 없다'라는 비관주의자 등은 사람들로 하여금 선천적으로 혹은 주변 환경에 의하여 스스로는 느낄 수 없는 사이에 선입관으로 형성이 된다.

이러한 선입견과 편견에 사로잡힌 사람은 신중한 반면에 매사를 자신의 입장에서 이해하려다 보니 소극적으로 인식하고 자기아집을 벗어나지 못하게 된다. 이 경우 득보다는 실이 많다는 것은 기정 사실이다. 특히 개인이 자신의 문제를 해결하는 과정에서도 얻는 것보다는 잃는 것이 많겠으나 공동체나 조직사회에서 구성원으로서 공동의 문제를 공동으로 대처해 나가야 하는 상황에서는 편견에 사로잡혀서는 그 조직의 목표달성은 어려울 것이며 발전은 불가능하다.

적극적인 사고를 갖고 편견과 선입견을 벗어나기 위하여 N. Hill은 17가지 원칙을 제시하고 있다. 즉, 적극적인 마음가짐, 목적의 명료화, '덤'을 가질 것, 정확한 사고, 자신에게 엄격한 규율, 지도성, 신앙심, 사람들에게 기쁨을 사는 성격, 자발성, 열의, 조절된 주의력, 팀워크, 패배와 좌절에서의 배움, 창조적인 비전, 시간과 돈의 예산을 세움, 건강의 유지, 자연의 습성 이용 등을 주장한다.

사물을 보는 눈은 언제, 어디서 보느냐에 따라 얼마든지 그 모습을 달리할 수 있다. 주변의 환경을 정확하게 인식하고-환경이 부정적이든, 긍정적이든-이에 대처하는 능력을 보다 적극적으로 발전적으로 키워나가는 것이 오히려 삶의 지혜라고 할 수 있을 것이다.

창의적으로 생각하고 적극적으로 삶에 도전을 하면 때로는 실패에 이를 수도 있다. 흔히 우리는 '실패는 성공의 거울이다.'라는 말을 듣는다. 실패를 두려워해서는 안 된다. 실패를 바탕으로 새로운 삶을 개척한 사람들에 관한 많은 얘기가 있으나,

프랑스의 화가 빈센트 반 고흐(Vincent van Gogh)는 죽기까지 1,700개의 그림을 그렸다고 한다. 그러나 그가 살아 있을 때에는 단 한 작품만 팔았는데 85불에 팔았다. 그는 자신의 그림인생이 실패했다고 생각하면서 죽었다. 최근에 그의 작품 중 너무나 많이 알려져 있는 〈닥터 가셰의 초상(Portrait du Dr. Gachet), 1890〉은 8,250만 불에 팔렸다고 한다. 인류역사에 많은 업적을 남긴 사람들 중에는 반 고흐의 경우와 같이 생전에 그가 보고 싶어 했던 영화(榮華)를 보지 못했던 사람들이 흔히 있다.

3) 개성의 창조를 위한 노력

자신의 개성과 역할분담을 통하여 나만이 할 수 있는 고유 영역을 찾을 수 있어야 한다. 지식중심 사회에서의 성공은 자기 자신을 잘 아는 사람들에게 온다. 즉, 자신이 소유한 강점과 가치관 그리고 일을 최선으로 수행할 수 있는 방법을 스스로 아는 것이 필요하다.

이러한 자신의 발견은 부단한 자신의 관리를 통하여 가능하다. 나폴레옹 · 레오나르도 다빈치 · 모차르트 같은 역사적으로 위대한 성공한 사람들은 부지런히 자기 자신을 관리해 왔다. 바로 그것이 그들을 위대한 성공자로 만들어 낸 것이다. 그러나 꼼꼼히 살펴보면 그들의 성공은 매우 드문 예외적인 경우라고 할 수 있다. 다시 말하면, 재능이나 업적 면에서 너무나 뛰어나서 그들은 평범한 인간 존재의 영역 밖의 경우로 간주된다. 어느 정도의 타고난 재능을 가진 사람들까지를 포함해서 우리들 대부분은 우리 자신을 관리하고 개발할 수 있는 방법을 배워야 한다.

대부분의 사람들은 자신이 무엇을 잘하는지 잘 안다고 생각한다. 그러나 그들은 일반적으로 잘못 알고 있다. 사람들은 자주 그들이 무엇에 익숙한지 익숙하지 않은지를 안다고 하는데 그때조차도 맞는 사람보다 틀리는 사람들이 더 많다. 사람들은 자신이 지닌 강점을 활용하면서 일하지만 사람들은 적성이 없는 취약한 분야에서 큰 성과를 쌓을 수 없다. 더구나 전혀 할 수 없는 분야에서는 아무 것도 이룰 수 없다.

과거 역사를 살펴보면, 사람들은 그들의 강점을 알아야 할 필요성이 없었다. 왜냐하면 과거에는 사람들이 태어나면서 신분과 직업이 결정되었다. 즉, 농부의 아들은 농부가 되고 기술공의 딸은 기술공의 부인이 되는 것 등을 예로 들 수 있다. 그러나 이제는 자신이 스스로 선택할 수 있다. 우리는 우리가 어떤 직업을 선택해야 할지를 알기 위해 우리의 강점을 알아야 할 필요가 있다.

우리의 장단점을 발견할 수 있는 방법 중의 하나가 '피드백 분석'을 통하는 것이다. 우리는 중요한 결정이나 행동을 할 때마다 목표하는 바를 적어 놓아야 한다. 9개월 또는 12개월 후 실제로 일어난 결과와 우리의 기대를 비교해 보도록 하는 것이다.

피드백 분석을 하게 되면 특정 행동을 위한 몇 가지 함축적 의미가 나온다. 첫째로, 가장 중요한 것은 우리의 강점에 관심의 초점을 모으는 것이다. 우리의 강점이 결과를 만들어 낼 수 있는 부문을 시행하도록 해야 한다. 둘째로, 우리의 강점을 증진시킬 수 있는 일을 해야 한다. 이 분석은 우리가 기술을 증진시키거나 새로운 기술을 획득해야 할 필요가 있는 부분을 빠르게 보여 줄 것이다. 이것은 또한 우리의 지식에 격차가 있는 부문을 가르쳐 줄 것이며 이러한 격차는 대부분 채워질 수 있다. 셋째로, 우리의 지적 오만이 우리의 무지를 깨닫지 못하게 하는 원인이 된다는 것을 알아야 하며 이를 극복해야 한다. 많은 사람들, 특히 한 분야에서 특별한 전문성을 가진 사람들은 다른 분야의 지식을 경멸하거나 명석함이 지식을 대체할 수 있다고 믿는다. 예를 들면, 일류 공학자들은 사람에 관해 아무 것도 알지 못하는 점에서 자만심을 갖는 경향이 있다. 그들은 훌륭한 공학적 사고를 하기에는 인간이 너무나 무질서하다고 믿는다. 그러나 이와 대조적으로 인적자원에 대한 전문가들은 가끔 기초 회계학이나 수량적 방법 등에 대해 무지한 것을 자부하기도 한다.

그러나 이러한 무지에 대해 자만심을 갖는 것은 자기 자신을 패배시키는 것이다. 각자의 강점을 충분히 발휘하는데 필요한 기술과 지식을 얻는 것이 중요하다고 하겠다. 우리의 나쁜 버릇을 고치는 것도 똑같이 중요하다. 즉, 효과적인 업무수행과 업적달성에 방해가 되는 나쁜 습관은 고쳐야 한다. 이러한 버릇들은 피드백에서 빨리 나타난다.

4) 인성의 함양을 위한 지수측정

사람들에 따라 차이는 있으나, 우리는 스스로의 자질 계발에 일반적으로 미온적이며 부정적이다. 어떤 일이 주어지고 문제해결을 찾으려 할 때 그 문제에만 골몰하기 어렵거나, 힘든 것으로 단정해버리거나 때로는 나 자신의 선입견과 편견으로 아예 포기해버리는 경우가 흔히 있다. 이러한 경우 나 자신의 자질을 먼저 측정해 둔 경우가 있다면 때에 따라 업무나 일을 수행하는 데 있어 자신감을 얻을 수 있을 것이다.

다음과 같은 지수측정의 방법은 일상생활 속에서 나타나는 나의 자질은 과연 얼마나 발휘되고 있는지 알아보고 객관화하여 상호 비교해 볼 수 있는 수량화의 방법들이다.

① **호기심 지수 : 광고를 보며 무엇을 느끼는가?**

문제의 해결 능력을 가지는 데 우선 '호기심'이 있어야 한다. 적어도 창조적 능력은 새로운 것에 흥미를 갖는 것에서부터 출발한다. 예컨대, TV광고는 훌륭한 정보의 보고이다. 이 정보는 짧은 시간에 다른 상품과의 차별성을 보여주고 그 물건에 대하여 관심을 가질 뿐 아니라, 소유욕을 갖도록 하는 독특한 컨셉이 주어져야 할 것이다.

② **표현력 지수 : 다른 사람을 이해시킬 수 있나?**

최근 컴퓨터나 다른 영상매체를 통한 서로 얼굴을 보며 대화를 나눌 수 있는 첨단기기가 개발되고 있으나 대중화의 단계에는 아직 시간이 걸리고 있다. 지금 사용중인 전화로 얼굴을 대하지 않고 상대방과의 대화에서 상대를 설득시키고 일을 성사시켜야 할 경우에 자신의 표현력이 문제가 될 것이다. 그것은 상대가 이해할려고 노력하지 않는 한 전적으로 나 자신의 표현력에 달려있기 때문이다.

③ **신념지수 : 남들이 모두 반대하는데 어찌하나?**

모든 일에 자신의 주관보다 다른 사람의 의견에 쉽게 우왕좌왕하는 사람은 뛰어난 발상을 할 수 없다. 창조적이고 자신감 있는 신념이 무엇보다도 중요하다. 주장이 독특할수록 주위의 반발이 크다. 주장이 특이하고 새로운 아이디어는 '어디 그게 먹혀들겠어' 하는 핀잔을 듣기 일쑤다. 회의를 진행할 때 모든 사람이 고개를 갸웃거리는 의견을 관철시키기 위해서는 합리성과 보편성이 있는 강한 신념을 갖고 그에 상응하는 자료를 풍부하게 제시하여야 한다. 아인슈타인은 "남이 이해하지 못하는 건 별 문제가 아니다. 언젠가는 역사가 증명해줄 거니까"라는 신념을 갖고 있었다고 한다. 지동설을 주장한 코페르니쿠스도 이러한 신념이 없었다면 역사적 진리를 밝히지 못하였을 것이다.

④ **욕망지수 : 매사에 불만을 가지고 있는가?**

불만이야말로 모든 일을 뒤집어 생각하고 새로운 발상의 원동력이다. '이 정도면 되겠지'라고 생각하는 사람에게는 발전이 느리다. 현실이나 자신에 대해서도 마찬가지로 '이쯤이면' 하고 만족하는 사람에게는 도무지 새로운 발상이 나오지 않는다. 항상 의문을 갖고 불만을 해결하려는 노력이 필요하다. 이런 면에서 보면 모든 일에 능동적이고 적극적으로 임하라는 자세로서 중요한 호기심과 여기서 말하는 불만은 일맥 상통한다. 호기심이 왕성한 자만이 불만을 가질 수 있다. 기술의 진보와 발전은 언제나 인간의 불만과 현실거부에서 출발한다.

⑤ **감정지수 : 희노애락은 사람만의 특권이다.**

문제해결에 적극적인 사람은 감정이 풍부한 사람이다. 주어진 일뿐만 아니라 진정 자신의 일을 사랑하고 열에 찬 사람은 이성적인 일의 처리 못지 않게 감성적으로 일을 처리함으로써 일과 업무의 효율성을 더욱 높인다. 즐거운 마음으로, 노래하는 마음으로, 때로는 슬픈 감정으로 일의 성격에 따라 적극적으로 대처할 수 있다는 것은 인간의 지능보다 중요한 감성지수에 달려있음이 최근에 강조되고 있다.

⑥ 의문지수 : 어린아이의 마음으로 세상을 보기

아이들의 마음, 즉 동심이 되어 보면 모든 사물은 의문 투성이고 전혀 엉뚱한 생각으로 가득차 있다. 특히 6세 이하의 어린이는 심리적으로 분별력이 완성되지 않고 있는 시기이다. 모든 사물이 의혹으로 가득차 있다. 문제의 시작은 의혹에서 시작된다.

⑦ 애정지수 : 자신의 일에 애정을 갖고 덤벼들기

내 일에 얼마나 애정을 갖고 있는가? 목적을 갖고 얼마나 시간을 걸려 이룰 수 있다고 생각하고 있는가? 그리고 점점 그 일에 가까워지고 있는가? 아니면 하루하루 업무량에 급급한가? 어학 공부만 해도 매달 초가 되면 출석률이 100%이던 것이 일주일 단위로 그 숫자가 줄기 시작해 한 학기가 끝날 때쯤이면 불과 20%만이 자리를 지키고 있을 뿐이다. 목표달성의 의지가 희미해졌기 때문이다. 나의 생활에서 장기적으로 목표달성을 위하여 끈덕지게 집중하고 끝까지 덤벼본 적이 있는가?

⑧ 환경지수 : 긍정적 환경과 부정적 환경을 일깨우자.

일의 추진력이나 자기계발은 환경의 절대적 지배를 받는다. 정보화사회에서의 자연환경은 물론 물리적 환경까지 모두가 개방적이며 누구에게나 동등하게 보편적인 현상으로 영향을 미친다. 이 경우 사람에 따라 좋은 환경이 되기도 하며 일면 부정적으로 작용하기도 한다.

이 외에도 적극적 사고와 소극적 사고에 따라 부정적으로 생각하느냐 긍정적으로 생각하느냐의 삶의 과정에 대한 ⑨ 낙관지수, 나와 다른 사람과의 관계에 대한 ⑩ 의존지수, 이외에도 ⑪ 정보지수, ⑫ 분석지수, ⑬ 권태지수, ⑭ 성실지수, ⑮ 겸허지수 등이 있다.

2. 가치관의 전환

평소 나는 어떤 가치관을 갖고서 생활해 나가고 있나? 나의 가치관은 무엇인가? 내 자신을 관리하기 위해 우리는 '나의 의식은 어떠하며, 나의 가치관은 무엇인가?'를 항상 염두에 두고 생활해가는 습관이 필요하다. 특히 첨단기술의 정보화 시대와 같이 세상이 하루 사이에 광속으로 변화하고 정신적 · 물질적 판단이 급변하는 시기에 가치관의 정립은 매우 중요하다. 가치관은 윤리의 문제가 아니다. 사람의 의식이란 어떤 대상을 총괄하여 판단하고 분별하는 심적 작용이다. 가치관은 사람이 자신을 포함하여 세상만물에 대한 평가의 근본적 태도나 보는 방법 그리고 그에 대한 가치를 중심으로 보는 관점이라 할 수 있다. 그러므로 나의 가치관이란 세상만물에 대하여 나의 의식작용의 결과로 나타난 태도나 인식의 관점이다. 가치관은 자아정체성을 확립하는 자기이해와 보편성 그리고 사회성이 기본적으로 있어야 성립할 수 있다.

1) 자기이해

인간은 자기이해로 우리가 자신의 모든 부분을 통합하도록 하고, 애매함을 줄여주며, 유효성과 자신감을 갖도록 해준다. 아울러 우리가 우리 자신에 대하여 최고의 이익이 되게끔 행동하도록 한다. 인간의 가치관의 정립은 어떤 사물에 대한 판단과 평가 이전에 우선 자신의 의식과 일에 목표가 확립이 되고 확신이 섰을 때 명료화될 수 있다. 이것이 자아정체감이다. 그러나 우리는 자기 이해보다는 주변 환경과 변화에 관심을 보이고 해석하려고 한다. 자신에 대한 확신을 위하여 인간들에게는 상담을 필요로 한다. 인생과 가치관의 상담으로 자신의 의지를 강화하고 목표에의 접근이 용이하도록 고안되어야 한다.

심리학자 Maslow가 말하기를 "자신의 내면을 들추어내는 상담은 사랑, 용기, 창조력과 호기심을 증진시키는 반면 두려움과 적개심을 감소시킨다. 이러한 인간의 상담은 무에서 유를 창조해내는 것이 아니다. 이 말이 함축하고 있는 바는 상담은 애초에 있던 것을 드러낸다는 것을 의미한다"(A. H. Maslow, 1970)라고 자기이해에 있어서 상담의 중요성을 강조하였다.

가치관의 정립을 위하여 자기이해가 변화를 촉진케 하는 이유는 이전에 분리된 자신의 부분을 확인하고, 통합하고 그리고 자유로운 표현을 하도록 하는데 있다. 우리 자신의 일부를 부인하거나 억압하게 되면, 우리는 비싼 대가를 치르게 된다. 즉, 우리는 막연한 구속감을 느끼기도 하며, 경계하게 되고, 종종 내면적이기는 하지만 표현을 요구하는 낯선 충동들에 의해서 곤란해지고 갈피를 못 잡기도 한다. 가치관의 정립에 의하여 분열된 부분들을 교정할 수 있을 때 우리는 완전함과 깊은 해방감을 경험하게 된다.

2) 보편성

가치관은 사회성과 보편성이 있을 때 성립될 수 있다. 예컨대, 많은 사람들이 정신적인 스트레스를 받고 있다. 상당수의 사람들은 자신만이 유일하게 외롭거나 비참하며 자신만이 어떤 받아들일 수 없는 충동이나 문제들을 가지고 있다고 은밀하게 확신하고 있다. 그들은 흔히 자신의 문제를 자기만이 고통받고 있는 독특한 것으로 여긴다. 조직의 집단에서, 특히 초기 단계에 그들의 문제가 혼자만의 문제가 아니라는 것을 인식할 때 조직의 구성원들은 강한 안도감을 경험한다.

다른 사람들의 경험으로부터 전적으로 동떨어져 있는 인간의 행동과 사고는 없다. 조직의 구성원으로서 자신의 업무에 집중하지 못하는 것, 부모 형제와의 갈등, 열등감, 지나친 경계심, 두려움 같은 행동이나 감정 상태들과 그리고 보다 절박한 성질의 공상들을 털어놓기도 한다. 가치관에 있어서 보편성은 인간 공동체에 중요한 치유인자이다. 사람들의 문제가 복잡 다양함에도 불구하고, 어떤 공통 요소가 반드시 있다. 그래서 구성원들은 자신들의 유사점을 인식하게 된다.

3) 사회성

가치관은 개인적인 면에서보다 사회적인 면에서 형성되고 평가되어지는 경우가 많다. 모든 조직에서 구성원들은 상호작용에 의하여 서로 도움을 주게 된다. 구성원들은 비슷한 문제를 공유하고 구성원들 서로가 지지, 안심, 제안과 통찰을 제공한다. 가치관은 사회성을 강하게 띠게 된다. 사회적 신념과 갈등은 개인의 사회에 대한 가치관에서 비롯된다. 예컨대, 이데올로기에 대한 자신의 가치관에 따라서 보수적 성향 혹은 진보적 성향으로 나누어지게 된다. 오랜 시간 자신의 성향과 관련하여 사회에서의 행동의 결과 나타나는 것이 하나의 이데올로기로 설명되어진다.

4) 가치관의 전환

가치관의 전환은 환경과 시대의 반영이라고 할 수 있다. 급변하는 환경에서 승리자가 되기 위하여 오늘날의 기업을 경영하는 사람들은 "미쳐야 산다"라고 외치고 있다. 현대를 살아가는 방법의 하나로 한 분야에서 달인이 되기 위해서는 '미친 사람'을 원하고 있다는 것이다. 남과 같은 생각을 하고 행동하는 사람보다 남과 다르게 생각하고 움직이는 사람을 원한다. 튀는 사람, 창의력과 개성이 넘치는 사람, 도전하는 사람을 원한다. 열정으로 자신의 길을 개척하는 사람이야말로 이 시대가 원하는 사람이며 고정관념의 틀에서 벗어나 새로운 가치관과 자주성을 가진 진정한 프로의식을 가진 사람이라고 할 수 있을 것이다.

우리는 뛰어난 운동선수나 예술 창작인들이 어느 날 갑자기 우리들 곁에 나타나 유명세를 타는 것을 자주 보게 된다. 스타와 영웅은 하루아침에 이루어지는 게 아니다. 그들이 쓰는 새로운 역사는 그들의 피나는 노력과 땀의 대가라는 것을 간과해서는 안 된다.

순발력있는 가치관의 전환으로 시대가 요구하는 삶을 영위할 수 있어야 한다. 자신만의 독특한 개성과 창의성 또한 이 시대가 요구하는 소중한 의식이요, 가치라고 하겠다. 개성의 시대, 창조의 시대에 모든 면에서 남과 차별화된 가치관을 가질 수 있어야 한다. 열정과 도전이 가능한 가치관으로 무장할 수 있어야 한다.

빠르게 변화하는 현대사회에서 올바른 가치관도 매우 중요하지만 다른 사람과 차별화된 가치관이 더 중요하다. 전기공학을 전공하고 리더십에 관하여 연구하고 있는 스티븐 샘플은 그의 저서 『창조적인 괴짜들의 리더십』(표완수 옮김, 2003)에서 세상에 '보편적 가치관이란 없다'라고 주장한다. 그는 시대를 초월한 가치관이란 무의미하다는 것을 강조하고 윤리적 리더십이 반드시 훌륭한 리더십은 아니라고 한다. 즉, 시대와 환경에 알맞은 상대적 가치관의 정립이 필요하다는 것을 역설하고 있다. 그래서 가치관의 전환이 필요하다. 합리적인 가치관의 전환을 위하여 다음 7가지를 제시한다.

① 긴박감을 조성하여 현재의 상황을 타파하여야 한다.
② 새로운 비전을 제시할 수 있어야 한다.
③ 성취를 위한 체계적 계획과 실천이 반드시 따라야 한다.
④ 새로운 지식에 목말라하고 항상 찾아 나서야 한다.
⑤ 자기 혁신을 두려워하지 말고 적극적으로 투자해야 한다.
⑥ 와신상담(臥薪嘗膽)의 자세로 높은 뜻을 좇아야 한다.
⑦ '가치는 상대적이다'라는 것을 명심하고 최고의 가치를 추구할 수 있어야 한다.

3. 습관

1) 습관의 의미와 점검

심리학에서 인간의 습관이란 같은 상황에서 반복된 행동의 안정화와 자동화된 수행을 의미한다. 좁은 의미에서 인간의 반복에 의한 근육 운동이 정형화되는 것을 말하지만, 주기적으로 반복하는 식사나 수면 습관, 풍속 · 문화 등 넓은 관습에 대해서도 습관이라고 한다. 습관이란 정형적이며 자동적으로 발생하는 반응이라는 점에서 자유로이 변화하는 의도적 반응과는 구별된다. 또한 습관은 습득된 결과라는 점에서 선천적 반응과 구별된다. 술 · 담배 또는 특정 약물의 상용이나, 열대 · 한대에서의 장기 생활, 우주비행에서의 기압이나 무중력상태에 대한 적응 등 특수한 외적인 상황에 대한 반응의 정형화는 '순화'라고 하여 습관과 구별한다.

처음에는 습관이 사람을 만들고 나중에는 습관이 그 사람의 운명을 만든다는 속담에서 암시하듯이 인간은 생활을 통하여 습득된 행동, 즉 습관에 의하여 자신의 삶의 방향이 결정될 수 있다는 것을 간과하여서는 아니 될 것이다. 인간의 삶에 있어 습관형성의 중요성을 인도 독립운동의 아버지 마하트마 간디는 다음과 같이 표현하고 있다.

> 당신의 믿음은 당신의 생각이 되고,
> 당신의 생각은 당신의 말이 된다.
> 당신의 말은 당신의 행동이 되고,
> 당신의 행동은 당신의 습관이 된다.
> 당신의 습관은 당신의 가치가 되고,
> 당신의 가치는 당신의 운명이 된다.

20세기말 『리더십』이론의 대가 스티븐 코비 박사는 그의 저서 『성공하는 사람들의 7가지 습관』에서 인간의 습관이란 지식과 기술 그리고 욕망의 혼합체로 정의하고 있다. 그는 지식이란 사람이 무엇을 해야 하고, 또 왜 하는지에 대한 이론적 패러다임으로 규정한다. 기술은 어떻게 해야 하는가, 즉 방법을 말하는 것으로 규정하고 있다. 욕망이란 하고 싶어 하는 것, 즉 동기를 말하는 것으로 설명한다. 그리하여 사람이 생활하면서 무엇인가를 습관화한다는 것은 지식, 기술, 욕망 세 가지가 포함되는 공통부분에서 형성되어지는 것으로 설명하고 있다.

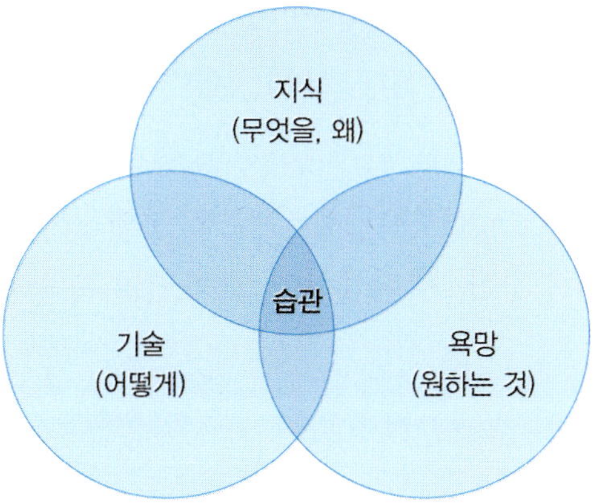

본 절에서는 우리가 알게 모르게 형성된 습관의 변화와 교정에 대하여 살펴보고 『성공하는 사람들의 7가지 습관』으로 유명한 스티븐 코비의 습관의 개발에 의한 성공적인 '습관 길들이기'에 관하여 살펴보고자 한다.

2) 스티븐 코비의 『성공하는 사람들의 7가지 습관』

올바른 습관의 형성으로 새로운 인성과 가치관을 함양한다는 것이 그리 쉬운 일은 아니다.

세계적인 경영 컨설턴트 스티븐 코비(Stephen R. Covey, 1996)는 그의 저서 『성공하는 사람들의 7가지 습관』에서, 각 분야에서 성공한 사람들에 대한 사례연구를 통하여 습관의 중요성을 체계적이며 논리적으로 설명하고 있다.

사람들의 습관형성은 개인의 성격과 자라온 환경에 따라 많은 영향을 받을 것이다. 그러나 언제, 어디서나 통용 가능한 습관은 환경적 지배와는 상관이 없다고 할 것이다. 예컨대, '부지런함'이 '게으름' 습관보다는 훨씬 성공적인 삶을 보장할 것이다. 마찬가지로 스티븐 코비가 제시하는 7가지 습관은 우리가 성공적인 자기혁신을 위하여 반드시 필요한 요소라고 할 수 있다.

스티븐 코비는 성공하는 사람의 일곱 가지 습관으로 첫째, 주도적이 되라(습관 1). 둘째, 목표를 확립하고 행동하라(습관 2). 셋째, 소중한 것부터 먼저 하라(습관 3). 넷째, 상호이익을 추구하라(습관 4). 다섯째, 경청한 다음에 이해시켜라(습관 5). 여섯째, 시너지를 활용하라(습관 6). 그리고 마지막으로 심신을 단련하라(습관 7) 등을 제시하고 있다.

이들 일곱 가지 습관들은 상호 관련이 있으며, 보다 자세한 내용은 다음과 같다(Stephen R. Covey, 김경섭, 김원석 역, 1996, pp.71-72).

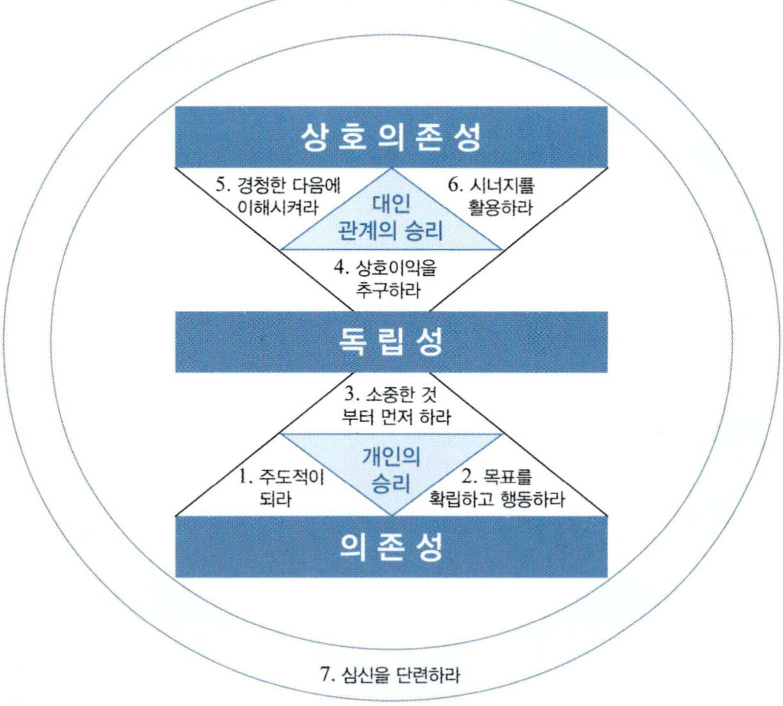

[그림 3-1] 성공하는 사람들의 7가지 습관

출처: 스티븐 코비(김경섭, 김원석 역)(1995). 성공하는 사람들의 7가지 습관. 김영사. p.15.

위의 그림에서 보듯이, 우선 자기완성을 위해 위에서 제시한 일곱 가지 습관 중에서 습관 1, 2, 3을 길들여야 한다. 즉, 습관 1, 2, 3은 의존적 단계에서 독립적 단계로 발전시켜 준다. 이 같은 습관들은 성품 성숙의 본질이 되는 '개인적 승리'라는 것이다. 개인적 승리인 자신에 대한 리더십은 '대인관계의 승리'를 선행한다. 우리가 씨를 뿌리기 전에 추수할 수 없는 것과 마찬가지로 이 과정을 거꾸로 할 수는 없다고 코비는 주장한다. 이것은 "내면에서 시작하여 외부로 향하는" 것으로 바탕이 된다고 할 수 있다.

다음으로 사람들이 진실로 독립적이 된다면, 효과적인 성호의존성의 기초를 마련한 것과 마찬가지다. 그렇다면 이제부터 팀워크, 협동, 커뮤니케이션 등과 같은 습관 4, 5, 6이 다루는 '대인관계의 승리'를 효과적으로 달성할 수 있는 인성에 있어서 기초를 가지게 된 것이다.

그러나 습관 4, 5, 6을 형성하기 이전에 반드시 습관 1, 2, 3에 완벽해야 한다는 것을 의미하지는 않는다. 물론 순서를 따른다는 것은 자신의 인격적 성장을 좀 더 효과적으로 관리하는데 도움을 준다. 물론 습관 1, 2, 3을 완전하게 개발할 때까지 대인관계를 갖지 말라고 주장하는 것은 아니다.

마지막 습관 7은 재충전의 습관이다. 다시 말하면, 이것은 우리 인생의 네 가지 기본적 차원에 대한 규칙적이고 균형잡힌 쇄신을 하는 것이다. 습관 7은 다른 모든 습관들을 둘러싸고 또 포함하고 있다. 이것은 지속적인 자기 개선을 위한 습관으로 나선형의 상향적 성장을 가능케 하는데, 한 단계 더 높은 차원의 이행력으로 각종 습관들에 대한 더 높은 차원의 실행을 함으로써 점점 더 고차원의 단계로 올라가게 한다.

성공하는 사람들의 7가지 습관과 8번째 습관

변화하는 사회에서 훌륭한 습관의 취득과 반복은 이상과 같이 한순간에 이루어질 수 있는 것은 아니다. 뿐만 아니라 생활환경과 사회적 · 경제적 주변환경에 따라 항상 변화 가능하며 인간 스스로의 성취도와도 깊은 관계가 있음을 알 수 있다. 이러한 관점에서 스티븐 코비는 『성공하는 사람들의 7가지 습관』이 출판된지 15년 만에 『성공하는 사람들의 8번째 습관(*From Effectiveness to Greatness The 8th Habit*)』을 발간하여 우리가 앞의 1장에서 살펴본 바와 같이 지금과 같이 급변하는 시대적 상황에 따른 습관의 "내면화"를 주장하고 있다. 즉, 습관(7가지 습관)을 이행함에 있어 새로운 실체로 8번째 습관 "내면의 소리를 찾고 다른 사람들도 찾도록 고무하라"는 것 등을 제시한다.

4. 목표있는 삶의 즐거움

1) 자기목표의 설정

사람들은 삶을 영위함에 있어 자신이 추구하는 목표나 행동방향을 정하지 않은 채 살아가는 경우가 많다. 이유는 사람이 미처 그 중요성이나 필요성을 깨닫지 못했거나 이루지 못할까봐 두려워하기 때문일 것이다. 심리학자 Maslow는 '인생을 끊임없이 선택하는 과정으로 생각하라'고 주장하고 있다(A. H. Maslow, 1970). 사람의 인생은 결국 선택의 연속이다. 인생의 순간순간마다 발전을 지향하는 선택과 후퇴를 초래하는 선택이 있는가 하면, 방어와 안전을 지향하는 선택과 성장을 위한 선택 등 다양한 선택으로 생활해가고 있다. 현재의 상태보다 더 나빠지지 않겠다는 의지가 강한 사람은 방어와 안전을 지향하는 선택을 하겠지만 자기실현을 적극적으로 이루겠다는 사람이라면 힘들더라도 성장을 위한 선택을 할 것이다.

그러나 인간의 삶이 방향을 정하지 않고 살아간다면, 즉 어떤 목표 없이 살아간다면 어떠한 선택도 하지 않겠다는 무사안일에 빠져 공평무사와 의지박약의 선택이라고 할 수 있을 것이다. 얼마나 따분한 인생이 될 것인가? 때론 서글픈 느낌도 들 것이다. 따라서 자기주장을 하겠다고 다짐한 사람이라면 인생의 목표를 굳건히 세워 목표달성의 그날까지 발전시켜 나갈 수 있어야 한다. 목표가 있는 삶은 즐거우며 목표가 없으면 성취감도 없다.

목표는 동기를 부여하기 때문에 매순간의 목표는 순간의 동기를 부여하고 인생의 목표는 인간 삶의 동기부여를 하기 때문에 아주 중요하다.

예컨대, 실험용 동물이 미로를 통과할 때, 목표에 가까이 갈수록 더 빨리 서두른다. 사람들도 여행을 할 때, 목표에 가까이 갈수록 더 빨리 서두른다. 사람들은 여행을 할 때 목적지에 다가갈수록 더욱 안달이 나고 신이난다. 그래서 달려가기까지 한다. 마찬가지로 세워둔 목표에 다가갈수록 성공을 향한 동기가 훨씬 강렬해진다.

미국의 인력개발 전문가인 브라이언 트레이시는 그의 저서 『목표, 그 성취의 기술』(정범진 옮김, 2003)에서 하버드대학의 MBA과정 재학생들을 대상으로 한 사례연구를 통하여 목표 설정의 중요성을 강조하고 있다.

"하버드 MBA과정 재학생들을 대상으로 목표 설정에 관한 연구가 진행된 적이 있었다. 재학시절 뚜렷한 목표를 세우고 그것을 달성하기 위한 구체적인 계획을 세운 학생은 전체의 3%였고, 13%는 목표는 뚜렷했지만 구체적인 실천계획은 없었다. 재미있는 것은 그들의 졸업 후 수입이다. 목표와 계획이 뚜렷했던 3%는 나머지 97%의 평균수입의 10배에 달하는 수입을 올리고 있었고, 목표만 있던 13%는 나머지보다 평균 2배의 수입을 올리고 있었다. 목표와 계획이 같은 강의실에 앉아있던 사람들의 운명을 바꾸어버린 것이다. 대부분의 사람들은 지도도 표지판도 없이 낯선 세계를 여행하듯이 살아간다. 일에 파묻혀 시간은 하염없이 흘러가고 삶은 늘 불만족스럽다. 미래는 언제나 막연하고 자신감은 이미 나를 떠난 지 오래이다." 트레이시는 '목표는 막연한 꿈이 아닌 기술'이라고 강조한다. 그는 성공하려면 앞에서 조사된 상위 3%의 방식을 따라해야 한다고 주장한다.

목표의 설정과 그 달성을 위한 인간의 노력은 성공으로 연결된다는 것을 명심하여야 한다. 그래서 목표가 있는 인간은 자긍심이 높아진다. 한 가지 목표를 성취하면 다른 목표의 성취욕을 강화시키기 때문에 가치관이 높고 생동감 넘치는 생활을 해나갈 수 있다.

2) 인생의 목표 세우기

첫째, 최종적인 인생목표를 세운다.

스스로 어떤 삶을 원하는지 자문해 본다. 앞으로 10년, 인생이 어떻게 달라져 있기를 바라는가? 자신이 바라는 가족과 사회생활 또는 직업과 취미생활에 대해 곰곰이 생각해 본다. 평소에 꿈꾸는 환상이 있다면 이룰 수 없는 꿈에 불과하다고 무시할 것이 아니라 항상 머리 속에 간직하고 있어라. 때로는 환상이 자신이 바라는 이상과 자신을 연결시켜줄 수도 있다.

둘째, 인생목표에 도달할 수 있는 하위목표를 세운다.

목표를 단계별로 이루어나갈 꾸준한 계획 없이 그저 산너머 무지개처럼 까마득한 목표를 선택한다면 도달하기는커녕 낙담하기 쉽다. 하지만 최종 목표에 도착하기까지 자그마한 목표를 이루어나가면 일이 진척되는 상황을 볼 수 있을 뿐 아니라 그때마다 성취감을 느낄 수 있다.

셋째, 이상적으로 바라는 미래의 자기모습을 떠올린다.

목표의 달성으로 어떤 사람이 되고 싶은지 자신에게 질문하라. 미국 뉴욕 주립대학의 교육심리학 교수인 도로시 J. 써스킨드 박사는 목표란 긍정적인 주체성과 높은 자긍심의 창조물이라며 목표의 중요성을 강조했다.

현재의 자신과 이상형 사이에 현저한 차이가 있다면 그 간격을 좁히기 위해 할 수 있는 일은 무엇인가에 중점을 두어야 한다. 하지만 원한다고 해서 모든 일이 가능한 것은 아닐 것이다. 가령 유명한 예술가를 꿈꾼다 해도 천부적인 소질이 없으면 아무리 노력해도 이룰 수 없기 때문이다. 하지만 이상적인 자아상이 지적이고 의식 있는 인간이라면 누구라도 이 목적을 실현시킬 수 있다.

넷째, 자기한계를 깨닫고 실제로 자기능력에 맞는 목표를 세워라. 불가능한 목표를 세우면 그 목표가 자기한계에서 벗어났음을 깨닫게 될 때까지 허송세월을 하게 된다. 유명한 신경정신과 의사였던 컬트 골드 스타인은 "자기한계를 인식해야만 스스로를 만족시킬 수 있다"는 이론을 성립시켰으며 "개인의 욕구와 실행능력이 균형상태에 이를 때 인간은 건강하다고"고 주장하였다. 그렇다면 자기한계를 깨닫기 위해 해야 할 일은 무엇인가? 모든 것을 한꺼번에 할 수 없다는 사실을 깨달아야 한다. 르네상스 시대는 이미 끝났다. 목표가 많으면 우선 순위를 정한 후, 순위가 낮은 목표는 완전히 포기해야만 한다. 재능과 나이의 한계를 받아들여야 한다. 예를 들어 나이 50세에 들어선 사람이라면 취미로 피아노를 배울 수는 있지만 아무리 능력을 갈고 닦아도 연주자가 되긴 힘들다. 만약 실력이 없다면 선수는 불가능해도 취미로 배울 수는 있다. 나이가 들수록 타협해야 할 조건이 많아지고 한계도 커지지만 나름대로 목표를 얼마든지 세울 수 있다.

다섯째, 자신을 적극적이고 활기차게 변화시키면 인생 목표가 달라진다.

인생 목표는 언제라도 변한다. 변화는 자신이 깨닫지 못하는 사이에 일어나며, 때에 따라서는 중대한 결정을 해야 하기 때문에 심각하고 근심스러운 상황에 처하기도 한다. 하지만 그것을 위기상황이라고 할 수는 없다. 위기상황이란 추구할 목표가 없거나 자기의 인생이 발전하고 있다는 느낌이 들지 않을 때, 또는 바람직하지 않거나 잘못된 목표를 향해 살아갈 때 일어나는 것이다.

■ 대학 졸업 후 나의 희망 스펙을 설계해보면?

⊙ 스펙 [←specification] 이란?
: 우리사회에서 대학을 졸업하고 직장을 구하는 사람들 사이의 학력 · 학점 · 토익 점수 따위를 합한 것을 이르는 말이다. 이것은 단지 숫자로 채워지는 것이 아니라 자신에게 주어진 시간을 얼마나 열정과 패기로 살아왔느냐를 말한다.

스펙정보						예상(희망)설계수치						
기본사항	성명		나이		몸무게		신장		학력		자격증	
공모전 입상경험												
토익 혹은 토플점수												
회화수준												
어학연수경험												
스터디 경험												

앞으로 나의 비전을 제시해 보면?

5년 후 나의 모습을 서술해 보면?

그리고 20년 후 나의 모습은?

나의 생을 마감하고서 후손들에게 조상으로서 이런 흔적을 이야기한다면?

■ 나의 습관 체크해보기

	좋은 습관	나쁜 습관	버려야 할 습관
일상에서 장점			
일상에서 단점			

■ 목표있는 삶: 목표 세우기 노트(사전 목표에 대하여 상상의 시간을 갖고서)

	오늘의 목표	1주일의 목표	한달의 목표	1년의 목표	인생의 목표
학문연구					
경제활동					
가족관계					
직업 및 직장					
인간관계					

4장

리더십함양을 위한 전략적 기초

There is very little difference in people – but that little difference makes a big difference.

The little difference is ATTITUDE. The big difference is whether it is positive or negative

You can have a positive attitude without talent and you can have talent without a positive attitude, but things really start happening when you have a positive attitude combined with talent.

– W. Clement Stone –

■ 프로와 아마추어의 발상의 차이

	프로	자기 평가	아마추어	자기 평가
1	성공을 추구한다.		현실에 만족한다.	
2	자신감과 자부심을 갖고 있다.		자신이 없고 쭈뼛거린다.	
3	항상 뚜렷한 목표를 지향한다.		목표가 막연하다.	
4	타인의 행복에 기뻐할 줄 안다.		자신이 상처받을 일은 회피한다.	
5	가능성에 끊임없이 도전한다.		경험에 기초하여 살 뿐이다.	
6	믿음을 강하게 갖고 있다.		무엇이든 불신이 앞선다.	
7	자기 훈련을 습관화한다.		변덕스럽다.	
8	시간을 유용하게 쓸 줄 안다.		시간 관념이 희미하다.	
9	한결같이 정진한다.		실패를 반복한다.	
10	자신에 대한 투자를 계속한다.		우선 노는 데 돈을 쓴다.	
11	해결 가능한 방법을 생각한다.		변명, 핑계를 앞세운다.	
12	사명감을 갖고 있다.		도중에 포기한다.	
13	자신만의 시나리오를 쓴다.		타인의 시나리오에 신경 쓴다.	
합계	프로	개	아마추어	개

출처: 최정우 지음. 발상의 전환이 세상과 인생을 바꾼다. 새로운 사람들.

1. 자기혁신 전략

4차 산업혁명시대를 앞서가는 새로운 리더십을 갖기 위하여 세계의 많은 대학들은 글로벌 리더를 육성하기 위하여 혁신적이며 창의적인 리더십을 함양할 것을 강조하고 있다. 4차 산업혁명시대의 특징이 융합과 통섭(通涉)으로 정보화기술의 첨단화가 모든 사물의 벽이 허물어져 넘나듦의 시대로 묘사하기도 한다. 통섭과 융합의 시대에 어디에도 막힘이 없이 상통하고 도전적인 새로운 교양인으로 리더십을 함양할 수 있도록 확실한 자기혁신 전략이 있어야 한다. 전략이 분명해야 조직이나 개인이 목표를 성취하기 위한 과정에서 혼란이 없다. 본 장에서는 리더십을 함양하기 위하여 첫째, 자기혁신 전략, 둘째, 자기표현력 향상 전략, 셋째, 창의력개발 전략 그리고 넷째, 리더십함양을 위한 차별화 전략에 대하여 개략적으로 살펴보고 다음 장에서부터 실전 리더십함양을 위한 구체적 방법에 대하여 설명하게 된다. 그래서 우선 본 절에서는 우리가 끊임없는 자기계발을 위한 자기혁신의 필요성을 중심으로 그 중요성에 대하여 살펴보고자 한다.

1) 자기혁신의 필요성

미래학자 피터 드러커는 저서 『이노베이터의 조건』(이재규 옮김, 2000)에서 새로운 정보화사회에서 "이제 혁신하는 자만이 살아남을 것이다!"라고 역설하고 있다. 디지털 혁명의 새로운 사회에서 개인의 사회적 지위와 역할은 바뀌어지는 것이 너무나 당연한 것으로 설명하고 그것은 사회의 합법적 권력에 의한 강요로 나타난다는 것이다. 그리하여 새로운 사회질서가 생성이 되며 이를 위한 개개인의 자기혁신은 선택사항이 아니라 필연적인 자기생존의 의무라는 것이다.

그러면 우리는 지금까지 어떠한 생활방식을 가지고 어떻게 살아왔느냐를 규명해보아야 할 것이다. 새로운 시대에는 생활의 모든 면에서 전문성을 요구하는 한편 개개인의 개성을 극대화시킬 것을 요구한다. 지금까지 타의에 의하여 우리 자신의 삶이 이끌려 왔다면 이제는 스스로 고유한 영역을 찾고 나만이 할 수 있는 전문화된 능력을 신장할 수 있어야 한다. 이때 필요한 것이 나만의 개성을 극대화하기 위하여 자기혁신을 할 수 있어야 한다는 것이다. 자기혁신을 위하여 우선 자가 진단을 해보아야 한다.

자신은 지금까지 일상적인 생활에서부터 습관 길들이기 그리고 미래를 위한 자기계발에 프로인가 아마추어인가? 어느 방면에서나 자신의 삶에 적극적이고 능동적인 사람들은 '프로'의 기질을 발휘하게 될 것이다.

아마추어에게는 불신, 실패, 변명, 회피 등의 부정적 요소가 많다. 반대로 프로라면 성공, 자신감, 확실한 목표, 가능성, 자기 투자 등 긍정적 요소가 압도적이다. 사람들이 긍정적이며 능동적인 사고를 하지 못하게 만드는 원인은 무엇인가?

여러 가지 원인이 있지만 그 중에서도 가장 큰 원인은 '실패에 대한 두려움'이라고 할 수 있다. '일을 그르치면 어떡할까' 또는 '전에도 그래서', '나는 곤란해'라는 경험이 두려움을 갖게 한다. 나이가 들수록 이러한 실패의 축적 등으로 인하여 앞으로 나아가는 것을 방해한다. 실로 악화가 양화를 구축하는 셈이다. 이럴 때일수록 과거의 패배의식이나, 자신감의 결여에서 벗어나서 진취적인 사고로 과거와 그리고 주변 환경과 차별화를 할 수 있어야 한다.

2) 자기혁신의 기반

『바보들은 항상 결심만 한다』의 저자 팻 맥라건은 변화하는 시대에 변화에 능동적인 능력으로 강한 신념, 강한 품성, 강한 행동을 요구한다(윤희기 옮김, 2002). 그리고 변화를 즐기기 위하여, 즉 변화의 시대를 나 자신의 것으로 만들기 위하여 다음 네 가지 행동을 통하여 자기혁신을 강조하고 있다.

첫째, 나 자신이 하나의 기업이 되어야 한다는 것이다. 자신 스스로 상품과 서비스를 파는 하나의 작은 기업, '당신의 주식회사'로 생각하라는 것이다.

둘째, 정보화 시대의 기술을 개발하라는 것이다. 이 주장은 이미 살펴본 바와 같이 특히 자기혁신을 위한 커뮤니케이션의 능력, 문제해결 및 의사결정 능력, 사고력과 학습 및 교수 능력 그리고 금융지식 등을 더욱 높이고 개발하라고 지적한다.

셋째, 자신의 인적 자원 관리자가 되어야 한다. 철저한 자기관리를 통하여 자신을 정보화하라는 메시지를 전달하고 있다.

넷째, 자신의 변화과정을 자신이 책임질 것을 지적하며 변화의 역동성을 이해하고 그것의 활용으로 항상 변화에 능률적으로 대처할 수 있을 것을 강조하고 있다.

『벼랑 끝에 나를 세워라』(박형미, 2004)의 저자는 자기혁신을 위하여 그리고 성공을 위한 자신의 운명에의 도전을 "나 자신을 벼랑 끝에 세울 수 있는 혁신전략을 강구하여야 한다."라고 역설한다. 그는 성공하려면 먼저 나를 바꾸라고 주장한다. 내 인생의 업그레이드는 내가 만들어 가는 것이다. 자신의 혁신을 위한 '벼랑 끝 전략'은 오늘날과 같이 변화가 극심하고 생존 경쟁이 치열한 사회에서 그 시사하는 바가 크다.

이 외에도『위대함에 이르는 8가지 열쇠』의 저자, 진 랜드럼(Gene N. Landrum, 1999)은 인간의 위대함은 타고나는 것이 아니라 학습되는 것임을 강조하고 있다. 인간은 누구든지 강철같은 의지에 제대로 된 조건만 주어진다면 어떤 분야에서든 최고의 자리에 도달할 수 있음을 지적한다. 달리 말하면, 위대함이란 생득적인 재능이 아니라 삶의 태도라는 것이다.

진 랜드램은 위대함에 이르는 열쇠로써 카리스마, 승부 근성, 자신감, 의욕, 직관, 반항, 모험, 끈기 8가지를 제시하고 있다. 그는 지금까지 우리가 위대한 사람으로 내세우는 정치지도자, 기업가, 인권운동가, 예술가, 과학자, 운동선수 등 모두 여섯 분야에서 최고의 자리에 오른 인물들이 과연 어떻게 자신의 재능과 능력을 치열하게 발휘했는지, 그들에 관한 자료와 그를 아는 모든 사람들의 증언과 실제 조사를 바탕으로 8가지 성공요인을 제시하고 있다.

그는 발자크, 도스토예프스키, 헤밍웨이, 나폴레옹, 에카테리나 여제, 히틀러, 에디슨, 테슬라, 월트 디즈니, 빌 게이츠, 마가렛 대처, 헬레나 루빈스타인, 테레사 수녀, 오프라 윈프리, 마이클 조던, 애거서 크리스티 등 우리에게 친숙한 48명의 인물들을 소개하면서, 이들이 분명 보통사람과는 다른 길을 걸어갔음을 분석적으로 나열하고 있다. 보통사람들이 쉽게 포기하는 일에도 이들은 결코 포기하는 법이 없다. 또한 보통사람들이 불가능하다고 여기는 그 모든 일에 자신의 신념을 가지고 도전했다. 이들은 자신의 분야에 매진할 때 혼신의 힘과 열정으로 대단한 성공을 이루었다. 이들에게 주어진 위대함이란 타이틀은 거저 얻은 것이 아니다. 이들은 그 누구보다도 근면함과 성실함, 그리고 지독한 노력으로 자신의 성공을 향해 매진한 사람들이다.

일상에서의 위대한 삶이란 유전적인 우수함이 아니라 자기 긍정, IQ보다는 열등함을 만회하려는 노력, 정규 교육이 아니라 끈기와 집념, 물질적인 상승만을 추구하기보다 기꺼이 위태로운 모험을 택하는 도전정신이라 할 수 있다.

이와 같이 개인적으로 자기혁신을 위한 전략을 세워 자신을 만들어야 할 것이다. 그 중에도 다음에서와 같이 자기혁신을 위하여 버려야 할 것 10가지가 있다.

3) 자기혁신을 위하여 버려야 할 10가지

① 부하뇌동의 소신 부족

타인 혹은 상급자가 혁신을 하라고 지시하면 혁신이 무언지도 모르면서 사방팔방을 뛰지만, 자신이 도대체 무엇을 하는지 혹은 왜 그 일을 하는지를 모르는 경우이다. 소위 Yes-man이 많다 보면 아무런 비판 없이 과잉동조가 일어나게 된다. 이러한 현상은 조직원의 소신 부족에서 기인된다. 이러한 현상이 일어나게 되면 성공적인 혁신은 어려워진다.

② 만사태평의 무사안일주의

어려운 일을 '쓸데없이' 벌여놓고 추진해 봐야 별무소득이니까, 자신이 꼭 해야만 할 일이 아니면 손을 놓고 있는 경우가 많다. 열심히 일을 찾아서 해봐야 대가를 두 배로 받는 것도 아닌데 무리할 필요가 전혀 없다는 것이다.

③ 우월적 권위주의자

권위란 좋은 것이다. 그러나 권위를 세우기 위한 권위주의자가 되었을 때 많은 부작용이 생기게 된다. 조직은 생기와 탄력을 잃고 움츠러들게 된다. "시키는 대로 하라면 하지 왜 말이 많아!"라는 식이 되면 혁신은 어려워진다. 권위주의자는 조직원의 비인격적 대우는 물론 조직의 창의적 발전을 방해하는 부정적 존재이다.

④ **책임회피주의**

"이것은 내 일이 아니다", "이 일은 내 부서의 일이 아니다"는 식의 발상이다. 한 조직의 일임에도 불구하고 귀찮은 일이나 별로 '영양가' 없는 일은 찌그러진 공처럼 처량하게 이 부서 저 부서를 굴러다닌다. 이런 식으로는 조직이 잘 운영될 리가 없다. 책임회피주의는 조직의 분열을 가져온다. 내 부서 혹은 우리 부서의 일에는 적극적이지만 공조가 필요한 남의 부서 일은 전혀 알바가 아니라는 식의 발상이다.

⑤ **조소주의 혹은 냉소주의**

"똑똑한 사람들이 잘 알아서 하라고!"라는 말이 자주 나오는 조직은 발전을 할 수가 없다. 타인과 조직에 대하여 무관심으로 조소적인 자세는 때때로 방관주의를 낳기도 한다. 나아가 냉소적으로 업무를 대하고 회피하는 모습은 다른 사람의 사기까지 저하시키는 결과를 낳기도 한다.

⑥ **기회주의**

"줄을 잘 서야 출세를 한다"는 우리말이 있다. '빽' 없고 '줄' 없으면 아무리 노력을 해도 소용없다는 인식이 자리잡고 있다. 이러한 풍토에서는 열심히 일을 하기보다는 힘있는 사람에게 잘 보이는 것이 더욱 중요하게 된다. 자연히 조직원들은 서로 잘 보이기 위해서 반목하는 일이 잦아진다. 자신이 일한 성과에 대해 정당한 평가를 받지 못하고 있다는 불만도 나올 수 있다.

⑦ **지연과 혈연에 얽매이기**

우리 회사는 어느 대학교 혹은 어느 지방 사람이 아니면 아무리 열심히 일해도 한계가 있다는 믿음이 생기게 되면 조직은 와해되기 시작한다. 분파주의가 생기게 되고 조직의 공정성과 윤리성은 심각하게 손상받게 될 것이다. 이 회사는 김씨 혹은 이씨가 아니면 안 된다는 인식이 팽배해질 때 소외된 집단은 움츠러들게 된다.

⑧ **배타적 이기주의**

"이 일이 회사 일이지 내 일이냐" 혹은 "회사가 잘 되면 뭐하나? 나는 내 일이나

하고 봉급이나 받으면 되지"라는 말로써 남에게 책임과 권한을 떠넘기는 행위는 발전은 물론 조직의 혁신을 거부하는 결과를 초래한다. "나이 40이 넘었으니 슬슬 떠날 준비나 해야지"라고 생각하는 사람에게 혁신이란 있을 수가 없다.

⑨ **패배주의**

"우리는 아무리 애써봐야 안 돼!", "계란으로 바위치기지 뭐!"라는 식이 패배주의의 전형이다. '하면 된다'는 조직의 자신감이 결여되면 혁신은 제대로 이루어질 수 없다. 조직에 대한 자긍심과 활력이 결여되었다면 아무리 전략이 좋아도 이길 수 없다.

⑩ **극단적 보수주의**

보수주의는 혁신에 저항하는 잠재적인 성향을 말한다. 나아가 극단적 보수주의는 분명히 조직과 개인의 혁신에 전혀 도움이 되지 못한다. "지금도 잘 되는데 뭐 골치 아프게 뜯어고치고 말고 할 게 있나?"라는 식의 발상이 전형적인 예이다. 새로운 제도가 들어오면 무의식적으로 거부감부터 표현한다면 혁신은 더욱 어려워진다.

2. 자기표현력 향상 전략

소통과 나눔의 시대에 커뮤니케이션 기술이 많은 각광을 받고 있다. 말 한마디에 천냥 빚을 갚는다는 속담이 있다. 우리는 일상의 생활에서 상대에게 나의 의사를 어떻게 전달하느냐에 따라 상황이 처음 자신이 의도했던 내용과는 전혀 다르게 나타나는 경우를 종종 경험한다. 특히 요즘과 같이 영상매체에 의한 프리젠테이션의 기법이 고도화되면서 자신의 표현력도 중요하지만 표현 전달의 도구가 중요한 표현력 향상의 중요한 방법이 되고 있는 현실이다.

1) 자기표현력의 훈련

자기표현력의 훈련은 외국어를 배우는 것과 비슷하다. 외국어는 우선 단어와 문형 등 기본 규칙에 숙달되면 어느 한 순간부터 어린이 수준의 단어로 의사전달이 가능하며 외국어 구사가 유창해질 때까지 계속 배워나가면서 새로운 기술을 습득하면 할수록 표현은 훨씬 창조적이며 자유로워진다. 마찬가지로 자기표현의 언어도 일단 주제를 인식한 후 기본원리를 실행하고 마지막으로 실제 생활에 적용할 수 있게 된다. 그럼에도 불구하고 많은 사람들이 자기표현을 자신이 뜻한 바와 같이 제대로 하지 못하는 까닭은 무엇일까? 그것은 정신적인 장애로 인한 문제가 아니라 지금껏 자신을 표현하는 방법을 배우지 못했으며, 따라서 자기표현이 필요한 상황을 회피해왔기 때문이다. 즉, 소극적인 자세로 자기표현을 하였기 때문이라는 것을 명심하여야 한다.

해마다 미국국민들이 제일 존경하는 유명인사 1위에 오르는 전 미국대통령 오바마의 대화술은 소위 '기적의 스피치'라고 불리워진다. 그의 말은 인종을 초월하고, 이념을 초월하여 상대방 누구에게나 '절대공감'을 얻어내는 말하기 기술을 갖고 있는데서 유래하는 말이다. 그래서 미국인들은 "그 사람의 말을 듣고 있으면 기분이 좋아진다"고 한다(버락 오바마 지음, 리자 로카크 편집/ 임재서 옮김, 2008).

버락 오바마는, "분명 '세치 혀'는 백만 군사보다 큰 위력을 가졌지만, 어느 누구도 그 힘이 상대방을 해치거나 상처입히는 데에만 사용되기를 원하지는 않을 것이다."라고 하면서 모든 '말'의 궁극적 목표는 공감이기 때문에 공감을 이끌어 내는 '말'하기의 조건을 제시한다. 즉, '공감할 수 있도록 부드럽게, 확신할 수 있도록 강하게!' 하는 것이 소통의 기본이라고 강조한다.

오바마 전대통령은 소통의 힘, 커뮤니케이션의 힘으로 오바마 신드롬을 창출하였고 미국은 물론 전세계의 이목을 집중시켰다는 것을 누구나 알고 있다. 오바마와 같은 커뮤니케이션의 능력을 갖고자 한다면, 다음과 같은 단계로 자기표현의 맹훈련을 할 것을 그의 저서 『사람의 마음을 얻는 말』에서 제시하고 있다.

첫째 단계는 말하고 싶은 것을 생각하기 전에 상대가 듣고 싶어하는 것이 무엇인가를 먼저 생각한다는 것이다. '지피지기면, 백언백통'이라고 한다.

둘째 단계는 자신의 주장을 강력하게 펼치기보다는 '나도 당신과 생각이 같다'는 확신을 주는 것에서부터 시작하라는 것이다. 어느 누구도 상대를 가르치려 드는 듯한 말은 반가워하지 않는다.

셋째 단계는 상대의 특성을 이해하고 그의 감성에 호소하라는 것이다. 다원화되고 다양한 사회일수록 세상은 아이러니하게도 '가정적'이며 '가정적 면모'에 한없이 부드러워진다.

넷째 단계는 장황하고 지루한 설명보다는 간결한 주장과 그 주장을 뒷받침할 수 있는 적절한 근거를 대는 것이 효과적이라는 것이다. 대다수가 공감할 수 있는 일반적인 사실은 간단명료하게 설명하는 기술이다.

마지막 단계에서는 부정적 메시지도 긍정적으로 표현하고, 절망 앞에서도 희망을 이야기할 수 있는 기술을 연마하라는 것이다. 부정을 긍정으로, 절망을 희망으로 바꿀 수 있는 언어의 유희는 사람의 커뮤니케이션의 능력은 물론 삶 전체를 바꿀 수 있다. 이러한 단계별 표현력을 증대시킬 수 있는 체계적인 훈련이 있어야 한다.

자기표현력 향상을 위한 상세한 기법연구는 제 5장의 이론소개와 12장 리더십 실습 등을 통해서 표현력의 연마를 할 수 있도록 제시하고자 한다.

2) 감정이 담긴 대화 터득하기

다음으로 상대에게 신뢰를 줄 수 있는 정이 듬뿍 담긴 대화술을 익혀야 한다. 주위에는 자신의 생각은 잘 표현해도 감정을 내보이지 못하는 사람들이 있다. 또는 감정을 표현하기는 하지만, 느끼는 순간에는 입을 꼭 다물고 말하지 않는 사람들도 있다. 증세가 심한 사람이라면 감정표현은 고사하고 자신이 지금 어떤 감정을 느끼고 있는지조차 모르기도 한다. 이와 같이 순간마다 느끼는 감정을 무시하다가, 끝내는 무감각해진다. 사람들을 대할 때 감정이라는 중요한 부분을 조절하지 못하기 때문에 점점 화만 내고 근심에 쌓이게 된다. 자긍심이란 찾아볼 수도 없으며 자신과 타인에 대해 불만이 커진다.

또한 자기표현력 훈련에서는 감정을 자발적으로 경험하고 표현할 것을 강조한다. 감정은 단편적인 느낌이 아니라, 한 개인의 여러 부분들과 통합되어 나누어지는 일부분이다. 자기주장 훈련은 바람직한 한 가지 행동을 가르친 후, 마치 미각과 후각이 통일을 이루는 것처럼 생각과 행동, 감정을 융화시켜서 개인 내에서 일체가 되도록 하는 것이다.

감정을 행동으로 표현한다.

감정 표현에 미숙한 사람들은 감정을 주관적으로 경험하여 밖으로 표현하지만 그 표현 정도는 충분치 않다. 이런 사람들에게 감정은 인생 전체가 아닌 일부분으로서 지극히 제한된 역할만을 한다.

하지만 감정표현이 완전히 불가능한 것은 아니기 때문에 이미 그들이 하고 있는 감정표현을 강조하여 행동을 변화시킬 수 있다. 그저 "목소리에 감정을 더 넣으십시오", "말할 때 보다 활기차게 하십시오", "제스처를 더 사용하십시오", "돌려서 말하지 마십시오", "감정을 얼굴에 나타나게 하십시오"라는 간단한 지도로도 좋은 결과를 얻을 수 있다. 하지만 사람들은 이렇게 간단한 지시에도 처음에는 부자연스러워하고 현실 적응을 하지 못한다. 그러나 자기만의 독특한 표현과 새로운 의사전달 방법을 발견하게 되면 주관적 감정을 자발적으로 표현하고 스스로에 대해서 뿐만 아니라 타인과의 태도를 변화시킨다.

3. 창의력 개발 전략

1) 발상의 전환으로 창의력을 개발하자.

사람은 창조적인가? 즉, 변화 지향적인가 보수 지향적인가, 역시 사람에 따라 차이는 있겠으나 사람들은 일상생활에서 변화나 새로운 물건에 대하여 저항을 느끼거나 거부감을 갖는 것이 본능적인 현상이다. 그것도 나이가 들고 신체의 움직임이 마음의 움직임에 따라가지 못하면 그 정도가 더욱 심해지는 것을 느끼게 된다.

『발상의 전환이 세상과 인생을 바꾼다』의 저자 최정우는 "인간의 창조성은 자유로운 정신을 재확인하는 작업"으로 규정하고 인간 스스로가 창조하려는 의지를 확인했다면 그것만으로도 발상의 대전환이 시작된 것이라고 주장한다. 그리고 이러한

'발상'이란 합목적성과 자기 부정성 그리고 개방성의 세 가지 특징을 가진 것으로 정의하고, 오랜 시간 끊임없이 탐구하고 기존에 없던 것을 끌어내고 새로운 것을 만들며 기본적으로 기존의 것을 부정하며, 누구나 할 수 있는 것으로 '발상은 위대한 사람이나 하는 것'이라는 의식을 부정하는 식의 개방적인 그야말로 '창조적 발상'이라는 주장이다.

이러한 발상을 가로막는 8가지 장애요인으로 고정관념, 선입관, 기계적 반응, 터부, 자기규제, 전례, 관행, 습관을 들 수 있는데 이것이 발상의 전환에 부정적으로 작용하게 된다. 이것은 한두 가지 각각 나타나는 것이 아니라 여러 가지 요인이 복합적으로 나타나 과거에 집착하게 되고 변화를 두려워하며 우물안 개구리 신세를 벗어나지 못하게 한다.

역사적으로 발상의 전환에 관한 유명한 일화는 아무래도 고대 마케도니아의 알렉산더 대왕의 '고르디온의 매듭'이라는 고사에서 찾아볼 수 있을 것이다. 고르디온이라는 곳의 신전 기둥에 밧줄에 묶인 수레가 있었는데, 밧줄의 매듭을 푸는 사람이 세계를 지배한다는 예언이 전해오고 있었다. 10대 소년 알렉산더가 매듭풀기에 도전했다. 도저히 손으로 풀 수가 없다는 것을 알자, 알렉산더는 칼로 내리쳐 끊어 버렸다. 그러자 하늘에서 번개가 번쩍이며 벼락치는 소리가 났다고 한다. 이 고사는 미국의 유명한 강철 왕 카네기가 신입사원을 뽑을 때 제시한 시험문제를 비롯하여 흔히 발상의 전환이 가능한 사람을 구별할 때 사용되곤 한다. 한 가지 일이나 고정관념에 사로잡혀 융통성이 없는 사람은 예나 지금이나 환영받지 못한다.

그리고 학자에 따라 인간의 창조성이란 번뜩이는 아이디어가 아니라 집단적 과정의 결과라고 한다. 세상의 모든 일에 정답은 하나가 아니다.

개혁하려는 사람에게는 두 종류의 적이 있다. 우선 기존체제에서 기득권을 누리고 있던 자, 그리고 새로운 체제에서 누릴 가능성이 있는데도 개혁에 열의를 보이지 않는 자들이다.

혁신적 발상은 의문에서 출발한다. 의문을 가져야 할 마땅한 문제에 대해 적절한 시기, 적절한 인물에게 질문하면 귀중한 정보와 아이디어의 핵심을 입수할 수 있다. 사람은 대화를 즐기는 존재이다. 다른 사람에게 말을 걸어서 자신의 창조성을 높일 수가 있다. 질문이 무기가 될 수 있다. 질문하면 대화가 이루어지기 시작한다.

사실만을 직설적으로 말하면 문제를 해결하기 어렵다. 멋진 아이디어를 끌어내려면 우선 멋진 질문을 생각해내야 한다. 당연한 말이지만 문제를 제대로 포착한 다음에야 해결법을 찾아낼 묘안이 떠오르기 때문이다. 구체적인 질문으로 비전을 찾아간다. "현실성 있는 해결방안이 몇 개일까 찾아보자"라고 생각하는 습관을 가지는 것이다. 쓸데없고 어처구니없는 질문은 근본적 질문을 수없이 만들어낸다. 많은 경우 문제해결의 키는 이런 과정 안에 있다. 그러나 전문가는 기본적 질문을 가볍게 여기고 '전부터 이렇게 해 왔으니까'라고 하는 고정관념에 사로잡혀 일상 업무를 재검토할 엄두도 내지 않는다. 그 탓에 습관적으로 처리하는 일상 업무 속에 있는 문제의 원인을 못 찾아내는 것이다. 문제를 일으킨 근본적 원인을 캐내기 위해 "왜?"라는 질문을 적어도 다섯 번 반복하고 그 답을 생각해보면 좋다.

2) 머리를 제대로 쓰는 방법

새로운 발상, 이미 개발되어 있는 사실을 다른 각도에서 이해하고 이에 대해 역발상을 한다는 것이 결코 쉬운 일은 아니다. 이것은 잠재되어 있는 우리의 뇌를 최대한 활용하는 데서 가능할 것이다.

인간의 창조성은 활발한 두뇌활동의 결과로 나타난다. 여기서 창조성과 두뇌활동 관계를 설명하는 데 쓰는 기준은 바로 오른쪽 뇌와 왼쪽 뇌의 기능이 다르다는 데서 출발한다. 이에 대해 많은 연구 결과가 나와 있는데 대체로 두뇌의 좌우 영역은 정보를 정반대로 처리한다. 왼쪽 뇌와 오른쪽 뇌는 상호보완 기능도 하지만 서로 독립된 사고패턴을 유지하고 있다.

신경생리학자의 연구에 따르면 신생아 단계에서는 왼쪽 뇌와 오른쪽 뇌는 같은 기능을 갖고 있다. 그래서 유아 무렵에는 어느 한쪽이 손상을 입어도 다른 쪽에서 모든 기능을 대신할 수 있다고 한다. 그러나 두 개 영역은 7세 무렵이 되면 각자 다른 특성을 갖도록 발달한다. 이 시기에 왼쪽 뇌에 손상을 입으면 언어능력, 신체의 오른쪽 운동능력이 마비되고 만다. 오른쪽 뇌가 손상을 입으면 공간 파악력과 몸의 왼쪽 운동능력이 마비된다. 이와 같이 서로 다른 특성을 가진 왼쪽 뇌와 오른쪽 뇌는 서로 반대쪽 몸을 담당하고 있다고 한다(최정우, 1995). 이러한 왼쪽 뇌와 오른쪽 뇌의 기능을 정리해 보면 〈표 4-1〉과 같다.

〈표 4-1〉 뇌의 정보처리 기능

비교대상	왼쪽 뇌	오른쪽 뇌
역사적 견해	양(陽) 자아(Ego) 의식 신경	음(陰) 본능(Id) 무의식 육체
정보수집수단	사고 상식	감각 직관
기억	언어 숫자 부분 이름	이미지 패턴 전체 얼굴
표현력	언어적 대화 가르친다 글을 쓴다	비언어적 동작 꿈, 동작 직관적 감정 그림그리기, 노래 낙서한다
사고의 형태	분석적 직선적 논리적 이성적 연속적 수직적 집중적 연역적	공상적 공간적 추리적 자유연상적 동시적 수평적 확산적 귀납적
조직	자본 종업원 원재료 기술	가치 의욕 아이디어 혁신

출처: 최정우 지음. 발상의 전환이 세상과 인생을 바꾼다. 새로운 사람들.

우리의 두뇌활동은 용불용설에 입각하지 않더라도 얼마나 많이 활용하고 개발하느냐에 따라 달라진다는 것을 직업별로 종사하는 사람들의 두뇌활동 결과에서 잘 나타나고 있다. 전문가들의 분야별 업적은 오랜 시간을 통하여 두뇌를 활용하고 거듭된 두뇌활동의 반복 등으로 가능하게 된 것이다. 예컨대, 시나 소설 그리고 음악,

미술과 같은 창작활동에 종사하는 사람은 두뇌활용의 끊임없는 되풀이와 훈련을 통한 두뇌의 연마를 통하여 오랜 시간이 경과한 후에 하나의 작품을 완성하게 된다.

우리의 두뇌는 우리가 생각하는 것보다 좋다. 두뇌개발에 관한 연구에 심혈을 기울인 Tony Buzan은 두뇌는 우리가 생각해던 것보다 훨씬 더 미묘하고, 아이러니컬하게도 소위 평범한 두뇌를 가진 사람들이 더 많은 잠재능력을 지니고 있다고 인간두뇌의 우수성을 설명한다(토니 부잔 지음, 라명화 옮김, 1994).

3) 창의력의 개발과 발휘

창의적 역량은 새로운 시각으로 사물을 바라봄으로써 문제를 발견해 내고 그 문제를 해결할 수 있는 아이디어를 창출해내는 능력과 새로운 아이디어의 가치를 다른 사람에게 설득시킬 수 있는 능력을 말한다.

어떤 사실에 대한 문제의 발견은 문제의 해결만큼이나 중요하다. 대부분의 사람들은 기존에 존재하는 것들을 당연시하고 별다른 의심을 품지 않는 경향이 있다. 창의적인 업적을 이룬 사람들은 무엇보다도 새로운 시각으로 문제를 발견해내는 면에서 뛰어난 사람들이다. 또한 타인의 인정을 받지 못하는 아이디어는 아무리 훌륭한 가능성을 지니고 있어도 실현될 수 없다는 점에서 다른 사람을 설득할 수 있는 능력도 매우 중요하다.

기업의 경우 이러한 창의력을 지닌 사람을 선발하고 종업원의 창의적 역량을 개발시키기 위해 노력해야 한다. 이때 자신의 전문 영역을 가지고 있으면서도 다양한 분야에 대한 관심과 지식을 지닌 사람을 양성할 수 있도록 직무 배치와 교육을 실시하는 것이 바람직하다. 그래야 다양한 시각으로 사물을 바라볼 수 있는 능력을 종업원들이 갖출 수 있기 때문이다.

한편 자신의 분야에 대한 전문성을 갖는 것은 창의성을 발휘할 수 있는 기본 전제라고 볼 수 있다. 특정 영역에 대한 지식과 경험을 체득하지 않고는 그 분야의 문제를 발견할 수 없고, 문제에 대한 근본적인 이해가 없으면 새로운 해결책도 찾아낼 수 없기 때문이다. 따라서 관리자는 종업원들을 이 일 저 일에 혼란스럽게 관여시키기보다 먼저 한 분야에서 전문성을 갖출 수 있도록 배려하는 것이 바람직하다.

창의성을 발휘하고자 하는 동기와 그것을 가능하게 하는 수단이 존재해도 발휘할 기회가 없으면 소용이 없을 것이다. 일에 대한 자율성과 시간, 그리고 다른 일을 하는 사람과의 협력 기회는 이런 면에서 매우 중요한 의미를 지닌다.

창의성은 무엇보다 일에 대한 자율성에서 출발한다. 창의성을 발휘할 수 있는 기회를 종업원에게 부여한다는 것은 일단 무엇을 어떻게 할 것인가에 있어서 그들 스스로 판단하여 선택할 수 있도록 자율성을 부여하는 것을 기본 전제로 한다. 이는 종업원들에게 무한한 자율성을 부여하는 것을 의미하는 것은 아니다.

일에 있어서 자율성은 부여하되 기업 전체의 전략적 방향과 일치하는 쪽으로 의사결정을 내릴 수 있도록 방향성과 그 일의 실행에 있어서 고려해야 할 제약 조건을 명료하게 제시해 주는 것이 필요하다. 그렇지 않으면 종업원들은 방향 감각을 상실한 상태에서 어디에서 시작해야 할지도 모르게 되기 쉽고 설령 나름대로 노력하여 새로운 아이디어를 내놓았다고 하더라도 별로 현실성이 없는 것일 가능성이 많다.

그리고 충분한 시간이 보장되어야 한다. 기업에서 창의성의 실현은 종업원들에게 창의적인 고민을 할 수 있는 시간이 주어져야 가능하다. 일상적인 업무로 시간에 쫓기는 경우 종업원들은 기존의 방식을 답습할 수밖에 없다. 미국의 3M사의 경우 '15% 규칙'이라는 것이 있는데, 이는 종업원들이 근무 시간 중 일부를 자기 자신이 독자적으로 하고자 하는 일에 마음껏 사용할 수 있도록 하는 것이다.

4) 창의력 개발을 위한 노력과 전략

우리는 평소에 정보지식을 바탕으로 모든 일에 창의력을 발휘할 수 있는 노력이 있어야 한다. 사물을 보는 눈 하나 하나에 어떤 의미를 부여하고 새롭게 볼 수 있는 창조적 능력 개발이 그 어느 때보다 필요하다.

여기서 창의적 능력 개발을 위한 전략을 20가지 제시해 보면,

1. 우선 창조적 사고(창의력 개발)를 매우 가치 있는 것으로 생각한다.
2. 환경의 자극에 대해 민감해지도록 한다.

3. 사물이나 새로운 사고에 용기를 갖게 한다.
4. 자신의 아이디어를 조직적으로 검토하는 방법을 훈련한다.
5. 새로운 아이디어에 대한 너그러움을 키운다.
6. 고정된 틀을 강요하지 않도록 한다.
7. 자신들의 창조적 사고에 가치를 두게 한다.
8. 창조적 사고를 갖도록 분위기를 만든다.
9. 주위로부터의 제재(특이한 것으로부터의 압박)를 피하는 기술을 가르친다.
10. 창조적 사고에 관한 정보를 준다.
11. 걸작에 대해서 위축되는 감정을 갖지 않도록 한다.
12. 스스로 학습을 하도록 용기를 북돋아 준다.
13. 성가신 일을 만들어 낸다.
14. 창조적 사고의 필요성을 만든다.
15. 활동시기와 휴식시기를 조절해 준다.
16. 아이디어를 창안할 수 있는 주체를 준다.
17. 아이디어의 의미를 확실하게 하는 습관을 권장한다.
18. 단순한 비판이 아니라 건설적인 비판을 키워준다.
19. 많은 분야에서 지식학습을 권장한다.
20. 모험심이 있는 리더가 되게 한다.

평소에 우리가 일상생활에서 쉽게 접할 수 있는 주위의 환경이나 생활습관을 통하여 창의력을 일깨울 수 있는 전략을 다음과 같이 제시해 볼 수 있다.

15ways to stimulate CREATIVITY

1. Associate with diverse individuals
2. Spend time with children under the age of 6
3. Eat and drink different foods and beverages
4. Try a new hobby
5. Fly a kite

6. Exercise stimulate endorphins
7. Relax(blow bubbles, review momentos from last vacation)
8. Meditate(beta state of brain)
9. Go to a cultural celebration
10. Visit a museum
11. Walk in the woods
12. Visit a foreign country or watch a foreign film
13. Practice saying yea and why not to something new
14. Listen to music or an opera
15. Encourage creativity in yourself and others

이와는 반대로 역설적으로 창의력을 고무시키는 방법도 있다.

Six CREATIVITY killers

1. There is only one right answer
2. Always follow the rules
3. Don't rock the boat
4. Don't make a mistake
5. Be practical
6. Become highly specialized

4. 리더십함양을 위한 차별화 전략 (Blue Ocean Strategy)

지금까지 살펴본 개인적 자기발전 전략과는 달리 사회조직에서 그리고 인간 상호 관계에서 궁극적 목표를 달성하기 위한 전략으로 차별화 전략을 제기할 수 있다.

이것을 위하여 우선, 지난 2005년 우리 사회에서 개인적 · 사회적 성공을 위해 가장 많이 논의된 전략이 바로 '푸른 바다 전략', 즉 블루오션 전략이다. 블루오션 전략의 중심 목표는 가치 혁신을 말한다. 개인과 조직 그리고 조직 상호 간의 본질적인 가치 혁신을 앞세운다.

블루오션 전략이란, 가치 혁신을 기반으로 하는 차별화 전략이며, 특성화 전략, 개성화 전략, 전문화 전략이며 독창성 전략으로 흔히 틈새전략이라고도 할 수 있다.

물건구매의 예를 들면, 구매자를 위해서 가치를 높이는 동시에 비용을 낮춘다는 것이다. 그래서 가치 혁신은 푸른 바다 전략의 본질이다. 가치 혁신은 한 기업의 설비와 가격, 비용 구조가 적절하게 일치될 때만 달성할 수 있는 것이다. 이 같은 전체 시스템을 통한 접근법이 지속성 있는 푸른 바다를 창출한다는 것이다. 그 이유는 가치의 혁신을 통해 기업의 모든 기능적, 업무적 활동을 통합할 수 있기 때문이다.

개인의 경우에도 가치 혁신을 통해 새로운 자신의 계발이라는 측면에서 블루오션 전략은 자기혁신의 중요한 주제로서 근원적인 혁신의 방법이라고 할 것이다.

성공을 위한 미래 전략으로 '블루오션 전략'을 주장하는 경영학자이며 국제 컨설턴트인 두 저자 김위찬 교수와 르네 마보안(2005)은 '블루오션'이란, 경쟁이 아직 없는 새로운 시장, 즉 아직 아무도 선점하지 않은 초기 시장에 뛰어드는 혁신 전략이라고 주장한다. 경쟁이 적기 때문에 남들보다 많은 공부를 하고 확실한 전략이 있으면 높은 수익률을 올리기 쉽다. 경우에 따라서는 이른바 '대박'을 거두는 스타가 나오기도 한다는 것이다.

그러나 이러한 차별화 전략, 즉 블루오션 전략의 딜레마는 리스크(위험)의 부담을 항상 전제하는 것임을 알고 시행할 수 있어야 한다.

자신의 가치를 지금까지와는 다른 방향에서 찾고 개발하고자 할 때 그리고 자유경쟁의 시장을 개척하고 경쟁에서 벗어나 성공하는 방법에 있어서 무엇보다도 '블루오션 전략'은 리스크(위험)를 받아들이는 것이 아니라 리스크를 최소화하는 전략이라고 할 수도 있다. 물론 리스크가 없는 전략이란 존재하지 않는다. '레드오션 전략'이든 '블루오션 전략'이든 항상 리스크를 포함하고 있다. 그럼에도 불구하고 '레드오션'을 넘어 '블루오션'을 창조해내기 위해서는 우리가 일상에서 직면하는 주요 리스크를 줄였을 때 성공을 담보할 수 있다.

5장

자기혁신을 위한 동기부여 전략

When written in Chinese, the word CRISIS is composed of two characters–one represents DANGER and the other represents OPPORTUNITY.
Technology does not drive change —— it enables change.

Two Basic Rules of Life:
1. Change is Inevitable
2. Everyone Resists Change.

An idea is worth nothing if it has no champion.
Of all earthly creatures, humans alone have the power to choose.
Writing crystalizes thought and thought produces action.

– Paul Meyer –

1. 자기혁신 전략

여러 차례 강조한 바와 같이 4차 산업혁명시대에서 성공을 보장하는 길은 우리 자신의 혁신적 변화이다. 피터 드러커가 21세기의 비전을 제시하며 2000년에 '혁신하는 자만이 살아남을 것'이라는 주장은 학문적 연구와 전개과정에서는 너무나 당연한 것으로 일반화가 되었으며 경제적 행위와 기술발전의 분야에서조차 이론적 단계가 아닌 현실화되었다. 특히 경제 분야에서의 전자상거래와 가상화폐의 발전과 상용화는 경제활동의 패러다임을 완전히 바꾸었으며, 인공지능의 활약은 인간의 삶에서 직업의 구조와 취업환경을 근본적으로 변화시켜 놓았다.

오늘 우리 사회의 첨단 플랫폼과 포털업체의 종사자들은 4차 산업혁명시대에 자신을 혁신하는 방법은 기존의 사고와 행동방식을 전면적으로 거부하고 있다. '새로운 가치를 만드는 사람' 혹은 성공하는 사람이 되려면 '다르게 생각하고 다르게 행동할 것'을 주장한다. 그리하여 차별화된 역량을 갖고 개인만의 방법을 찾아서 개발하고 배양해 나갈 때 삶의 변혁과 혁신이 가능하다고 강변하고 있다.

새삼 시대의 요구가 아니라고 하더라도 또 남들이 부러워하는 성공한 사람들이 강조하는 명언이 그럴듯하게 여겨지지 않더라도 한 시대를 살아가는 방법이라면 일일신 우일신하는 삶이 새롭게 우리의 생활을 풍요롭게 하며 쾌락을 제공할 것이라는 것은 당연하다. 그래서 우리는 반드시, 지금 이 시기에 혁신적 변화를 추구하여야 할 것이다. 본 장에서는 이를 위하여 자기혁신의 요소와 방법을 알아보고 자기혁신의 기초가 되는 동기부여에 대하여 소개한다.

1) 자기혁신의 요소

평소 자신의 변화를 갈망해 본 사람이면 아주 사소한 나의 생활습관에서부터 인간관계를 비롯한 자신이 속해 있는 공동체에 이르기까지 변화를 위해 실천하고 싶은 원인을 찾고 행동방법을 고민해 보았을 것이다. 예를 들어 혁신 Innovation, 열정 Passion, 창조 Creativity, 도전 Challenge, 발전 Development 같은 자기계발을 위한 혹은 큰 변화를 상징하는 핵심 아이콘을 나름대로 전략을 세워 능력을 함양하려고 계획하게 된다. 이러한 관점에서 아래 여덟 개의 용어에 대한 우리 스스로의 인식이나 보유능력을 체크해 보자.

요 소	현재			구체적이고 확실한 계획
	×	△	○	
카리스마				
승부근성				
자신감				
의욕				
직관				
반항				
모험				
끈기				

위의 표에서, 현재를 중심으로 ×는 생각조차 해 본적이 없거나 관심에 두지 않았던 것을 표시하며, △는 알고 있지만 별로 관심이 없고 나하고는 상관이 없는 것으로 생각하는 정도를 말하며, ○는 평소에 관심을 갖고 모두는 아니지만 필요에 따라 시도해 본 경험이 있는 상태를 의미하는 표시이다. 이에 관하여 표시를 하고, 만일 내 스스로가 리더십 함양을 위한 자기혁신의 요인이나 중요한 동기유발의 요인이라고 가정할 수 있다면 구체적이고 실천 가능한 계획을 세워보고 행동화해 보는 것이 좋겠다.

하버드 케네디 스쿨에서 제시하는 성공한 리더의 조건은 끊임없이 변화하는 현대사회에서 새로운 리더십을 말하고 권한다. 그리하여 구체적으로 '전인적인 리더십 교육'의 필요성을 역설하고 있다. 곧 자기혁신은 새로운 시대에 상응하는 새로운 교육이 있어야 함을 강조하는 말이다. 또한 리더십이론의 원칙주의자 존 맥스웰은 그의 저서 『*Developing The Leader Within You*』에서 변화의 발전과정을 내세우는데 혁신가는 꿈이 있는 사람으로 변화에 능동적으로 대처하여 새로운 아이디어를 제시할 것을 주장한다.

2) 자기혁신의 방법과 프로그램

나 자신의 혁신전략으로 과거에 관행화되어 있는 내용을 긍정, 부정적 요인들로 나누어 내외부적 환경에 따라 먼저 분석을 해본다. 그 다음 장단기 발전전략을 〈표 5-1〉과 같이 작성해 보면서 지금까지 아마추어적 발상에서 프로의 근성을 가질 수 있도록 자기혁신 전략을 구체화시켜 나간다.

〈표 5-1〉 자기혁신 전략 계획

혁신의 단계 / 혁신해야 할 대상		과 거	현 재		미래	
			1단계	2단계	1단계	2단계
긍정 요인	내부요인: ( )					
	외부요인: ( )					
부정 요인	내부요인: ( )					
	외부요인: ( )					

※ ( )에 자신이 혁신해야 할 대상을 좋은 것이든 나쁜 것이든 찾아서 내외적 요인으로 구분하여 심사숙고하여 작성해 본다.

이러한 자신이 혁신해야 할 자신의 행동관찰과 평소 감정표현의 방법 그리고 태도의 일관성 그리고 달성 가능한 목표 세우기와 자아정체성을 확립시킬 수 있는 방법과 과정들, 즉 프로그램을 스스로 작성하고 그 행동실천의 방법까지 알아보는 것이 중요하다.

제임스 프로차스카(James O. Prochaska)를 비롯하여 세 사람의 심리학자들이 발표한 저술 『*Changing for Good*』(1995)에 의하면 자신의 현재 단계가 파악되어지기만 하면, 자신이 긍정적인 변화가 일어난 환경을 조성할 수 있고, 동기부여를 유지할 수 있으며, 퇴행적 행동을 진보적으로 바꿔놓을 수 있으며 나아가 생활의 면면에서 새로운 습관을 영원히 지속할 수 있다고 주장한다. 자기혁신의 단계는 첫째, 변화에 저항하는 무관심 단계에서 출발한다. 이 단계의 특징은 무관심 단계를 고집하는 요인을 찾아 의식을 전환시키려 고심하는 것이다. 둘째는 변화가 보이기 시작하여 과연 가능한지 혹은 시도해볼 만한 가치가 있는지를 심사숙고하는 단계이다. 그리고 셋째는 변화와 혁신을 향한 준비로 워밍업을 하여 출발하는 단계이며, 경우에 따라 주변의 도움과 벤치마킹을 통해 변화의 중요성을 절감하는 때이다. 그리고 이러한 분위기의 심화와 함께 실천의 단계로 실제 행동으로 움직이며 나아가 습관화 유도하기에 이르는 단계로 발전하기에 이른다. 마지막으로 그러한 혁신적 마인드와 행동을 유지하는 단계로 변화를 고수하며 자신의 변화로 주변 공동체의 혁신까지 이르게 하는 것으로 설명하고 있다.

따라서 우리 스스로가 어떤 자세로 자기혁신을 위한 환경을 만들고 자기혁신의 아이콘으로 변화할 수 있느냐가 중요하다는 것을 알고 그러한 변화와 혁신을 어떻게 행동화하느냐에 그 성취도가 달려있다고 할 것이다. 다음은 이러한 자기혁신의 과정에서 반드시 요구되는 동기부여이론에 대하여 살펴보고자 한다.

2. 동기부여를 통한 리더십의 함양

동기부여란 목표달성을 향해 행동하도록 자극하여 동기가 생기도록 하고, 구체적 행동으로 유도하고 이끌어 행동을 지속하게 하는 것을 말한다. '동기를 유발하다, 영향력을 끼치다, 고취시키다, 고무적으로 만들다, 기여하다, 기쁘게 하다, 조성하다, 일궈나가다, 달성하다, 촉진시키다' 이러한 어구들은 개인이나 조직이 자신의 일에 매진하고 조직을 발전시켜 가는데 동기유발을 위한 필수적인 요소라 할 수 있다. 심리학자들의 일의 성과에 관한 이론에 따르면 P=f(A×M)로 나타내고 있다. 즉, 일의 성과(P: Performance)는 능력(A: Ability)과 동기부여(M: Motivation)의 곱의 함수라는 이론이 사회적 성과에 중요한 요소로 작용하면서 동기부여에 관한 이론으로 그 중요성을 강조하고 있다.

최근 일의 성과를 올리거나 업무의 효율성을 제고하기 위하여 동기부여를 위한 여러 가지 방안들이 제시되고 있다. 동기부여가 잘 된 개인이나 조직은 일이나 업무의 수행성과가 높을 것이며 그 결과 미래지향적인 개인이 될 것이며, 조직 또한 지속적인 발전을 보장받을 수 있을 것이다. 먼저 동기부여의 의미와 의의를 살펴보고 우리 자신이 항상 동기부여가 된 사람으로 생활해갈 수 있는 방법을 알아보기로 하자.

1) 동기부여의 어원과 구성요소

동기부여란 말은 '움직이게 하다'라는 라틴어 'movere'로부터 유래되었다. 먼저 동기부여의 영어단어인 motivation은 motive(동기)라는 명사로부터 파생되었으며 motive는 '움직이다'라는 뜻을 가진 라틴어 movere로부터 나온 단어이다. 즉, 목표를 향해 자발적인 행동을 끌어내고 계속하게 하는 심리적 과정을 말하는 것으로 '사람으로 하여금 행동하게 하는 그 무엇'이라고 정의할 수 있다.

사람으로 하여금 어떤 행동을 유발하는데는 열정이나, 태도, 관심, 흥미 그리고 정서와 같은 다분히 감정적이고 반이성적인 요소들이 작용하고 있다. 이것은 motive나 motivation이라는 말의 그 어원에서도 알 수 있듯이 사람의 내면에 있는 무엇인가가 작용해서 그 사람을 앞으로 나가게 만든다는 것을 암시하기 때문이다. 행동하게 만드는 것은 욕구나 욕망일 수도 있고 아니면 단순한 감정일 수도 있다는 말이다.

그리고 동기부여를 위한 구성요소는 하고자 하는 노력, 즉 목표를 향하여 행동하도록 자극하여 동기가 생기도록 하는 유발(arousal)과 어떤 방향으로 이끌어 구체적인 행동으로 유인하는 지향(direction)과 그것이 반복된 행동으로 나타나는 지속(persistence)으로 되어 있다. 동기부여는 바로 이 세 가지 요소가 전부 갖추어졌을 때 가능하다고 하겠다.

2) 동기부여하기

'동기부여한다'는 것은 단순한 동기 이상의 것으로 설명할 수 있다. 이것이 동기부여의 힘 혹은 크기이다. 동기부여의 힘은 기대감과 보상 그리고 가치에 비례한다. 즉, MF(motivation force)=E(expectancy)×I(instrumentality)×V(valence)로 나타낼 수 있다. 기대가 크고 성과에 대한 보상이 크면 그리고 가치 혹은 유의성에 따라서 동기부여의 힘은 크게 나타난다. 그래서 동기부여는 가시적인 효과 이외에 그 이상의 일의 성과로 나타날 수 있다는 의미이다. 그래서 '동기부여한다'는 의미는 다른 사람에게 동기나 인센티브를 제공해서 무언가를 하게 하는 것을 뜻한다. 그렇게 함으로써 행동을 이끌어내는 것이다. 바꿔 말하면, 상대방에게 행동하도록 관심을 자극하는 것을 말한다. 더 많은 일의 성과로 나타날 수 있는 것을 뜻한다.

예를 들면, '당근과 채찍'이라는 속담을 들 수 있다. 이 속담의 밑바닥에는 다른 사람을 동기부여 시키는 것에 대한 이론과 가정이 깔려 있다. 즉, 말(馬)로 하여금 뛰게 한다는 것은 반드시 상이나 벌을 주는 것으로 이루어진다는 사실이다. 조직 차원에서 조직의 유효성을 높이기 위해서는 조직 구성원들의 자발적인 노력이 필요하다. 그리고 그것을 높이기 위해서는 내적 동인(動因, drives)에 영향을 미치는 반복적 과정이 있어야 가능하다.

이와 같이 동기부여를 최적화하기 위하여 다양한 동기부여에 관한 이론들이 있다. 인간은 일반적으로 어떤 목적을 달성하기 위하여 열심히 노력하고, 그 작업을 지속하며, 목표지향적 행동을 한다. 이러한 인간의 노력, 지속, 또 방향은 동기의 세 가지를 의미한다. 이러한 동기의 세 가지 측면을 바탕으로 동기유발이론을 논하고 있으며 그것은 내용이론과 과정이론 두 가지로 나눌 수 있다.

내용이론은 어떠한 요인이 인간행동을 일으키고 유지시키는지에 대해 논하며, 그 이론으로 Maslow의 욕구단계설, Alderfer의 ERG이론, Mcclelland의 성취동기이론, McGregor의 X/Y이론, Herzberg의 2요인이론 그리고 Hackman & Oldham의 직무특성이론 등을 들 수 있다. 그리고 과정이론(기대)은 동기유발이 어떻게 발생하는지에 대해 논하며, 그 이론으로 Vroom의 기대이론, Adams의 공정성이론, Locke의 목표설정이론 등을 들 수 있다.

3. 자기혁신의 동기부여이론들

위에서 볼 수 있듯이 개인과 조직의 혁신적 변화를 위하여 동기부여는 필수적이다. 그리고 이를 과학적으로 달성하기 위한 동기유발이론들도 다양하다. 본 절에서는 A. H. Maslow의 욕구단계이론과 Herzberg의 동기-위생이론(2요인이론)에 대하여 간단히 소개하고자 한다. 매슬로우는 인간을 동기부여할 수 있는 욕구가 계층을 형성하고 있는 것으로 파악한다. 이러한 욕구단계의 내용을 생리적 욕구, 안전욕구, 소속과 애정욕구, 존경욕구, 자아실현욕구의 다섯 가지 범주로 분류해서 이론을 설명하고 있다. 그리고 허츠버그는 직무에 만족을 주는 요인을 동기요인(motimators)이라 하였고, 불만을 초래하는 요인을 위생요인(hygiene factors)이라고 가정하고 동기-위생이론을 전개하였다.

1) 매슬로우의 욕구단계이론

동기부여이론들 중에서 매슬로우(A. H. Maslow)의 욕구단계이론은 매우 시사하는 바가 크다. 매슬로우의 이론에 의하면 사람은 상벌과 같이 밖에서 주어지는 동기에 의해서가 아니라, 욕구라는 마음속에 있는 프로그램에 의해서 동기부여된다는 것이다. 이런 욕구들은 세트로 되어 있어서 한 세트가 충족되고 나면 다른 세트의 욕구가 나타나게 된다. 그리고 한 번 충족된 욕구는 더 이상 사람을 동기부여시키지 않는다. 매슬로우는 “동기부여의 이론”이라는 논문에서 원초적인 인간의 욕구는 우열이 있는 일종의 계층구조로 되어 있다고 주장했다(Maslow, 1943). 그는 인간의 욕구를 다섯 개의 세트로 파악했으며, 그것들은 서로 역동적인 관계 내지는 계층구조를 이루고 있는 것으로 파악했다. 그림으로 나타내면 다음과 같다.

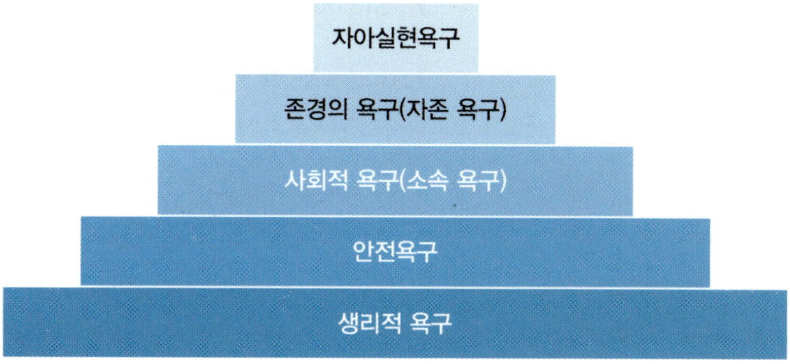

[그림 5-1] 매슬로우의 욕구단계이론

⊙ 단계적 욕구 충족: 낮은 단계에서 높은 단계에로
⊙ 개인의 행동의 동기는 결핍에서 출발하여 단계별로 욕구가 충만해지면 욕구의 수준이 더욱 커진다.

만약, 어떤 사람이 평생 아무 제한 없이 음식을 먹을 수 있게 된다면, 바로 그 순간 그는 또 다른 욕구를 느끼게 되어 생리적 욕구는 사그라지게 된다. 그리고 그 욕구가 충족되면 또다시 그보다 더 높은 단계의 욕구가 나타나게 된다는 것이다. 인간의 기본적인 욕구는 상대적인 우열을 갖는 계층구조로 이루어져 있다는 것이 위의 그림과 같은 매슬로우의 욕구단계이론이다.

① 생리적 욕구

생리적 욕구는 욕구계층의 최하위에 위치하고 있으며, 이는 생활을 영위하는 데 가장 필수적인 욕구이기도 하다. 공기, 음식, 배설, 성, 휴식 등이 이에 포함되며, 다음과 같은 몇 가지 중요한 특징을 지니고 있다.

- 생리적 욕구는 다른 욕구들과 관련이 없이 비교적 독립적이다.
- 대부분의 경우 이 욕구는 육체의 부위와 연관되어 있다.
- 풍요한 문화권에서는 동기부여적 요인이 아니라 예외적인 것이다.
- 생리적 욕구는 비교적 짧은 시간 내에 반복적으로 충족시키지 않으면 안 된다.

② 안전욕구

생리적 욕구가 어느 정도 충족되고 나면 새로운 욕구가 출현하게 되는데 그것이 바로 안전에 대한 욕구이다. 위협이나 위험에 대해서 어른들은 직접적인 반응을 억제하는 경향이 있기 때문에 이런 욕구는 아이들에게서 쉽게 발견될 수 있다.

아이들은 큰 소리, 갑작스런 불빛, 거친 흔들림 등에 대해서 즉각적으로 불안한 심기를 드러낸다. 매슬로우는 아이들이 규칙적으로 반복되는 것이나 리듬을 좋아하고, 예측 가능하며 질서정연한 세상을 좋아하는 것은 안전에 대한 욕구의 또 다른 표현이라는 사실을 발견했다. 어른이 되어서 표현되는 안전에 대한 욕구는 보통 고용될 때 요구하는 여러 보장장치, 즉 재직기간의 보증, 연금, 보험, 직장에서의 안전기준 개선 등에 대한 욕망으로 나타난다. 또한 안전과 안정을 추구하는 욕구는 사람들이 대체적으로 익숙하지 않은 것보다는 익숙한 것을, 잘 모르는 것보다는 잘 알고 있는 것을 더 좋아한다는 데서도 발견된다.

③ 사회적 욕구

생리적 욕구와 안전에 대한 욕구가 충족되면 다음에는 사랑과 애정 및 소속감에의 욕구가 동기부여의 중심으로 떠오른다. 사람은 친구나 가족이 없으면 참을 수 없는 공허감을 느끼게 된다. 그런 사람은 애정을 주고받을 수 있는 인간관계와 자신이 속할 수 있는 그룹을 갈망하게 된다. 이것을 가장 잘 표현하는 말이 바로 사회적 욕구이다.

사회적 욕구는 인간본성에 내재되어 있는 것이다. 우리는 가족이라고 하는 작은 사회에서 태어나 한 개인으로 성장한다. 그러나 결코 서로에 대한 필요성을 느끼지 못하는 것은 아니다. 매슬로우에 의하면 일은 우리 안에 내재되어 있는 이런 욕구를 만족시킬 수 있는 중요한 수단을 제공해준다. 일이라고 하는 것은 우정과 동지애를 기반으로 이루어지는 것이기 때문이다.

④ 존경욕구

자존 및 타인으로부터의 존경에 대한 욕구들로서 성취, 능력, 자신감 및 지식에 관한 욕구들을 가리킨다. 이 욕구는 두 가지 측면, 즉 본인 스스로가 자신이 중요하다고 느껴야 할 뿐만 아니라, 이 감정이 다른 사람으로부터 인정을 받는 것이다. 이 양자가 결합될 때만 비로소 올바른 의미의 자존심이나 자기확신이 생기게 된다.

⑤ **자아실현욕구**

위에서 말한 모든 욕구가 충족되었더라도 자신의 소질에 맞는 무엇인가를 하지 않으면 새로운 불만 내지는 불안을 경험하게 된다. 궁극적인 마음의 평안을 얻기 위해서 연주가는 음악을 연주해야 하고, 화가는 그림을 그려야 하며, 시인은 시를 써야만 한다. 사람은 자신이 하고 싶은 일을 하면서 살아야 한다. 이런 욕구가 바로 자아실현욕구이다.

매슬로우에 의하면 자아실현이란 잠재적인 것을 실현시키고자 하는 자기완성의 욕망, 자기존재를 훨씬 더 크게 부각시키려는 욕망, 할 수 있을 것으로 기대되는 모든 것을 이루고자 하는 욕망을 말한다. 이런 욕구들이 분명하게 드러나기 위해서는 대개 생리적 욕구, 안전에 대한 욕구, 사랑과 존경에 대한 욕구 등이 먼저 충족되어야만 한다.

2) 허츠버그의 2요인이론

허츠버그는 200여 명의 종업원들과 면접을 통하여 그들이 작업에 대하여 만족과 불만족을 느끼는 때와 그때의 상황을 조사하였는데, 분석 결과 직무에 만족을 느끼게 할 때의 상황과 불만을 느끼게 할 때의 상황이 근본적으로 다르다는 것을 알게 되었다. 여기서 전자를 만족요인이라고 하고 후자를 불만요인이라고 한다.

불만요인이란 이로 인해 사람들에게 불만을 느끼게 하는 것으로 주로 작업환경과 관련된다. 환경과 관련되는 불만요인은 좋은 환경의 설정으로 예방할 수 있기 때문에 이를 위생요인(hygiene factors)이라고도 한다. 이와 같은 요인에는 지위, 동료와의 관계, 회사방침과 관리, 감독방법, 작업조건, 직무안정, 봉급, 개인생활 등이 해당된다. 그런데 이들은 불만요인이지 동기부여요인은 아니다. 따라서 이들 불만요인이 작업환경 내에서 작업자들의 불만을 유발하게 될 때, 이를 예방하기 위해서는 불만요인을 우량하게 하여야 한다. 그러나 이들 불만요인을 관리함으로써 불만을 제거할 수는 있지만 인간을 동기부여 하는 데는 유효하게 작용하지 않으므로 이를 위해서는 다음에 설명하는 만족요인을 관리하여야 한다.

만족요인은 모두 직무내용과 관련되는 것으로서 이와 같은 요인에는 작업에 대한 도전의식, 성취감, 직무에서의 성장, 책임감, 승진, 인정 등이 해당된다. 이들 만족요인의 존재는 사람들로 하여금 만족감을 느끼게 하므로 동기부여요인(motivator factors)이라고 한다. 따라서 허츠버그의 이론을 동기부여-위생요인이론 또는 2요인이론이라고 부른다.

그는 다음과 같은 두 가지 주장을 했다. 첫째, 직무만족의 구성요건에 대해서 연구한 결과, 사람들은 성취욕구나 인정받고 싶은 욕구 혹은 자아실현의 욕구와 같은 고급 차원의 욕구에 의해서 동기부여 된다는 증거를 찾아냈다고 말했다. 둘째, 산업현장에서 직무 충실화를 실제로 달성하고자 하는 프로그램을 실행할 때 동기부여요인을 강화시킴으로써 훨씬 더 큰 직무만족을 느끼게 할 수 있다고 주장했다.

4. 동기부여를 위한 7가지 전략

자기혁신을 위한 동기부여의 방법으로 영국의 엑시터대학 리더십 교수 어데어(J. Adair)가 소개하는 7가지 전략을 살펴보면 다음과 같다.

1) 열정과 도전정신 일깨우기

모든 일에 열정적인 사람의 태도는 주변 사람을 감동시킨다. 특히 그 사람이 타인으로부터 신뢰받고 있는 경우에는 더욱 그렇다. 리더의 태도가 냉담하거나 완고하다면, 게다가 열의도 없고 무관심한데다가 일에 흥미조차 없다면, 그가 부하들에게 어떤 영향을 끼칠지는 명약관화하다. 열의는 전염되는 것이다. 더욱이 열성적인 사람은 대개 유능하다. 모든 일에 자신감이 있고 자신의 일을 좋아하기 때문이다.

일반적으로 관리자들은 자신의 위신을 지키기 위해서 책임을 부하들에게 전가하는 경향이 있다. 우리는 형편없는 성과나 태만한 직무수행 또는 총체적인 관심 부족에 대해서 너무나 쉽게 다른 사람들을 비난한다. 그러나 다른 사람의 나태한 태도를 비판하기 전에 자신은 과연 맡겨진 업무에 얼마나 전력투구하고 있는지 스스로에게 물어보라. 그리고 그 열의와 헌신이 진실한 것인가, 그 모습을 다른 사람이 눈으로 볼 수 있으며 피부로 느낄 수 있는가 자문해보라. 동기부여는 전염되는 것이지, 결코 가르쳐서 될 일이 아니다.

"동기부여의 50%는 그 사람의 내부로부터 나오고, 나머지 50%는 그가 속한 환경, 특히 리더의 리더십에 달려있다"는 어데어의 50:50의 원리가 위의 사장이 느끼고 있는 좌절감을 치료하는 해독제가 될 수 있다. 다른 사람들의 동기부여 부족을 비난하기 전에 먼저 자신이 거울 앞에 서서 스스로를 돌아보고 자신의 리더십을 살펴보게 한다.

50:50의 원리는 수치상으로 정확한 비율을 주장하는 것은 아니다. 단지 대략적인 어림짐작일 뿐이다. 그것은 동기부여의 상당한 부분이 우리 내부에 있기도 하지만, 또 상당한 부분은 우리가 통제할 수 없는 외부에 존재한다는 사실을 말하고자 하는 것이다. 무엇보다도 이 원리는 여러분을 자극하여 함께 일하는 사람들의 사기저하나 동기부여 결여를 불평하기에 앞서 여러분 스스로 리더로서 50%의 소임을 올바르게 수행할 수 있도록 해 줄 것이다. 50:50의 원리는 리더가 일하는 사람들을 동기부여 시키는 데 성공하게 할 수도, 실패하게 할 수도 있는 핵심적인 역할을 한다는 사실을 일깨워준다.

2) 의욕과 동기부여

여러 가지 방법으로 동기나 인센티브를 제공해 줄 수는 있다. 상을 주거나 위협을 가할 수도 있으며 설득해볼 수도 있다. 그런 행위가 실제적으로든 잠재적으로든 효력을 나타내기도 한다. 동기부여의 50%는 환경으로부터 나오기 때문이다. 여러분이 관리자이자 리더라면, 여러분을 위해 일하는 사람들에겐 여러분이 환경의 으뜸 요인이 된다. 하지만 다음의 격언에서도 알 수 있듯이 여러분의 영향력은 한계를 지니고 있다.

"당나귀를 물가로 끌고갈 수는 있지만, 물을 마시게 할 수는 없다."

영국 내전 당시 번연(J. Bunyan)이 의회군의 창병으로 있을 때 그가 소속된 부대의 지휘관은 그 유명한 올리버 크롬웰(O. Cromwell)이었다. 그 시대의 다른 사람들처럼 크롬웰도 어쩔 수 없이 비참한 내전에 뛰어들게 되었다. 그리고 40세를 넘긴 나이에 스스로 기병전술을 익혀야만 했다.

전투를 하던 중 크롬웰은 자신이 리더십에 소질이 있다는 것을 알게 됐다. 그에게는 인간성을 예리하게 관찰할 줄 아는 능력이 있었는데, 이로 인해 그는 지휘관으로 성공할 수 있었다. 그는 명예와 충성심으로 무장한 사기충천한 왕당파 기병들이, 오직 돈을 벌 욕심으로 전장에 뛰어든, 얼빠진 머슴이나 술주정꾼들로 구성된 의회군 기병들을 얼마나 쉽게 무찌르는가를 똑똑히 보았다. 의회군은 결코 왕당파 기병과 같지 않았다. 이런 이유로 크롬웰은 동기부여되어 있는 병사만을 선발하기로 결심했다. 크롬웰은 다음과 같이 말했다.

"나에게는 자신이 무엇을 위해 싸우는지 알고, 자신이 그것을 안다는 것에 자부심을 느끼는 영국군이 필요하다."

크롬웰은 같은 원칙을 모든 계급에 적용하였다. 그가 이끄는 군대는 곧 천하무적이라는 평판을 얻게 됐고, 상대인 왕당파들은 그들을 철기병이라고 불렀다.

이미 의욕을 잃고 있는 사람을 동기부여시킨다는 것은 매우 힘든 일이기 때문에 이미 동기부여되어 있는 사람을 뽑는다는 것은 충분히 이해할 수 있는 일이다.

예전엔 종업원의 동기부여를 그다지 중요하게 생각하지 않았다. 부하 직원들은 상사가 시키는 대로만 하면 그만이었고, 머리를 쓰는 것은 별로 요구되지 않았다. 교육내용은 주의사항이나 근무습관에 대해 반복해서 가르치는 것이 전부였다. 이런 근무형태는 군대라는 조직에 잘 어울렸고, 이 군대식 근무방법은 19세기 대기업의 모델이 됐다. 그러나 군대에서조차도, 오늘날까지 기억되는 훌륭한 인물들을 살펴보면 양이 아니라 질이 중요하다는 것을 알 수 있다. 앞에서 살펴본 크롬웰의 예에서도 알 수 있듯이 리더십의 질이나 병사들의 질이 중요하다. 또한 지적인 능력과 마음 속으로부터 동기부여되어 있는가의 여부가 특히 중요하다.

〈표 5-2〉 동기부여가 잘 되어 있는 사람에게서 나타나는 징후

속성	징후
열정	그 사람이 열정을 갖고 있다는 느낌이 전해져야 한다. 열정이 겉으로 드러나지 않을 수도 있다. 대신 정신이 살아 있는 경우일 수도 있고 침묵함으로써 결의를 품고 있는 경우일 수도 있다.
전념함	이 사람은 여전히 갈팡질팡하고 있는가? 이미 공동목표를 향해 전력으로 질주하고 있는가? 아니면 뛰어들 자세가 되어 있는가?
지구력	함께 출발하기는 쉽다. 그러나 처음 문제에 직면했을 때 혹은 장애물에 부딪치거나 어려움을 겪게 될 때 어떻게 행동하는가? 돌아서거나 너무나 쉽게 포기할 사람은 아닌가?
기술	지금까지 익혀온 기술은 그 사람이 가고자 하는 방향을 알려주는 좋은 표지판이다.
초지일관	새뮤얼 존스 박사에 의하면 "뛰어난 업적을 쌓은 사람은 모두 한 가지를 추구하면서 인생을 산 사람이다. 뛰어나 업적이란 쉬운 방법으로 얻을 수 있는 것이 아니기 때문이다." 안이한 태도를 갖고 있는 사람이나 변덕스러운 사람을 뽑지 말라. 진정한 힘이란 에너지가 한곳에 집중될 때 나오는 법이다.
즐김	자신의 일을 즐기지 않거나 일 속에서 기쁜 순간을 찾지 못하는 사람은 동기부여가 되어 있지 않은 사람일 가능성이 높다.
책임감	스스로 책임질 일을 찾아 그것을 기꺼이 받아들이려는 자세는 분명히 동기부여가 잘 되어 있는 사람에게서 나타난다.

보통 동기부여는 능력과 밀접하게 연관되어 있다. 지금 하고 있는 일을 사랑할 때 사람들은 그 일을 잘해내며, 남보다 뛰어난 분야의 일을 사랑하는 경향이 있다. 따라서 그것이 제1의 지표가 되어야 한다. 셰익스피어는 "좋아하는 일을 할 때 우리는 아침에 일찍 일어나게 된다. 그리고 기쁜 마음으로 집을 나서게 된다"고 말했다. 여러분이 임명한 사람이 그 일에 대해 흥미나 즐거움 또는 재미나 기쁨을 느끼지 못한다면, 그리고 그 일에 대해 이야기할 때 그런 말이 나오지 않는다면 여러분은 사람을 잘못 선택한 것이다. 누가 그 책임을 져야 하는지는 불문가지이다.

3) 도전적이면서 현실성 있는 목표를 제시

성공이란 기다려서는 성취할 수 없다. 성공 쪽에서 여러분을 기다리고 있는 것이다. 기회가 여러분의 문을 노크할 때 문을 열어주는 것은 바로 여러분 자신이다. 인생에는 얼마든지 기회가 있다. 스스로 만들어 낸 기회도 있을 것이고, 행운에 의한

기회도 있을 테지만, 어쨌든 그것을 잡는 것은 바로 여러분 자신이다.

인생에는 핑계가 너무 많다. '나이가 너무 많다', '시간이 없다', '법을 모른다', '노력이 없다' 등등. 하지만 자신을 정직하게 바라보면 알게 될 것이다. 나이가 너무 많은 것도 아니고, 시간이 없는 것도 아니며, 단지 하고자 하는 욕구가 없기 때문이라는 것을.

사람들은 어른이 되고 나이가 들수록 자기의 일이나 행동을 좁히기 위한 핑계를 쉽게 찾아낼 수 있다. 그러나 아이들은 어리기 때문에 지식도 기술도 없지만 한번 마음을 사로잡은 일은 확고한 자신감을 가지고 덤벼든다. 아무도 그것을 제지할 수가 없다. 전신이 에너지 덩어리가 되어 실행하지 않고는 못배긴다. 일말의 실패에 대한 두려움도 성공 가능성에 대한 의심도 아이의 머리에는 떠오르지 않는다.

성공과 기회가 행운 이외의 어떤 것에 달렸다고 생각한다면 사람은 자기의 행동을 통제하지 않으면 안 된다. 성공을 위해서 우리는 해야 할 일이 있고 져야 할 책임이 있다.

우선 목표를 정하고 계획을 세우자. 꿈은 목표를 선명하게 그리는 데 아주 좋은 방법이다. 느닷없이 남들이 선망하는 직장을 그만두고 뭔가 새 일을 시작하는 사람들이 있다. 그들은 자기에게 꿈꾸기를 허용한 사람이며 그러는 동안에 그 꿈을 실현할 수 있다는 자신이 서게 된 것이다.

그러나 목표는 어디까지나 현실적이어야 한다. 140cm도 안되는 키를 가지고는 아무리 열심히 복싱을 해본들 헤비급 세계 챔피언이 되기는 어렵다. 반대로 키가 2m에 체중이 100kg이 넘는 사람이 아무리 말을 좋아해도 경마의 기수가 될 수는 없는 것이다. 목표를 정하기 전에 그것이 합리적인 목표인지 어떤지 판단하는 것이 중요하다.

4) 상대를 고무 격려하는데 인색하지 말자.

우리는 개인적인 욕구뿐만 아니라 공동의 과업을 완수하려는 욕구에 의해서도 동기부여된다. 우리는 하고 있는 일을 마무리짓고 싶어한다. 그 일이 중요하면 중요할수록 그것을 만족스러운 수준으로 완수하려는 욕구는 더욱 강렬해진다.

고무 격려, 즉 진전(발전)이 사람들을 동기부여시킨다는 것은 명백한 사실이다. 자신이 앞으로 나아가고 있다는 사실을 깨닫게 될 때 한층 더 노력하게 마련이다. 성공하기 위해 더 많은 투자를 하게 되는 것이다. 그렇기 때문에 사람들이 적절한 피드백을 받고 있는가를 확인하는 것은 중요하다. 피드백이 없으면 사람들은 자신이 알맞은 속도로 올바른 방향을 향해 가고 있는지 아닌지를 알 수 없게 된다. 이와는 반대로 진전이 보이지 않는 상황에 대한 피드백도 역시 사람들을 동기부여시킨다. 그 이유는 아직 성공하지 못하고 있을 경우, 무엇을 해야만 할까에 온 신경을 집중시키기 때문이다. 이런 현실에 부딪치게 되면 그 상황 때문에 기대 이상으로 동기부여되어 큰 성과를 올리게 될 수도 있다.

누구든지 한 가지씩의 재주는 가지고 있게 마련이다. 무슨 일이든 능력을 제대로 발휘하고 있는 사람을 잡아라. 그 다음에는 스스로 능력을 키우고, 차근차근 임무를 수행해 내고, 계속해서 발전해 나갈 수 있도록 그 사람을 육성하라. 긍정적인 피드백을 팀 전체에 주거나, 직속 부하직원 또는 동료에게 주는 것이 중요하다. 심지어 상사에게조차도 긍정적인 피드백을 주어야 한다.

칭찬은 전체적으로 일을 잘했다고 말하는 것일 수도 있고, 특정 목표의 달성을 언급하는 것일 수도 있다. 칭찬할 경우, 판단이 정확하다든지 정직하다든지 성실하다든지 하는 말이 꼭 따라 들어가야 한다. 그렇게 하지 않으면 최악의 경우 입에 발린 칭찬이나 위선적인 말로 들릴 수도 있다. 그런 말은 들어도 별로 유쾌하지 않으며, 동기부여의 효과를 일으키는 데 전혀 도움이 되지 못한다.

5) 모든 사람을 소중한 인격체로 대하기

리더는 자신이 속해 있는 팀 전체와 관계를 맺고 있음과 동시에 팀에 소속된 개개인과도 긴밀한 관계를 유지하고 있어야 한다. 팀원이 몇 명이든 각 개인과 인간관계를 가질 때에는 어느 한 쪽으로도 치우쳐서는 안 된다. 모두에게 똑같은 시간을 투자해야 하며, 각 팀원과의 인간관계 모두를 똑같이 소중히 여겨야 한다. 이 과정에서 여러분은 성격상 각각의 관계들이 매우 다르다는 것을 자연스럽게 알게 될 것이다. 관계라는 것은 두 사람만의 상호작용으로 만들어지는 것이어서 같은 유형의 관계란 있을 수 없기 때문이다. 어떤 개인으로부터 최상의 결과를 이끌어내고 싶다면 무엇보다도 먼저 상대방이 여러분을 그렇게 대하든 않든 상관없이 언제 어디서든 상대방을 하나의 인격체로 대우해야 한다. 사람을 물건으로 취급하거나 어떤 방식으로든 이용하고 조종하려 한다면 결코 바라는 결과를 얻을 수 없다. 그런 이용과 조종은 단기적으로는 효과를 볼 수도 있겠지만 적어도 장기적으로는 결코 동기부여 효과를 기대할 수 없을 뿐만 아니라 여러분 자신의 도덕성도 훼손되고 만다.

이런 이유 때문에 모든 사람에게 한결같이 적용되는 이 원리는 효과적인 동기부여나 리더십의 관점에서 아주 중요하다. 뿐만 아니라, 삶을 살아가는데 있어서도 중요한 행동양식이 된다. 여러분이 사람을 대하는 태도는 결국 여러분이 갖고 있는 인간성에 대한 어떤 전제나 인식 또는 신념에서 나온다. 여러분의 관념 속에 남자나 여자에 대한 기본인식이 잘못되어 있다면 그 그릇됨의 정도에 따라 여러분의 태도도 왜곡되어 나타날 것이다.

2차 대전 당시 처칠(W. Churchill)은 마음을 감동시키는 연설로 영국 국민들을 고무시켰을 뿐 아니라, 끊임없이 동료들을 격려해 한층 더 노력하게 만들었다. 그의 곁에서 일하던 사람이나 그의 행동 반경 안에 있던 사람들은 잠시라도 편할 시간이 없었다.

"인간은 철보다 강하고, 돌보다 단단하며, 장미보다 섬세하다."

이것은 터키의 속담이다. 이 속담은 인간성에 대한 역설을 정확하게 표현해주고 있다. 단단한 겉껍질 속에 종종 실패로 인해 상처받기 쉬운 아주 연약한 감수성이 숨겨져 있는 것이다. 개인이나 팀원의 자부심이 사그라지기 시작하는 이유에는 여러 가지가 있다. 당연히 초기에는 자신이 없을 것이다. 시간이 지나면서 실패가 반복되고, 비판을 받아 좌절하고, 또다시 패배를 경험하면 점점 더 자신감이 약해질지도 모른다. "나는 그 일을 할 수 없어요"라고 말하는 사람에게 여러분은 그것을 할 수 있다고 설득할 수 있다면, 여러분은 지금 그를 고무시키고 있는 것이다. 그것은 여러분의 정신을 그들의 마음속에 불어넣는 차원의 문제가 아니라 기운, 즉 마음속에 잠재되어 있는 저력을 불러일으키는 경우에 더 가깝다.

6) 공정한 보상

우리는 어떤 일을 할 때 언제나 '우리가 주는 것'과 '우리가 받기를 기대하는 것' 사이의 수지타산을 맞추려고 한다. 공정하다거나 공평하다는 뜻은 돌아오는 보답이 기여한 값어치와 같아야 한다는 것을 말한다. 승진이 그 사람의 공로와 관련이 있어야 하는 것과 마찬가지로 성과는 보상과 연관되어야 한다. 사람들 중 90%가 일상적으로 보내는 시간의 90%를 바로 이같은 합리적인 모델, 즉 '기대이론' 모델에 맞춰 소비하고 있다.

여러 직무상황에서 금전적인 보상을 공평하게 해야 한다는 것은 실제로 이행되기보다는 말로만 그치는 것으로 끝나기 쉽다. 하지만 공평한 보상의 원리는 참으로 중요한 문제이므로 이것을 적용하는 방법을 찾아내야 한다. 유스티니아누스는 다음과 같이 말했다.

"정의란?, 당연히 누려야 할 권리와 마땅히 받아야 할 몫을 모든 사람들에게 주고자 하는 변함없고 끊임없는 의지이다."

이와 같은 의도에서 우러나오는 한결같은 마음이 보상배분의 재량권을 지닌 리더에게 있어야 한다. 이 원리를 급료를 지급하는 데 적용할 때는 특히 조심스럽게 해야 한다. 그 이유는 사람들이 공평하지 않다고 여기게 되면 동기부여는 고사하고 사기까지 저하되어 일의 능률이 떨어지기 때문이다.

돈은 인센티브의 핵심이다. 물론 매슬로우의 욕구단계설을 통해 알 수 있듯이 일을 해서 얻을 수 있는 보상은 돈 이외에도 많을 것이다. 자신의 일을 전문적으로 발전시킬 기회가 된다거나 개인적으로 성장할 발판이 된다는 것 등은 유능한 사람에게는 특히 소중하다. 그러나 대부분의 사람들에게 있어서 돈은 전략적인 중요성을 지닌다. 즉, 사람들은 대개 돈을 자신의 능력과 가치를 가늠하는 척도로 여긴다.

7) 상대를 인정하고 인정받기

우리는 모두 자신의 능력을 인정받는 것에 큰 관심을 갖고 있다. 인정받는다는 것은 중요한 위치에 있는 사람으로부터 자신의 능력이나 공로에 대해 칭찬을 받는 것을 의미한다. 일을 열심히 해왔고 어느 정도 인정을 받고 있다고 느끼는 때조차도, 잘하고 있다는 격려와 칭찬을 듣고 싶은 것이 인간의 속성이다. 팀의 리더나 동료들로부터 그런 인정을 받지 못할 경우, 우리는 쉽게 소외감을 느낀다. 자신이 하찮게 여겨지고, 제대로 보상받지 못하고 있다고 생각하게 된다. 게다가 근무의욕마저 떨어지고 열의까지 다 식어버려 의기소침해진다.

그러므로 인정해 줌으로써 사람들을 강하게 동기부여 시킬 수 있다는 사실을 과소평가해서는 안 된다. 인정해 주는 것은 인간정신에 새로운 힘을 불어넣어 주는 활력소와 같은 것이다.

허츠버그는 그의 연구에서 인정받는 것을 직무만족의 한 요인으로 아주 높게 평가하고 있다. 많은 사람들에게 있어 인정받는 일은 더욱더 노력하게 하는 인센티브로서 돈보다 더 큰 가치를 지닌다. 인정해주는 데도 방법이 있다. 누군가를 인정해주고 싶을 때에는 공식적인 자리든 비공식적인 자리든 가리지 말고 인정해 주는 것이 좋다. 그러나 특별한 공로나 그 가치를 인정해 줄 때는 공식적으로 공개석상에서 해야만 한다. 물론 비공식적으로 인정을 해 줄 때에는 다음과 같은 원칙을 고수해야 한다.

상대방을 인정하는 것은 상대방의 이름을 기억하는 것에서부터 시작된다. 팀원의 이름도 정확히 알지 못하면서 어떻게 그들의 성과를 인정하고 칭찬할 수 있겠는가? 그러므로 리더로서 거쳐야 할 첫 관문은 팀원의 이름을 기억하는 일이다. 여러분이 작은 팀의 리더라면 그 일은 그렇게 어렵지 않을 것이며, 여러 팀을 거느리고 작전을 지휘하는 리더라면 좀더 어려워질 것이다. 또한, 전체 조직을 이끌어 나가는 리더라면 모든 사람의 이름을 안다는 것은 거의 불가능한 일이라고 생각될 것이다. 하지만 그런 경우라도 최소한 모든 관리자의 이름은 알고 있어야 한다.

마지막으로 주의해야 할 사항이 있다. 지나치게 칭찬하지 말라는 것이다. 여러분이 칭찬을 해주면 사람들은 대단히 기뻐할 것이다. 만약 그들이 보통 수준을 넘어선 뛰어난 성과를 올려 마땅히 인정받을 만하다면 여러분은 감사의 뜻을 표해야 한다.

그러나 칭찬과 감사의 말도 돈과 같아서 아무 생각 없이 남발하다보면 그 가치가 떨어지게 된다. 관리자들이 하는 말이 효과를 기대한 과장인 경우가 많은 것도, 말을 할 때 세심한 주의를 기울이지 않기 때문이다. 그렇게 부풀려진 말은 줄여서 하는 말보다 더 나쁘며 그 말은 효력을 잃게 된다. 여러분이 말한 찬사가 진정 가치를 지니고 있는가? 칭찬은 아껴라. 그러나 감사는 후하게 하라.

6장

커뮤니케이션의 전략과 기술

Seven Principles of Good Communication

1. Keep it simple
2. Use metaphors and analogy
3. Use many different forums to spread the word
4. Repeat, repeat, repeat
5. Lead by example
6. Explicitly address inconsistencies
7. Listen and be listened to

– John P. Kotter, "Leading Change" –

■ 성공적인 커뮤니케이션의 방법

효율적이고 합리적인 의사소통	항상 그렇다	그렇다	보통 이다	아니다	항상 아니다
1. 대화의 상대와 처음 마주할 때 마음이 편안하다.					
2. 대화의 시작부터 끝까지 차분하게 내 의사를 전달할 수 있다. (상대와 대화하는 동안 긴장하지 않는다.)					
3. 나의 의사를 표현하기 위해 상대의 말을 경청한다.					
4. 대화의 기술을 염두에 두고 독서를 많이 한다.					
5. 상대에게 스스럼없이 자유롭게 의사를 전달한다.					
6. 말을 잘 하려고 연습을 해본다.					
7. 말을 천천히 또렷하게 하려고 노력한다.					
8. 효율적인 의사전달을 위해 비언어적 방법을 사용한다.					
9. 대화의 내용을 체계적으로 정리하고 전달한다.					
10. 한번 내뱉은 말은 주워담지 못한다는 것을 염두에 두고 심사숙고하여 말한다.					
11. 여러 사람(청중) 앞에서 말해 본 경험이 있다.					
12. 청중(많은 사람)들 앞에서 말하려면 긴장이 된다.					
13. 청중들 앞에 말하는 동안 목소리가 떨리지 않고 안정적이다.					
14. 청중들과 교감하며 내 의사전달을 한다.					
15. 상황에 따라 음색과 음의 고저, 장단을 조절한다.					
16. 청중들에게 기쁨을 주면서 의사전달을 한다.					
17. 시각자료를 활용하여 내 말뜻을 전달한다.					
18. 청중들과 눈길을 마주치려고 의식적으로 노력한다.					
19. 청중들의 질문을 예상하고 답변을 연습한다.					
20. 청중들을 상대로 연설로써 선전·선동을 해보았다.					

1. 의사전달의 수단과 전략

합리적이고 효과적인 의사전달은 인간과 사회를 더욱 풍요롭게 만들 것이다. 오히려 불합리한 의사전달로 인한 오해가 인간관계를 어색하게 만들고 혼란과 갈등을 일으키는 사례가 빈번하다. 원만한 의사소통의 중요성은 누구나 인정하면서 정작 어떻게 자신의 생각이나 감정을 효과적으로 타인에게 전달할 것인가 하는 기술적인 문제에 대해서는 별로 관심을 두고 있지 않는 것이 일반적이다. 현대 정보화사회에서 정보를 취득하고 상호 교류하는 과정에서 정확한 커뮤니케이션의 활용은 아무리 강조하여도 지나치지 않을 것이다. 훌륭한 커뮤니케이션의 기술은 한 사람 개인의 문제가 아니라 인간 공동체의 발전과 미래를 보장한다. 그래서 커뮤니케이션의 전략과 기술이 절대 필요하다.

영국의 수상 처칠은 연설을 효과적으로 하기 위하여 육군 장교로 근무하던 24살의 나이에 '웅변의 구조'라는 글을 발표했다고 한다(서성교, 2003). 처칠은 효과적인 커뮤니케이션을 구성하는 4가지 원칙을 제시하고 평생 다음 4가지 원칙을 고수하여 웅변과 선동가로서의 기질을 발휘하였다.

첫째는 정확한 어휘를 사용할 것으로 단어의 어미를 정확히 느낄 수 있어야 언어에 대하여 정확하게 알 수 있다는 것이다. 최상의 가능한 단어를 지속적으로 사용하는 것보다 웅변에서 더 중요한 것은 없다. 처칠은 다음절의 긴 단어보다 짧은 단어를 선호했다.

둘째는 리듬을 가질 것을 강조하였다. 사람에게는 일정한 운율이 있는 소리가 인간두뇌에 영향력이 큰 것으로 알려져 있듯이 산문보다는 운문의 높낮이가 독특한 균형을 창조한다는 것이다.

셋째는 논리전개를 잘 정렬하여야 한다는 것이다. 처칠의 거의 모든 연설은 잘 조직되어 있다. 일련의 사실들이 하나의 논리로 잘 정리되어 있다고 한다. 그래서 끝까지 읽기도 전에 글의 목적이 분명히 드러날 수 있다. 넷째는 적절한 비유를 사용할 줄 알아야 한다. 비유는 모든 청중들이 쉽게 받아들일 수 있고, 일상적인 기준에 의해 문제를 잘 해결할 수 있다. 적절하고 생생한 비유를 사용하면 말하고자 하는 진실을 간단하게 잘 전할 수 있다. 통찰력은 길게 설명할 필요가 없다. 일상의 대화에서도 이 정도의 커뮤니케이션의 전략은 필수적으로 있어야 한다.

그런데 현대 정보화사회에서는 커뮤니케이션의 도구가 자연적인 것보다 인공적인 것, 즉 커뮤니케이션의 기술이 너무나 발전하였다. 사회가 복잡하고 다원화되면서 의사전달의 수단으로써 과거와 같은 언어사용에 의한 단순한 의사전달이 아니라, 나의 의사를 보여주고 확인시켜 줄 수 있는 프레젠테이션 기술이 나타나 대화기법에서도 패러다임의 변화를 보여주고 있다. 예컨대, 학교교육이 단순한 언어사용에 의한 것보다 정보화 기기에 의한 교육전달매체의 발전으로 인하여 학교교육의 질을 바꾸어 놓고 있다. 즉, 조직사회의 구성원들이나 이해관계자들 사이에서 우리는 여러 가지 사안에 대해서 정보를 전달해야 할 경우가 많다. 정보화의 도구인 컴퓨터 등과 같은 다양한 도구를 이용하여 발표를 할 경우가 많은데, 이때 보다 정확한 정보전달을 효과적으로 하기 위해서는 나름대로의 기술이 필요하다.

예를 들면, 훌륭한 프레젠터가 되기 위한 프레젠테이션 성공의 10가지 철칙이 있다(감동의 20분 마법의 프레젠테이션 기술: 도다 사토루 지음, 박종태 옮김).

① 20분 안에 끝낸다.
② 내용을 절제하고 도입부와 종결부에 인상적인 효과를 연출한다.
③ 상대에 따라 타이밍이 다르게 결론을 제시한다.
④ 슬라이드 한 장은 3개의 요소 이내로 구성한다.
⑤ 모양은 좋아도 사용을 자제해야 할 서식을 숙지한다.
⑥ 설득력있는 그래프 작성의 달인이 되어야 한다.
⑦ 색이 지니는 의미를 숙지하고 대상에 따라 구분하여 사용한다.
⑧ 가독성을 고려하여 28포인트 이하의 문자는 되도록 사용을 자제한다.
⑨ 사람은 1초에 4문자를 읽을 수 있음에 유의하여 한 행에 12~5문자를 배치한다.
⑩ 소리를 내서 연습하는 것이 최상의 프레젠트의 지름길이다.

얼마나, 어떤 수단으로 내가 가진 의사를 100% 전달할 수 있느냐가 일의 성패를 좌우한다고 할 것이다. 제 4장에서 살펴본 바와 같이 미국의 대통령 버락 오바마가 대통령선거에서 당선될 당시 사람들로부터 '사람의 마음을 얻는 말'로 대중의 관심을 사로잡았다는 것을 명심하여야 한다.

2. 성공적인 자기표현력 향상을 위한 전략들

1) 상대를 충분히 파악하기

상대방을 잘 아는 것은 효과적인 발표를 위한 첫걸음이 된다. 상대방을 알고서 상대의 취향과 상대가 좋아하는 방향으로는 프레젠테이션을 준비할 수 있다. 무엇보다도 상대에게 알맞은 내용과 형식을 전달할 수 있어 상대로 하여금 들을 만한 가치를 보장해 줄 수 있다.

상대방을 알면 프레젠테이션의 줄기를 세울 수 있으며, 준비와 연습을 간단하게 할 수 있으며, 어울리는 준비물을 마련할 수 있다. 그리고 좀 더 안심하여 긴장을 줄일 수 있다. 상대방에 대한 파악은 발표를 준비하고 행하는 데 있어 가장 중요한 정보의 하나이다. 그렇다면 상대방에 대한 정보를 어떻게 얻을 것인가?

다음 10문항의 체크리스트를 이용하면 발표 전에 상대방에 대해 필요한 정보는 거의 얻을 수 있을 것이다. 각자의 상황에 따라 한두 문항을 추가해도 좋을 것이다.

[체크리스트] – 의사전달의 상대정보 파악

1. 나는 왜 그들에게 발표하는가? ____________
2. 그들은 왜 듣는가? ____________
3. 그들의 태도와 자세는 어떨 것 같은가? ____________
4. 그들과 어떤 관계인가? ____________
5. 그들은 각각 어떤 사이인가? ____________
6. 그들은 주제에 관해 얼마나 알고 있는가? ____________
7. 그들은 무엇을 알고 싶어하는가? ____________
8. 그들은 이 정보를 어떻게 이용하려 하는가? ____________
9. 발표 전후에 그들은 무엇을 하는가? ____________
10. 발표환경은 어떠한가? ____________

여러분의 발표를 위하여 청중에 대한 체크리스트를 활용하자. 어떻게 달라지는가? 분명히 특정 집단의 청중에게는 다른 스타일, 다른 분위기, 다른 방식의 발표를 할 수 있을 것이다.

2) 의사전달할 내용의 목적 세우기

의사전달을 하기에 앞서 의사전달의 목적이 무엇인지 결정해야 한다. 의사전달에는 일반적으로 설득, 정보제공, 동기유발, 접대, 감화의 5가지 목적이 있다. 이 중 설득, 정보제공, 동기유발은 흔히 볼 수 있는 의사전달의 목적이다. 때로는 한 가지 이상의 목적을 가지는 경우도 있다. 설득, 정보제공, 동기유발에 구사되는 다양한 기법은 접대나 감화를 목적으로 하는 의사전달에도 도움이 되기 때문에 앞의 세 가지 측면에 대해 간단히 살펴보면 다음과 같다.

설득용 의사전달은 상대를 사로잡아 특정 관점을 받아들이도록 하기 위한 것이다. 어떤 경우 상대의 태도와 행동을 완전히 바꾸고자 하는 경우도 있을 것이다. 아니면 그들의 사고에 약간의 영향을 주는 데 목적이 있을 수도 있다. 정보제공용 프레젠테이션은 상대에게 객관적인 자세로 정보를 제공하기 위함이다. 정확히 정보를 제공하여 상대로 하여금 적절하게 이용토록 하려는 것이다. 동기유발의 의사전달은 상대를 움직여 특정 행동을 행하도록 하기 위함이다. 이 경우는 종종 감화의 프레젠테이션과 혼동을 일으키기 쉬우나, 후자는 단지 상대에게 주제에 대한 사고와 느낌에 영감을 주기 위함이다.

여기서는 설득, 정보제공을 위한 프레젠테이션에 도움이 되는 기법을 소개한다. 각각을 선택하기 전에 각자의 상황에 가장 어울리는 것이 무엇인지 먼저 고려해야 할 것이다.

설득의 방법에는 에토스를 통한 설득, 파토스를 통한 설득, 로고스를 통한 설득 등이 있다.

3) 체계적으로 구성하기

커뮤니케이션에서 중요한 정보제공 혹은 설득용 프레젠테이션을 준비하더라도 앞뒤가 통하는 짜임새가 있어야 한다. 대화의 상대와 청중은 아주 체계적인 대화와 발표를 원한다. 화자 스스로가 조직적이어야 하고 체계적이어야 함은 물론이다. 자신에게 최고로 좋은 구성형태는 무엇이고, 청중에게 최고로 좋은 구성형태는 어떤 것인지 이해해야 한다.

효율적인 프레젠테이션을 위한 체계적이고 쉽게 검증된 네 가지 기법이 있다. 이 중 두 가지 기법은 '귀납법'과 '연역법'으로 널리 알려져 있는 것이다. 세 번째 구성 기법이 '4단계씩 체계'이다. 이는 귀납법 및 연역법과 함께 구사될 수 있다. 네 번째는 번호를 매기는 방식이다. 이것은 대화의 상대자나 청중 모두에게 주제를 구성하는 간단한 방법이다.

기법 1 : 귀납적 구성

귀납적 구성에서는 특수에서 보편으로 끌어가는 일련의 흐름에 사고 · 주장 · 증거들을 배치한다. 발표자는 일반적인 결론으로 끌어가기 위해 관련된 특정사례들을 제시한다. 그 방식과 사례로서 귀납적으로 구성해본 프레젠테이션의 개요는 설득할 때와 대화의 특성상 기술적일 때 그리고 잘 모르는 청중일 때에 사용한다.

기법 2 : 연역적 구성

연역적 구성에서는 먼저 일반적인 결론을 제시하고 특수한 사례, 관점, 결과로 이를 뒷받침한다. 간단히 정리하면 이런 방식이다.

(X) 일반적인 결론 (x) 사례 1 (x) 사례 2 (x) 사례 3

다음은 연역적으로 구성해 본 프레젠테이션의 개요이다.

(X) 항공여행은 재미가 없다. (x) 대부분의 좌석은 지나치게 좁다.

(x) 비행기는 자주 덜컹거리고 불편하다. (x) 운송 도중에 화물을 잃어버리는 경우도 많다.

일반적인 결론에서 특정한 관점으로 움직여 가는 개요에 주목하라. 연역적 구성이 잘 되는 프레젠테이션은 짧은 시간밖에 없을 때와 특성상 감성적일 때이다.

기법 3 : 4단계 체계

4단계 체계는 간단하고 효과적인 개요 작성법이다.

[1단계] 말할 내용을 미리 이야기한다. 이 첫 단계에는 자신이 다룰 내용, 시간제한, 시각자료, 질문할 방식 등에 대한 정보가 포함된다.

[2단계] 들어야 할 이유를 말한다. 어떤 점이 유익한가? 무슨 도움이 되는가? 들으면 지식에 도움이 되고, 업무가 쉬워지고, 스트레스를 줄일 수 있지 않겠는가? 2단계에서는 청중의 유형에 따라 개별화시킬 필요가 있다.

[3단계] 여러분의 의도를 말한다. 3단계는 발표의 몸통에 해당한다. 사실, 논박, 증거, 세부사항 등이 제시된다. 여기에서 자신의 주장을 세우고 날개를 펼친다.

[4단계] 자신이 말한 바를 정리한다. 4단계는 두 부분으로 나누어 되돌아본다. 먼저 가장 중요한 점을 상기시킨다. 가장 중요한 부분만을 강조한다. 무엇을 할 것인지 제시하면서 결론을 내린다. 발표의 결론에 기초한 행동계획을 세우도록 제안한다.

기법 4 : 번호 매기기

발표할 주제에 번호를 매겨 정리하는 방법이다. 번호 매기기는 4단계 체계와 함께 할 수 있다. 4단계 체계의 첫 단계에서 다룰 주제에 이름을 붙이거나 번호를 매기며 도입될 수 있다. 예를 들면, “오늘 다룰 주제는 이렇습니다. 첫째 인원, 둘째 일정, 셋째 예산입니다.”

4단계 중 3단계에서 발표자는 발표가 진행됨에 따라 각각의 주제에 대한 번호를 상기시키는 식으로 내용을 정리할 수 있다. 예를 들면, “이제 두 번째 논지인 일정의 중요성에 대해 말씀드리겠습니다.”

4) 또렷하게 말하기

우리가 내용이 흥미로워 귀 기울이고 앉아있는데 발표자의 발음이 엉망이어서 알아들을 수 없었던 적은 없는가? 또렷하게 말하는 것이 상대에게는 강한 인상을 남긴다. 또렷한 말은 악센트의 문제가 아니다. 지방 사투리라도 듣기 좋고 따뜻하며 재미도 있다. 과거 황수관 박사의 경상도 사투리나 탤런트 김성환의 전라도 사투리는 시청자에게 구수한 맛과 함께 고향의 느낌을 전해 준다. 누구나 어느 정도의 악센트는 있다. 어디 특별히 멀리 있는 곳에서 온 것 같지 않는 TV 출연자들도 그럴 때가 있다. 또렷한 말은 그 의미를 정확하게 전달하는 데 중요하다. 여기서는 또렷하게 말하는 기법 세 가지에 대해 알아보겠다.

기법 1 : 발음속도

발음속도란 1분간 몇 단어를 말하는지를 가리킨다. 1분간 너무 많은 말을 하여도, 또는 너무 적게 말하여도 청중에게 고통을 줄 수 있다. 또 발음속도가 너무 변하지 않고 단조로워도 상대를 지겹게 한다.

말을 잘하는 사람은 목적에 따라 내용 · 청중 · 자기 스타일에 따라 말하는 속도를 변화시킨다. 발표자는 각기 상황에 따라 속도를 신중하게 조절해야 한다.

기법 2 : 완급조절

말의 완급조절은 발표자가 다른 주제, 혹은 같은 주제 안에서 다른 이야기로 넘어갈 때의 시간을 뜻한다. 가장 효과적인 완급조절 속도는 정해진 것이 아니다. 그것은 발표자와 청중이 주제에 대하여 얼마나 흥미와 지식을 가지고 있는지 천차만별이기 때문이다. 따라서 발표자는 상황을 정확히 판단하여 완급을 조절할 필요가 있다.

기법 3 : 어조

어조란 단어에 의미를 부여하기 위하여 강조를 하는 것이다. 단조로운 발표를 막으려면 다양한 어조를 구사해야 한다. 어떤 경우 발표자의 목소리가 단조롭다는 말을 한다. 사람의 목소리란 사실 한 가지 톤의 소리만 내는 것이 아니다. 만약, 한 가지 패턴의 소리만 들렸다면 사실은 말을 하는 데 있어 몇 가지 요소를 변화시키지 않았다는 뜻이다. 변화가 없으면 이야기가 지루해지게 된다. 어조에 변화가 없으면 졸리기 마련이다. 어조를 효과적으로 구사하면 이를 막을 수 있다.

여러분도 발표를 좀 더 재미있게 하기 위하여 어조를 조절할 필요가 있다. 그렇지만 청중에게 혼동을 불러일으키지 않도록 주의해야 한다. 확신이나 강조의 뜻을 담을 땐 하향어조로 해야 하지만, 의문이나 불확실의 뜻을 지닐 때는 상향어조로 말하여야 한다.

5) 떨지 않고 긴장이완하기

"그게 정상이야", "마음만 그런거야", "걱정마라" 등은 남 앞에서 말하는 걸 떨지 말라며 해주는 사람들의 일반적인 조언이다. 그렇게 신경을 써줘서 고맙기는 하지만 도움은 별로 안 된다.

정상? 신경과민은 일반적이거나 정상적인 것도 아니다. 매일 살아가는 동안 땀을 뻘뻘 흘리며 걷거나, 무릎에 힘이 없고 목소리가 떨리거나, 목소리가 갈라지고 소화불량이 되는 것은 정상이 아니다. 대중 앞에서 말해야 한다는 것이 걱정이 되어 비정상적이 된 것이다. 실제로 부정적인 생각을 하고 있기 때문에 일어나는 현상이다.

마음만 그런것이 아니다. 대중 앞에서 말하는 데 대한 두려움은 심리적 · 생리적 증상이 동반된 매우 구체적인 실제상황이다.

걱정마라! 사실 가장 좋은 충고일 수 있다. 걱정만 한다고 해서 해결될 수 있는 것은 아무 것도 없다. 걱정하지 말고 걱정에 대해 뭔가 조치를 하도록 하자.

두려움을 없애는 세 가지 방법을 살펴보면,

기법 1 : 두려움의 원인 파악

대부분의 발표자들은 두려움과 신경과민으로 떨면서 다음과 같은 느낌을 갖는다. "사람들 앞에 설 때만 해도 아무 문제가 없었다. 그런데 지금은 무릎이 떨리기 시작한다."

"이 사람들이 모두 나를 쳐다보고 있다는 생각을 하자 가슴이 두근거리기 시작하였다."

"시청각 도구를 이용해 설명할 때 손이 떨릴 것 같다."

다른 사람 앞에서 발표를 해 본 경험이 있다면 앞의 예가 낯설지 않을 것이다. 이것이 걱정에 대한 전형적인 ABC패턴이다.

기법 2 : 두려움의 제거

– 방법 1 : 횡경막 호흡(복식호흡)

사람들은 다음과 같은 세 가지 방식으로 숨을 쉰다.

- 쇄골: 달리기나 운동을 할 때의 거친 호흡
- 횡경막: 몸이 편안한 상태에 있을 때의 자연스러운 호흡. 횡경막은 허리띠 위의 몸 중간에 위치해 있으며, 숨을 들이킬 때는 밖으로 움직이고 내쉴 때는 안으로 움직인다.
- 윗가슴: 몸을 흔들거나 들거나 던지는 것 같은 상부신체의 활동을 할 때의 얕은 호흡. 숨을 들이쉴 때 흉곽이 들어 올려져 확장된다.

횡경막 호흡(복식호흡)이 말하는 데 적당하다. 윗가슴 호흡(흉식호흡)은 가슴에 압력을 가해 편안하게 말할 수 없도록 한다. 효과적으로 말할려면 횡경막 호흡을 해야 한다.

복식호흡 연습

1. 가능하면 거울 앞에 서서 스스로 관찰한다.
2. 횡경막에 손가락을 살며시 얹어 놓는다. 숨을 쉬면서 움직임을 느껴본다.
3. 코나 입으로 숨을 천천히 들이쉰다. 횡경막이 밀고 나오는 것을 느낀다. 어깨나 가슴이 움직여서는 안 된다.
4. 들이쉬는 호흡을 3초 동안 지속한다.
5. 숨을 내쉬면서 "1×1, 2×2, 3×3…" 식으로 20까지 이르도록 센다.
6. 숨이 부족하면 멈춘다.
7. 한 호흡에 20까지 세지 못했으면 10번 반복한다. 편안하게 20까지 내쉴 때까지 하루에 3번씩 연습한다.

– 방법 2 : 10초 간의 긴장이완

발표를 시작하려는데 횡경막 호흡이 잘 이루어지지 않으면, 다음과 같은 과민증후를 다스리는 간단한 방법을 사용한다.

10초간의 긴장이완 연습
1. 턱을 가슴에 향하도록 하여 호흡함에 따라 몸 중간부분이 들어가고 나오는 것을 지켜본다.
2. 양손의 엄지와 집게손가락을 서로 꽉 누른다.
3. 동시에 숨을 깊게 들이쉬면서 조용히 확신한다. "내 마음은 내가 조절할 수 있다."
4. 손가락의 압력을 풀면서 천천히 숨을 내쉬면서 속삭인다. "이제 편안하고 준비가 되었다."
5. 프레젠테이션을 훌륭히 해내고 있는 자신을 생각하며 3번 반복한다.

6) 말을 골라 쓰기

프레젠테이션을 효과적으로 진행하려면 생각을 전하는 데 단어를 세심하게 선택해야 한다. 비즈니스 프레젠테이션에서 쓰는 언어는 특별히 주의해야 한다. 문법이 틀리거나 어휘가 부족하거나 문장구성이 헷갈리면 청중을 잘못 이끌 수 있기 때문이다.

생각을 전하는 데 특별하고 유일한 길은 없다. 정확한 말보다는 효과적인 말을 생각하라. 이런 방식의 접근은 상당한 책임감을 동반한다. 따라서 자기 마음대로 말해서는 안 된다. 시민의식, 정중함, 에티켓의 일반원칙이 적용되어야 한다.

효과적인 말을 선택하는 6가지 기법이 있다.

- Be Clear(분명하게 하라).
- Be Colorful(다채롭게 하라).
- Be Concrete(구체적으로 말하라).
- Be Concise(간단하게 하라).
- Be Consistent(일관성을 유지하라).
- Be Correct(올바르게 말하라).

기법 1 : 분명하게 하라

말은 분명해야 하며 익숙한 일상 언어를 사용한다. 간단한 단문을 구사하라. 어렵고 복잡한 주제를 전달하는 데에는 직설법이 가장 좋다. 비전문가에게 기술적인 정보를 말할 때에는 단순하고 익숙한 말이 무엇보다 중요하다. 자신에게는 상식인 말일지라도 청중들은 모르는 말일 수 있다. 비어나 은어, 기술용어는 가급적 피하도록 한다.

기법 2 : 다채롭게 하라

다채롭게 한다는 것은 강한 인상을 주거나 뜻을 강화하는 단어를 사용한다는 뜻이다. 이를 '수식어'라고 부른다. 이런 말을 통해 평범하고, 직설적이며, 흑백인 정보를 다채롭고 기억하기 쉬운 메시지로 바꿀 수 있는 것이다. 이는 대화식의 발표로도 가능하다. 청중은 여러분의 발표를 즐기면서 의미를 파악할 수 있을 것이다.

기법 3 : 구체적으로 말하라

여기서 '구체적'이란 말은 자신의 뜻을 직접 표현해 주는 특별한 말이란 뜻이다. 즉, 모호하거나 불확실한 말은 피해야 한다. 이런 말은 오해나 실수를 초래할 수 있으며, 못 알아들을 수도 있다. 구체적이어야 하고, 꼭 집어 말해야 한다.

기법 4 : 간단하게 하라

루스벨트(F. Roosevelt)는 이렇게 말했다. "훌륭한 연설가는 연설이 짧아야 한다. …반짝여야 한다."

발표자들은 흔히 연설문을 읽는 실수를 한다. 쓰인 글과 읽는 글은 달라야 한다. 글은 아무리 길고 복잡하더라도 다시 읽으면 뜻을 알 수 있다. 그렇지만 이를 말로 하면 무슨 뜻인지 알 수 없다.

기법 5 : 일관성을 유지하라

한 가지 생각, 제품 통계 등을 반복적으로 언급할 때는 발표 전반에 걸쳐 같은 말로 하라는 뜻이다. 발표를 하는 도중에 제품명이나 용어를 혼용해서는 안 된다.

흔히들 발표를 하는 도중 용어를 혼용하는 실수를 많이 한다. 청중들로서는 용어만 바뀌었다는 것을 모르고 다른 것과 혼동을 일으키기 쉽다. 시청각자료를 사용하는 데 있어서도 일관성은 중요하다. 발표자의 말과 쓰인 말이 일치해야 한다.

기법 6 : 바르게 말하라

속어나 저속한 말은 프레젠테이션을 할 때 피해야 한다. 어떤 사람들은 업무 중 속어나 비어를 사용하는 잘못을 저지르기도 하지만, 프레젠테이션에서 흔히 들을 수 있는 실수는 간단한 문법을 틀리는 것이다.

7) 말 이외의 비언어적 행동을 적절히 구사하기

발표자에 대하여 청중이 가장 먼저 갖는 인상은 비언어적인 것이다. 그들은 연사가 어떻게 입었는지, 어떻게 걸어가는지, 제스처가 얼마나 자연스럽고 효과적인지 눈여겨본다. 그들은 심지어 어떤 눈으로 보는지도 살핀다.

프레젠테이션은 말로만 하는 것이 아니다. 말로 전하지 않는 정보도 상당히 많이 교감된다. 여러분의 메시지는 청각과 동시에 시각 채널로도 전달되는 것이다. 훌륭한 발표자가 되려면 두 채널을 동시에 관리할 수 있어야 한다. 시각 채널을 관리하는 기술은 완벽하게 자연스러운 것처럼 보여야 한다. 비언어적 행동을 통제하는 데는 두 가지 황금률이 있다.

- 자연스럽게 행동하라: 자연스러워야 한다. 부자연스럽거나 어색한 행동을 하지 말라.
- 제스처 자체가 지나치게 주의를 끌지 않도록 하라: 지나친 제스처를 쓰면 청중의 관심은 여러분이 하는 이야기에서 벗어나 제스처 자체에 관심을 빼기게 된다.

비언어적 행동에는 옷의 매무새 복장, 얼굴 표정, 눈길, 몸짓, 손짓과 발짓 이외에 언행에 영향을 주는 요소들, 즉 발표장 크기 · 기온 · 좌석 배치 · 조명 · 음향 시설 · 청중의 구성 · 다른 발표자 · 발표의 이유 등이 있다.

8) 시청각자료를 최대한 활용하기

시청각자료는 유인물, 슬라이드, 영사기, 비디오, 차트, 빔 프로젝터 등 발표자가 내용을 설명하거나 강조하는 데 사용하는 모든 것을 가리킨다. 설명과 강조가 시각자료를 사용하는 두 가지 주요 이유이다.

흔히 웹2.0의 특성을 최대한 활용한 동영상 자료를 활용한다. 요즈음 시청각자료가 동원되지 않는 발표는 거의 없다고 해도 과언이 아니다. 기술이 발전함에 따라 시각자료의 효용성과 다양성도 증대되었고 또 제작비용도 줄어들고 있다. 발표자나 청중이나 시각자료에 익숙해 있다. 단 한 가지 명심해야 할 것이 있다. 시각자료가 설명보다 주의를 끌 정도로 현란해서는 안 된다. 시각자료는 보조하는데 그쳐야 한다. 시청각자료를 이용하기 위해서는 동시성이 보장이 되고 시청각자료를 보여주기 전에 미리 소개한다. 시각자료의 목적 및 복잡성을 감안하되 가능한 한 몇 마디, 길어도 몇 문장 이내로 줄여 소개한다. 소개의 목적은 청중의 관심을 미리 자료에 집중시키기 위함이다. 만약, 시각자료에 대한 소개를 하지 않으면 청중은 연사가 말을 하는 동안 시각자료를 훑어보고 검토 · 분석하지 않을 수 없다. 이런 분위기는 발표자와 청중 간의 동시성을 훼손한다. 그리고 실제 전하고자 하는 것 이상의 정보, 세세한 부분이 담긴 복잡한 자료를 사용하지 않으면 안 되는 경우가 있다. 예를 들면, 말하려는 내용 이상의 복잡한 지도, 방정식, 청사진, 명세서, 사진 등이 그렇다. 여러분이 여기에서 보이고 싶은 것은 한 가지 사실 또는 특정 부분이다. 자료 자체를 단순화할 수 없다면 '구성'의 기술을 발휘할 필요가 있다. 구성을 통해 보여주고 싶은 곳만 부각시키는 것이다. 말을 하면서 기기를 조작한다. 시청각자료를 이용할 경우 말을 하면서 차트를 넘긴다든지, 슬라이드나 비디오를 조작하거나 들고 움직여야 하는 경우가 있다. 청중들은 준비가 잘되고 말과 행동이 자연스런 사람을 좋아한다. 자료를 넘기면서도 말이 끊기지 않는 것을 좋아하는 것이다. 발표자가 자료를 조작하기 위하여 멈추거나 속도를 늦추면 발표의 호흡이 끊긴다. 정보와 메시지를 부드럽게 전달하려면 시각자료를 다루는 기술도 연습하지 않으면 안

된다. 따라서 중요한 발표의 경우 사전 리허설이 필요하다.

9) 질문에 대응하기

"질문 있습니까?" 어떤 발표자는 질문자를 좋아하기도 하지만 싫어하는 사람도 있다. 좋아하든 싫어하든 그들을 상대하지 않으면 안 된다. 청중은 질문을 좋아한다. 따라서 발표자는 질문에 어떻게 대처하는 것이 최선인지 알고 있어야 한다.

질문에는 크게 세 종류가 있다. 우선 몰라서 하는 질문이다. 내용이나 언어가 명확하지 못하여 모르는 것을 질문하는 경우가 많다. 다음은 아는 내용을 더욱 확실히 해두기 위하여 확인 차 질문을 한다. 마지막으로 질문 중에는 알지만 화자에게 반박이나, 다른 의도로 질문을 하는 경우가 있다. 질문에는 효과적으로 대응하기 위해 우선 질문을 권장한다. 대부분의 청중은 질문을 쑥스러워 한다. 여러 사람 앞에서 말하는 것을 부끄러워 하는 사람도 있고 멍청하게 보일까봐 겁내는 사람도 있다. 질문할 주제를 모르거나 어떻게 물어야 할지 확신이 서지 않는 경우도 있다. 반면 여러분은 언제나 그렇지 않은 사람과 부딪히게 마련이다. 어떤 사람은 닥치는 대로 아무 것이나 묻기도 한다.

먼저 청중에게 질문을 환영하며 어쩌면 질문을 요청할 수도 있다고 말해 두어야 한다. 그리고 몇 번에 걸쳐 질문을 환영함을 말해 둔다. 이런 식으로 말을 할 수 있다.

- 발표 도중에 언제든지 질문을 해 주셔도 좋습니다.
- 언제든지 의문 나시면 물어 주시기 바랍니다.
- 앞에서 말씀드렸지만, 질문을 환영하오니 부담 갖지 마시고 질문을 던져 주시기 바랍니다.

또한 질문에 귀를 기울여야 한다. 왜 청중은 질문을 하는가? 그 이유는 다음 중 하나일 것이다. 그 이유가 명백한 때도 있지만 감춰진 경우도 있다. 그렇지만 발표자는 질문자마다 감춰진 의도가 있을 것으로 단정해서는 안 된다. 질문을 액면대로 받아들이고 가능한 한 즉시 답해야 한다. 질문을 듣는 데는 몇 가지 방법이 있다. 들을 준비를 갖추고 주의를 기울이고 다음 발표내용이 무엇인지 따위를 생각하지 않는다. 노트나 시각자료를 쳐다보지 말라. 질문자의 눈을 쳐다보고 주의를 기울인다.

질문에 대한 답변은 언제가 적당한 시간인가? 질문을 받았을 때 바로 답변하는 것이 바람직할 것이다. 반면 이것은 프레젠테이션의 흐름을 끊을 수도 있다. 프레젠테이션을 시작하기 전에, 발표 도중에 질문을 받을 것인지 또는 끝난 후에 받을 것인지 정해 두어야 한다.

질문을 받을 경우 그 질문을 제대로 듣지 못한 청중을 위하여 질문 요지를 되풀이하여 쉽게 설명하는 것이 유익할 수 있다. 이 과정에서 답변을 생각할 여유도 조금 생긴다. 질문이 부적당하고 주제에서 벗어나거나 오해에서 비롯된 것일 경우 질문자에게 질문요지를 다시 말해 주도록 하거나 발표주제와 어떻게 관련되는지 설명해 주도록 부탁한다. 이때 방어적으로 보여서는 안 된다.

질문자에게는 여러분이 발표에서 보였던 것과 마찬가지로 존경과 인내, 이해심을 보여주라. 거기에 덧붙여서 질문에 대한 감사의 말을 잊어서는 안 된다. 여러분이 감사하는 말은 다른 사람이 질문을 던지는 데 대한 부담감을 덜어 줄 것이다.

10) 멋진 끝마무리

마지막으로 여러분의 프레젠테이션 준비를 훌륭하게 마무리하는 데는 청중들로 하여금 건강미가 넘쳐 말을 시원스럽게 할 때 신뢰감을 줄 수 있다. 또한 복장은 언어 이외에 가장 청중의 시선을 많이 끌 수 있는 요소임을 항상 명심하여야 한다.

3. 토의와 토론

인간은 문제해결을 위해 대화를 필요로 한다. 자신의 주장과 설득을 위해 여러 방법을 동원한다거나 문제해결을 위한 과정에서의 토의 토론은 필수 불가결하다. 기업이나 봉사단체, 전문가 모임, 국제기구 등 수많은 조직체에서 정보를 수집하고, 문제를 토의하고, 의사결정에 도달하기 위해 많은 시간을 투자하고 있다. 그뿐 아니라 대학의 소규모 동아리, 친목단체 등에 있어서도 마찬가지이다. 이렇듯 소집단에서 국제기구에 이르기까지 광범위하게 사용되는 토의에는 다음과 같은 몇 가지 특징이 있다.

1) 토의의 기본형태

토의의 형태는 여러 가지가 있지만 일반적으로 개인 대 개인 간에 이루어지는 사적 토의와 청중을 대상으로 하는 공적 토의로 나눌 수 있다. 또한 원탁토의처럼 대화에 가까운 비형식적인 것이 있는가 하면, 심포지엄의 경우처럼 대중연설의 요소를 지닌 형식적인 것도 있다. 다음에서는 토의의 일반적인 형태를 간략하게 살펴보겠다.

(1) 대담

대담(Dialogue)은 두 사람의 대화를 통해 이루어지는 토의형태이다. 대담을 진행하는 데에는 사회자가 있을 경우도 있으며 없을 경우도 있다. 대담자는 청중을 바라보며 토의를 진행하는데 서로에게 질문을 던지며 자신의 생각을 간략하게 진술한다. 대담을 할 때에는 가능한 한 빨리 중요한 이슈를 강조하는 것이 좋으며, 끝나기 전에 토의의 결론을 보여주어야 한다.

(2) 원탁토의

원탁토의(Round table discussion)는 TV에서 자주 볼 수 있는 토의형태이다. 원탁토의는 그 명칭이 의미하는 바처럼 보통 3~8명이 둥근 탁자에 둘러앉거나, 의자에 원형을 그리고 앉아서 서로 관심있는 화제를 형식에 얽매이지 않고 토의한다.

이때 사회자는 개회와 폐회를 선언하고, 대담자들의 발표시간을 적절히 안배하며, 토의내용이 주제에서 너무 벗어나지 않도록 잘 중재해야 한다. 이러한 원탁토의에는 청중이 참여하지 않는 것이 보통이다.

(3) 패널토의

패널토의(Panel discussion)는 비형식적인 토의로 원탁토의와 유사하나 청중 앞에서 행해진다는 차이점이 있다. 그리고 때때로 주제와 특별히 관련되는 사항에 대해 청중으로부터 질문을 받기도 한다. 패널토의자의 수는 문제의 복잡성이나 전문성 및 이론적 유용성에 따라서 달라질 수 있는데, 대개 4명 정도가 참여하는 것이 보통이다.

토의자들은 개별적인 발표를 거치지 않고 바로 대화를 나눈다. 토의자들은 서로에게 질문을 던지고 의사를 표현함으로써 생동감있는 토의를 진행시키며, 주제에 관한 각자의 관점을 잘 표현할 수 있다. 이러한 패널토의는 전문적인 지식이 부족한 청중에게 특정의 문제를 이행시키고자 할 때 유용하다.

(4) 심포지엄

심포지엄(Symposium)은 토의주제의 다양한 측면을 미리 정해진 발표 순서에 따라 몇몇의 전문가들이 짧게 발표를 함으로써 이루어지는 토의 형태이다. 그 목적은 서로 다르고 상반되는 관점을 듣는 이에게 직접적으로 들려줌으로써 이해를 증가시키는 데 있다.

각 발표자는 주제 전반에 걸쳐 발표할 수도 있으며, 그 주제의 역사성이나 원인 또는 해결책 등과 같이 특별한 국면에 대해서만 말할 수도 있다. 또한 발표자는 모든 발표가 끝난 후 청중과 질의응답의 시간을 갖는다.

사회자는 토의의 목적에 대해서 말하며, 주제의 성격을 설명하고 발표자를 소개한다. 또 여러 발표자의 발언을 요약해주며, 토의가 과열됐을 때는 적절하게 중재해야 한다.

(5) 포럼

포럼(Forum)에 있어서 각 연사는 준비된 간략한 연설을 하지만 심포지엄처럼 항상 찬반양론으로 갈라져 발표하는 것은 아니다. 발표 후 패널토의에서처럼 주제에 대해 격의 없이 토의를 하는데, 발표자들끼리 또는 발표자와 청중들 간의 질의응답이 이어진다.

포럼의 성공 여부는 발표자가 서로에게 얼마만큼 자극을 줄 수 있느냐, 청중의 신념에 얼마만큼 접근할 수 있느냐에 달려있다. 그리고 토의자들은 다소 논쟁적으로 이슈를 다루어야 하며, 그들의 자연스러운 표현이 청중으로부터 질문을 끌어낼 수 있어야 한다. 때때로 포럼은 패널, 심포지엄 및 다른 토의 형태와 더불어 사용되며, 강의 및 토론에서도 이 방법을 채용하기도 한다.

2) 토의와 토론

토의(Discussion)와 토론(Debate)은 어떻게 다를까?

대체로 토의와 토론이 주장과 설득의 여러 방법을 동원한다는 점이나 문제해결을 위한 과정이라는 점에서는 일치점을 찾을 수가 있다. 그러나 토의가 문제해결방안을 위해 집단 구성원 간의 협력에 강조점을 두는 반면, 토론은 제기된 해결방안의 수용이나 거부를 얻어내기 위하여 집단 구성원들 사이의 경쟁에 강조점을 둔다는 점이 다르다.

토론이란 어떤 단언, 전제, 또는 문제해결책 등에 대하여 찬부 두 갈래로 주장하는 것을 말한다. 예컨대, 안락사에 대해서 두 사람이 찬성과 반대를 서로 주장한다면 그들은 토론에 빠져 있는 것이다. 왜냐하면 그들은 각자 자신의 관점이 옳다는 것을 상대에게 납득시키고자 애를 쓰기 때문이다.

대개 토론은 토의에 의해 제시된 해결책을 수긍할 수 없을 때 이뤄지게 된다. 즉, 필요성에 대한 토의가 토론을 낳는 것이다. 따라서 토의가 문제해결의 여러 대안들을 고려한다면, 토론은 단지 특정 해결책만을 고려한다고 할 수 있다. 이런 점들을 고려해 볼 때 다음과 같은 차이점을 찾아 볼 수 있다. 토론은 경쟁적인 것이고, 토의는 상호 협력적이다. 또 토론은 양면적인 것이고, 토의는 다면적인 것이다.

7장

창의성함양을 위한 전략

As the births of living creatures at first are ill-shaped, so are all innovations, which are the births of time. Surely every medicine is an innovation and he that will not apply new remedies must expect new evils, for time is the greatest innovator.

— Francis Bacon —

Eight Steps to Create Change:
1. Establish a sense of urgency
2. Create a guiding coalition
3. Develop a vision and strategy
4. Communicate the change vision
5. Empower broad-based action
6. Generate short-term wins
7. Consolidate gains and produce more change
8. Institutionalize new approaches in the culture

— John P. Kotter, "Leading Change"

■ 창의적 발상과 창의력의 함양

발상의 전환과 창의적 사고	매우 그렇다	그렇다	보통이다	아니다	전혀 아니다
1. 다양한 유형의 친구들을 사귄다.					
2. 6세 이하 어린이와 함께 시간을 보낸 경험이 있다.					
3. 새로운 문화에 목말라하고 즐겨 찾는다.					
4. 고정관념을 싫어하고 새로운 사고를 한다.					
5. 새로운 취미를 찾아 나선다.					
6. 박물관에 가서 꼼꼼이 견학을 한다.					
7. 과거 즐거웠던 일들을 느슨하게 음미해 본다.					
8. 상상의 나래를 펴고 훨훨 날기를 즐긴다.					
9. 숲이나 산과 들로 산책하기를 즐긴다.					
10. 서로 다른 음료수나 음식을 즐겨 찾는다.					
11. 외국영화 보기를 즐긴다.					
12. 세상에 정답은 항상 하나뿐이라고 생각한다.					
13. 때로는 최선책보다는 차선책에 유의한다.					
14. 실패를 두려워하지 않고 성공의 거울로 생각한다.					
15. 내 마음의 엔돌핀을 자극하려고 연습한다.					
16. 문화행사에 적극적으로 참여한다.					
17. 음악회나 오페라 공연을 즐겨 찾는다.					
18. 자신과 다른 사람의 창의력을 고무 격려한다.					
19. 항상 규칙을 준수하여야만 직성이 풀린다.					
20. 매사에 계산적이고 논리적이다.					

1. 창의력 개발의 필요성

제 4차 산업혁명의 시대에 인간의 생활방식은 창의적 사고에 의한 창의적 행동으로 나타난다. 전통적 사회에서 기존의 사고와 행동은 모범된 혹은 정형화된 내용을 공유하고 학습에 의하여 반복된 형상을 보여주는 것이 최상의 삶이었다. 급변하는 현대사회에서는 서로의 행동을 모방하기에는 다원화된 사회에서 다른 사람에게 종속적인 삶을 약속하는 것이 되어 버린다. 이제 모든 분야에서 시공을 초월하여 통할 수 있는 창의력이 전제된 사고와 행동방식이 따라야 할 것이다.

'사물을 어떻게 보느냐' 하는 창의적 사고는 창조적 정신에서 시작된다. 대부분의 사람들은 창의성이란 주어진 문제나 과제를 어떻게 새롭게 잘 풀고 해결해 나가느냐를 의미하는 것으로 흔히 받아들이고 있다. 물론 주어진 문제를 획기적인 방법으로 해결하거나 기발한 해결안을 내는 것도 창의적이라 할 수 있을 것이다.

그러나 더욱 창의적인 것은 남들과는 관점을 달리해서 새로운 문제나 문제점을 찾아내는 것이다. 남들이 오랫동안 지나치고 못보고 있는 것을 볼 수 있는 눈, 남들이 보고 있는 것과는 달리 볼 수 있는 눈, 이러한 눈이 진정으로 창의적인 눈이다. 주어진 문제를 해결하는 방법에도 많은 가능성이 있지만 문제를 찾고 이에 대해 해결안을 찾는 것도 더욱 수없이 많은 가능성이 있다. 많은 사람들이 이미 알려진 문제나 방법에 매달리지만 남이 돌아보지 않은 문제를 찾는 일은 드물다.

1) 차이의 존중과 차별화

다른 사람과의 차별화는 '차이의 존중'에서부터 길러진다. 우리의 교육과 문화는 오랫동안 동질화에 익숙해지고 길들어져 있으며 이를 미덕으로 삼아왔다. 모난 돌이 정 맞는다는 선입견으로 인해 강한 '차이'의 주장이 죄악시되어 온 것이다. 또한 많은 사람들이 동의하는 이른바 하나의 정답을 따르는데 모두들 신경을 써 온 것이다.

동질화는 개인적으로 추구하고자 하는 이상적인 모형(model)을 만듦으로써 꿈을 갖게 한다. 이것은 그러한 모형을 개인적으로 우상시하게 되며 성취동기를 강화하는 수단이 되게 하기도 한다. 집단의 경우도 성공적인 집단, 기관, 회사를 모형화하고 그 집단의 전략을 따라하면 자기집단도 성공적일 것으로 생각하기도 한다.

그러나 집단의 경우 이것이 꼭 긍정적으로만 적용되는 것은 아니다. 왜냐하면 자기집단의 배경과 문화가 모형집단과 너무나 많은 요인들에서 다른 특성을 가질 경우가 많기 때문에 차이에 대해서 충분히 연구하지 않으면 그대로 적용하여 성공하리라는 보장이 없는 것이다.

동질화는 양극화된 성패(win/lose)의 경쟁논리에서 오는 부담감을 떨쳐버리는 가장 쉬운 선택으로 많은 경우 확률이 높은 안정된 선택이기도 하다. 문제는 경쟁자에게도 똑같이 안정된 선택이라는 점이다. 오늘날과 같이 세계화 속의 무한경쟁 시대에는 이러한 선택이 돌파구를 여는 선택이 된다는 보장이 없는 것이다. 남들이 보지 못하는 관점과 차이를 보는 차별화는 대부분 어려운 선택이다. 경험하지 않은 미지의 세계와 적은 동조자들의 수는 차별화를 망설이게 한다. 차별화는 차이를 찾는 것뿐 아니라 차이를 창출해야 되기 때문에 항상 창의성을 요구하며 도전을 필요로 한다.

동질화가 같은 답과 결론에 이르는 수렴적 사고의 일환이라면 차별화는 많은 새로운 차이를 주목하고 만드는 확산적 사고를 필요로 하고 나아가서 현재와는 다른 미래를 보는 눈을 요구한다. 이렇게 미래를 보는 눈을 우리는 비전(vision)이라고 부른다. 외부집단들과 경쟁을 하는 집단에서 남들과 같은 것만을 추구하고 모형화하고 뒤쫓아가며 동질화를 추구하는 리더들이 집단의 주류를 이루고 있다면 과연 경쟁에서 이길 수 있을 것인가? 남과는 달리 보는 눈을 가지고 문제를 찾는 사람이야말로 미래의 경쟁사회에서 살아 남을 수 있는 창의적인 사람이다. 그렇다면 어떻게 하면 창의적으로 문제를 보는 눈을 가질 수 있는가?

2) 창의적인 눈과 감각

대상의 유형, 무형을 따지지 않고 대상을 문제로서 인식하는 것을 문제해결 단계에서는 '문제의 인지'라고 부른다. 창의적인 문제의 인지는 결국 어떻게 창의적으로 문제를 보느냐를 의미하고 창의적인 해결안을 낳는 출발점이 된다. 이는 크게 두 가지 창의적인 태도에 의해 좌우된다.

첫째는 문제에 대한 '적극적인 마음'이다. 문제에 대해 적극적인 마음 자세를 가진 사람에게는 문제가 보이고 기회, 정보, 제품아이디어도 보인다. 문제를 골치 아픈 대상으로만 생각하는 사람에게는 문제가 보이지 않고 문제로 말미암은 기회도 없다.

어떤 컵에 물이 정확하게 절반만큼 들어있다. 한 사람은 컵에 물이 절반이나 남아 있다고 생각하고 동일한 컵인데도 다른 사람은 물이 절반밖에 들어 있지 않다고 생각한다.

경우에 따라 양자 간에 별 차이가 없어 보이지만 창의적인 관점에서는 동일한 사물과 현상을 놓고 보는 눈에 엄청난 차이가 있다고 볼 수 있다. 전자는 남아있는 물–존재하고 있는 소중한 자원–을 주목하고 이의 효과적인 활용에 적극적으로 시간과 노력을 투자하는 사람이고, 후자는 이미 없어져 버린 물이 있었던 컵 절반의 공간을 보며 소극적으로 시간 또는 노력을 소모하는 사람이다. 전자와 같이 적극적인 사람은 혼재되어 있는 대상들 속에 잠재되어 있는 문제를 찾고 이를 성취의 좋은 기회로 삼는다. '기회의 문제'라는 말이 있다. 이것은 문제를 인지했다는 사실 자체가 그것으로 인해 좋은 기회를 갖게 되는 경우를 말한다. 문제는 많은 경우에 성취를 가져다주는 좋은 기회를 제공한다. 한 마디로 문제가 없으면 성취의 기회도 없는 것이다.

여러 창의성 연구가와 대뇌 생리학자들이 발견한 사실은 적극적인 자세가 우리의 뇌 속에 잠재의식으로부터 문제를 쉽게 인지할 수 있는 채널을 형성하도록 돕는다는 것이다. 그러나 부정적인 자세는 우리의 뇌 속에 문제의 인지를 방해하는 부정적인 채널을 형성하여 부지중에 문제를 보는 눈을 가리는 역할을 한다고 한다. 따라서 우리가 창의적으로 문제를 보고자 하면 먼저 보고자 하는 적극적인 마음을 가져야 한다. 창의적으로 문제를 보는 두 번째 요소는 '건설적인 불만'이다. 건설적인 불만이란 당면한 대상에 대해 불만을 가지되 대안을 갖는 불만을 가지는 것을 의미한다. 우리 주위에서 일어나는 수많은 발명은 누구나 보아왔던 흔한 대상에서도 스스로 불편을 느껴 이를 개선해보자고 하는 강한 욕구에서 기인한 경우가 많다. 창의적인 대안은 대상에 대한 불만을 극복하는 새로운 시각으로 문제를 볼 때 마련되는 것이다. 따라서 건설적인 불만은 소속된 집단이나 기관을 발전시키는데 긍정적인 역할을 한다.

이와는 반대로 파괴적인 불만은 대안이 없는 불만이며 음성적인 불만은 문제의 표출이 없이 뒷전에서만 터지는 불만이다. 이러한 불만들은 소속한 집단과 기관을 속으로 썩어 가는 집단으로 만들기 십상이다. 이러한 파괴적인 불만은 양성화시켜 대안의 제시를 유도하고 이로써 발전의 계기로 삼아야겠다. 이것을 부정적으로만 보지 말고 창의적인 원동력으로 삼는 창의적인 분위기를 만들어야겠다.

개인이 창의적인 능력을 발휘할 수 있는 적절한 창의적인 동기에 대해서도 소속한 기관에서 항상 주목하고 시간과 노력과 자금을 아끼지 않아야 한다. 사물에 대한 건설적인 불만은 창의적으로 보는 눈을 갖게 하고 새로운 시각으로 사물을 보도록 하는 것이다. 문제에 대해서도 적극적인 마음과 건설적인 불만을 지혜롭게 소화시키는 개인들이 모여 창의적인 눈으로 사물과 문제를 보는 집단은 창의 경쟁력을 가질 수밖에 없으며 우리는 이들이 가장 큰 자산이라고 생각해야 한다.

3) 창의성을 방해하는 요소들

창의성을 방해하는 것, 즉 창의성의 장애물에는 습관과 타성이 있다. 창의성은 태어나면서부터 가지고 나온 재능 같은 것으로만 생각할 수 없을 것이다. 환경은 창의성에 크게 영향을 미치며 그것이 문화적이든 사회적이든 간에 어떤 분위기에서 자라왔는가가 창의성의 형성에 크게 영향을 미친다. 한 개인이나 기관이 창의적이 되려면 먼저 무엇이 우리를 창의적이지 못하게 막는 것들인가를 이해하는 것이 도움이 된다. 창의성을 막는 정신적 장애물이 그득한 채 아무리 창의적인 방법들을 배운들 별로 도움이 안 되기 때문이다. 이러한 장애물들은 어떠한 것들이 있는가? 대표적인 장애물들에 대해서 각각 생각해 보고 이를 타파하기 위한 처방을 알아보기로 한다.

(1) 습관과 타성

습관은 개인적이고 관습은 사회적인 것이다. 이러한 것들이 개인이나 조직에 장기간 고착화되면 우리는 이것을 타성이라고 부른다. 좋은 습관이나 관습은 개인과 사회를 풍성하게 한다. 그러나 습관은 우리의 두뇌 안에 굳어진 사고의 유로(流路)를 형성하여 새로운 아이디어의 창출을 방해할 수 있다. 습관은 사물을 항상 당연히 보는 태도를 기르도록 방임한다. 우리는 많은 일들을 과거부터 해왔기 때문에 하는 경우가 많다. 또한 새로운 일들의 경우도 과거부터 안해 왔기 때문에 안하고 있을 뿐이다. 이러한 태도가 장기화되면 사고는 타성화되고 새로운 일과 사고에 대하여 마음을 열지 못하는 저항력이 형성된다. 우리 주위를 보면 특히 우리나라에서 대부분 제품과 설비가 오른손잡이 위주로 되어있다. 왼손잡이가 보면 불편한 제품과 시설물들이 한두 가지가 아니다. 공공시설물의 경우도 대부분 정상인 위주로 되어있어 장애인들의 관점에서 보면 이들에 대한 고려가 전무하다는 사실을 금방 육감할 수 있다. 설계자들은 오른손잡이와 정상인의 행동양태에만 익숙해 있기 때문이다.

사물을 보아왔던 습관과 타성에 따라서만 볼 것이 아니라 여러 가지 관점에서 문제점을 찾는 문제의식을 갖고 보되 그 문제점을 개선하는 대안을 제시하도록 해야 한다. 이러기 위해서는 다양한 시각으로 보는 사고를 가져야 한다. 다양한 시각은 관점의 전환에서부터 나온다. 요즈음 널리 쓰이는 동시 공학적 접근방법의 요체는 사고의 출발을 소비자의 관점에 두는 것이다. 이렇게 함으로써 통상적인 설계자나 생산자의 관점에서 벗어나 창의적인 제품아이디어에 도달하게 된다.

(2) 사고의 편협과 성급함, 소심, 소극성

다양한 아이디어로의 접근을 막는 것들 중에 하나는 사고의 편협으로 좁은 시각을 갖는 '과전문화'를 꼽을 수 있다. 과전문화란 자기가 전공한 또는 소속된다고 생각하는 분야에서만 문제의 해결책을 찾는 편협한 사고를 말한다. 예컨대, 자기가 기계를 전공하였으면 기계적인 방법으로 문제를 해결하려고 하고, 자기가 전자를 전공하였으면 전자적인 해결방안만을 마련하려고 한다.

그러나 흔히 다른 분야의 방법을 사용하면 어처구니없이 간단한 해결책이 나오기도 한다. 근래에 생물학의 '유전자이론'은 기계나 전자 등 타 분야에도 널리 원용되고 있다. 오늘날 문제는 여러 분야의 성격을 포괄하는 복잡성을 띤 경우가 많기 때문에 '다분야'간 전문지식들의 융합이 필요한 경우가 많다. 다분야간 협력의 필수조건은 첫째, 각 분야에 소속된 사람들이 각 분야에 깊이 있는 전문지식과 문제해결 능력을 갖추어야 된다는 것이고, 둘째, 타 분야를 전공할 필요는 없지만 타 분야와 대화할 수 있는 기본적인 소양과 열린 마음을 갖는 것이다. 외국 유수 대학에서 복수전공제도가 널리 권장되고 있는 것도 현대의 분야 학제간 연관성 때문이다. 과전문화를 막기 위해서는 지적인 호기심을 가져야 한다. 다른 분야에서 어떠한 일들이 이루어지고 있는지 예민한 촉각을 갖고 정보를 체계적으로 취득하는 것이 다양한 사고를 갖는데 도움이 된다.

웹2.0의 현대 다원화 사회에서는 창의력이 있어야 성공을 할 수 있다. 창의력이 뛰어난 사람이 조직사회를 선도하기 마련이다. 사람들에게는 누구에게나 이미 짜여진 틀이 있기 마련이다. 이미 있는 고정관념을 과감히 깰 수 있는 용기가 필요하다. 창조하고 싶다면 때로는 논리적 사고를 버릴 수 있어야 한다. 이미 있는 가치를 무조건적으로 부정하고 거부한다. 새로운 아이디어를 창안하기 위하여 좌충우돌 방랑기를 작성해 볼 필요가 있다.

2. 창의력 개발을 위한 연습

1) 새로운 아이디어(창의적인 결과물)

사람들은 창의적인 능력을 개인이 가지고 있는 창의성으로만 이야기하는 경우가 많다. 그러나 개인의 창의적인 능력이란 지식+창의성으로 정의할 수 있다. 지식이 적어도 창의성을 발휘하는 경우가 있지만 거기에는 한계가 있다. 어느 분야이든 그 분야에서의 문제해결을 위해서는 이를 위한 기본적인 지식과 정보가 없으면 새로운 전문적인 아이디어가 생겨나기 어렵기 때문이다. 새로운 아이디어, 즉 창의적인 결과물은 어느 한 순간에 나타날 수도 있으나 그리 흔하게 바라는 대로 혹은 노력의 대가로 생겨나는 것은 결코 아니다.

창의성에 대한 정의에는 몇 가지가 있다. 다수가 사고에서 얻는 아이디어가 얼마나 창의적인가에 따라 창의성을 기술하고 있다. 창의적이기 위해서는 기존의 사실에 대하여 자유로우며 비교적 새롭고 기발하고 유용하면서 적절하여야 한다는 것이다.

또한 새로운 아이디어의 형태로 나오는 창의적인 결과는 '창의적인 능력+(창의적인 노력 + α)'로 나온다고 우선 정의할 수 있다. 창의적인 능력, 즉 창의력이 있다고 평가된 개인의 경우에도 제아무리 능력이 있다 하더라도 능력이 발휘되어 창의적인 결과를 내려면 의도적(작위적)이며 창의적인 노력이 필요하다. 뿐만 아니라 창의적 능력에 창의적인 노력이 합쳐졌다고 하더라도 이외에 어떤 의도적인 제어(가변적 요인)가 가능하지 않는 부분도 있다는 것을 인식하여야 한다.

이때 의도적인 제어(가변적 요인)를 그냥 α라고 표기하였다. 이 α는 창의적인 노력과 무관하지 않으나 꼭 비례한다고 볼 수 없는 것으로서 의도적인 노력만으로 제어하기 어려운 잠재 의식적인 창의적 과정을 포함한 것이다. 예를 들면, 절대적인 필요성이나 그와는 정반대의 상대적 박탈감과 같은 것이 이에 해당한다고 할 수 있다.

또한 창의적인 아이디어의 근본이 되는 지식정보가 결여된다면 아무리 창의적인 여건과 방법론을 갖추었다고 하더라도 좋은 아이디어를 얻기는 어렵다. 사고의 의식적인 노력을 휘젓는 동작에 비유할 수가 있는데 너무 빨리 저어도 또 너무 천천히 저어도 효율적이 아니다.

잠재의식에 의한 창의적 사고의 진행은 의식적으로 꼭 제어할 수 있는 것은 아니다. 개인의 창의적인 능력으로부터 창의적인 결과를 끌어내는 데는 서두에 기술한 바와 같이 창의적인 노력 외에 간단히 정의할 수 없는 α라는 인자가 있다. 창의성에서 이 α는 무시할 수 없기 때문에 의식적으로 직접 제어할 수 없는 α에 주목해야 한다.

창의성의 관점에서는 잠재의식이 스스로 일하는 것을 허용하는 과정을 전문 용어로 부화(incubation)라고 부르고 어느 순간엔가 아이디어가 번개처럼 의식표면에 떠올라 구체적으로 표출되는 것을 조명(illumination)이라고 한다.

이상에서 살펴본 창의적 사고의 예를 들면 '아르키메데스 원리'로 유명한 아르키메데스가 목욕탕에서 순금 왕관의 순도를 알 수 있는 부력의 아이디어를 떠올릴 때

“Eureka(알았다!)”라고 부르짖는 순간과 같은 것이다.

말하자면 창의력의 개발을 위한 부단히 그리고 끊임없는 노력과 그 과정에서 생성 혹은 소멸의 과정을 거치면서 부침(浮沈)하는 의도덕인 제어(가변적 요인)가 반복되어졌을 때 번쩍하는 황홀한 순간이 포착될 수 있다는 것이다.

한편, 정보의 밑천이 없이는 얻을 것도 없고 창의적인 사고의 노력 없이는 새로운 아이디어의 가능성은 낮다고 할 수밖에 없다. 아이디어 소재가 되는 지식정보에서 가장 중요한 것은 시각적 정보이다. 그 이유는 시각적 정보가 잠재의식 상태에서부터 가장 용이하게 의식상태로 떠오를 수 있기 때문이다. 우리가 오래 전에 들었던 말이나 개념은 쉽게 떠올릴 수 없지만 오래 전에 보았던 장면은 훨씬 더 빨리 생생하게 생각해 낼 수 있다는 사실은 이를 뒷받침해 준다. 따라서 가급적 당면 문제에 관한 시각적 정보를 두뇌 속에 충분히 입력시켜 두는 것은 아이디어의 조명에 대한 확률을 높이는데 크게 도움이 된다고 할 수 있다.

‘창의적인 여유’라고 말이 있는데 이것은 창의력의 발휘를 위하여 창조적인 여가와 휴식을 필요로 하는 것을 말한다. 문제해결을 위한 관련 소재나 지식정보가 없이 또 아무런 창의적인 노력이 없이 그저 멍하고 기다리기만 하는 여유는 파괴적인 여유라고밖에 할 수 없다. 참된 창의적인 여유는 창의적인 노력 위에 오는 여유인 것이다.

2) 호기심과 창의성

우리들 개개인에게 잠재되어 있는 호기심, 즉 ‘사물을 어떻게 보느냐?’라는 창의력은 창조적 정신에서 시작된다. 대부분의 사람들은 창의성이란 주어진 문제나 과제를 어떻게 새롭게 잘 풀고 해결해 나가느냐를 의미하는 것으로 흔히 받아들이고 있다. 물론 주어진 문제를 획기적인 방법으로 해결하거나 기발한 해결안을 내는 것도 창의적이라 할 수 있을 것이다.

그러나 더욱 창의적인 것은 남들과는 관점을 달리해서 새로운 문제나 문제점을 찾아내는 것이다. 남들이 오랫동안 지나치고 못보고 있는 것을 볼 수 있는 눈, 남들이 보고 있는 것과는 달리 볼 수 있는 눈, 이러한 눈이 진정으로 창의적인 눈이다.

주어진 문제를 해결하는 방법에도 많은 가능성이 있지만 문제를 찾고 이에 대해 해결안을 찾는 것도 더욱 수없이 많은 가능성이 있다. 많은 사람들이 이미 알려진 문제나 방법에 매달리지만 남이 돌아보지 않은 문제를 찾는 일은 드물다.

남들이 좋은 방안이라고 생각하는 것에 자신의 판단없이 너도나도 동조하여 쏠리는 것을 우리는 '바람'이라 부른다. 이 '바람'이 긍정적인 측면도 없진 않으나 '바람'의 부정적인 측면 중 하나는 이것이 결코 창의적이 아니라는 것이다. 왜냐면 이것은 개인의 달리 보는 눈을 가리기 때문이다. 한마디로 남과는 달리 보는 태도를 기르고 달리 보는 눈을 날카롭게 하는 것이 창의성의 출발점이며 창조적 정신이다.

그리고 끊임없는 상상력이 미래를 창조하는 원동력임을 항상 명심하여야 한다. 평소에 자신이 사용하는 생필품에서 비롯하여 컴퓨터와 같은 고도의 기술을 필요로 하는 과학제품을 활용하면서 더 좋은 기술을 상상하고 심지어 전혀 생뚱맞은 '딴지걸기'를 통해 상상력을 발휘해야 한다.

여러 가지 그림들에 대하여 호기심으로 분석하면서 나 자신의 창의력을 개발하자.

[그림 7-1] 그림에 대한 고정관념 깨기

출처: 로저 본 외흐 지음(정주연 옮김)(2002). 생각의 혁명. 에코리브르. p.17.

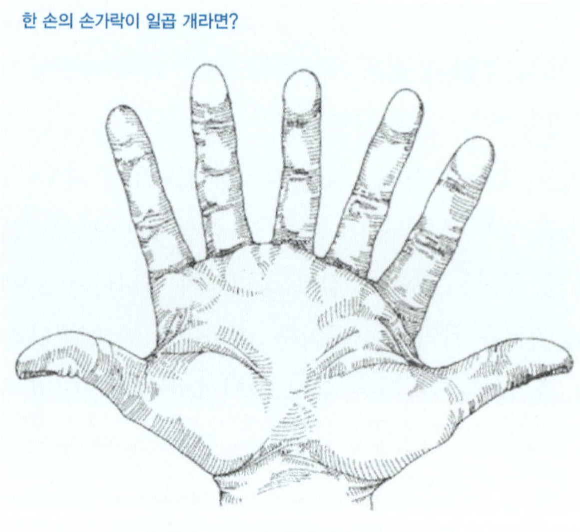

[그림 7-2] 그림으로 다양한 발상

출처: 로저 본 외흐 지음(정주연 옮김)(2002). 생각의 혁명. 에코리브르. p.86.

3) 창의력 개발을 위한 연습

창조력 능력을 개발하기 위한 방법으로「NLP 심리파워 프로그램」을 보면(Siegmund, 1998), NLP(Neuro Linguistic Programming)란 미국에서 1970년대에 새로이 개발된 심리치료와 변화를 위한 이론 및 기법체계인데, 오늘날 구미 각국에서 널리 활용되고 있다. 특히 혁신적인 치료와 변화의 효과로 인해 상담 및 심리치료, 교육, 인간관계 훈련, 경영, 세일즈, 스포츠 트레이닝과 같은 다양한 분야에서 폭넓게 활용되고 있다.

NLP의 내용 자체는 그렇게 어려운 것이 아니지만, 그것은 이론이면서 실제적인 기법체계이기 때문에 단순히 문자만으로는 이 프로그램의 묘미가 제대로 전달되기가 어렵다. 따라서 여러분이 보다 나은 효과를 얻기 위해서는 관련 워크숍이나 교육에 참가하여 실제로 경험해 볼 필요가 있을 것이다.

(1) 좌뇌와 우뇌의 조화

이 연습에서는 여러분의 손이 한몫을 담당한다. 사실 이미 여러 문화권에서 신체에 손바닥을 갖다 대는 것이 정신적 · 육체적 치료에, 그리고 아이디어 발상에 효과가 있는 것으로 인정되고 있다. 로댕의 「생각하는 사람」도 손바닥으로 턱을 괴고 있는 모습을 통하여 생각에 몰두하거나 무엇을 생각해 내고자 애쓰는 인간의 모습을 표현하고 있다.

이제 아래에 소개된 순서에 따라 본격적으로 연습을 시작하자.

① 우선 편안한 자세로 앉거나 서라. 여러분이 원한다면 아름다운 음악을 틀어도 좋다.
② 오른쪽, 왼쪽 손바닥을 조심스럽게 머리 옆에 대도록 하라. 이때 손가락은 서로 붙여야 한다.
③ 눈을 감고 손바닥의 온기를 느껴 보라. 방출되는 열이 부드럽게 뇌 속으로 흡수된다고 상상해보라.
④ 이제 손에서 부드럽게 발산되는 이 에너지가 머리를 통과하여 양 손바닥 사이를 왕복하는 것을 느껴 보라. 그 에너지가 한쪽으로 흐르는가 하면, 동시에 다른 편으로 되돌아가기를 반복한다고 상상하고 느껴보라.
⑤ 여러분이 원한다면 이리저리로 흐르고 에너지를 여러 색의 빛이라고 상상해볼 수도 있다.
⑥ 지속적인 왕복 흐름을 통해 양쪽 뇌 사이의 접촉은 보다 강력하고 조화로워진다. 이렇게 함으로써 창의력을 위한 '충전'이 이루어지는 것이다.

자세가 불편하게 느껴지면, 도중에 잠깐 손바닥을 내리거나 뗄 수도 있다. 그러나 휴식 후에는 손바닥을 다시 갖다 대도록 하라. 이 간단한 연습을 일상적으로 시행하라. 단, 한 번에 20초 동안만 실시한다.

(2) 눈동자 연습

사람들이 무엇인가를 집중적으로 생각할 때는 눈동자를 두드러지게 이리저리 움직인다는 사실을 여러분도 이미 알고 있거나 본 적이 있을 것이다. 사람들은 어떤 영상이나 환상, 회상, 상상 등을 해내려고 할 때 오른쪽이나 왼쪽 위를 바라본다.

이런 경우 대부분의 사람들에게는 다음의 원칙이 적용되고 있는 것이다.

눈동자를 왼쪽 위로 향할 때에는 과거의 무엇인가를 잘 회상해낼 수 있다. 반면에 오른쪽 위를 향하게 할 때는 무언가 새로운 것을 잘 생각해 낼 수 있다.

아이디어를 찾고 있을 때에는 두 가지 눈동자의 움직임 형태가 다 중요하다. 우리는 회상(왼쪽 위로 향한 눈동자)을 통해 기억의 창고로부터 과거에 입력해 두었던 가치 있는 정보를 꺼내 오고, 상상(오른쪽 위로 향한 눈동자) 속에서 기존의 자료에 새로운 체험을 추가한다. 따라서 창의적 사고과정에서는 눈동자를 번갈아가며 왼쪽 위에서 오른쪽 위로(혹은 그 반대로) 향하게 해주는 것이 중요하다. 이러한 눈동자 운동을 통해서 우리는 뇌의 좌 · 우측에 이상적으로 접촉할 수 있다.

아이디어를 모색 중일 때는, 공간적으로 여러분의 오른쪽과 왼쪽에 위치한 특별히 긍정적인 시각적 고정점을 찾아라. 눈높이보다 약간 위쪽이 가장 좋다. 그런 다음 여러분의 눈동자가 이 두 지점 사이를 아주 평온하게 왔다갔다하도록 하라. 이때 고개의 움직임은 최소한으로 한다.

눈동자 연습을 통한 효과는 문자 그대로 목적달성으로 연결된다. 이 눈동자 연습을 실시하면서 여러분이 찾고자 하는 창의적 아이디어를 생각해보라. 여러분은 이 연습을 통하여 여러분의 사고가 놀랍도록 활기 있게 흐르기 시작하는 것을 알게 될 것이다.

(3) 몸의 자세

이 연습은 사실 전혀 특별한 연습이랄 수 없으며, 우리의 감정과 기분을 표현하는 인간 육체의 자연스러운 욕구를 활용하는 것이라고 할 수 있다. 이제부터 연습을 통해 풍부한 아이디어를 촉진시키는 몸의 자세를 취하도록 해보자.

- 긴장을 풀고 눕거나 앉아서 호흡을 깊게 하고, 어깨 부위의 힘을 빼고 척추를 곧게 편 후 시선은 똑바로 앞이나 약간 위쪽으로 향하게 한다.
- 여러분이 훌륭한 아이디어를 구하고 있다면 조용하고 유연하게 움직여라. 또는 산책을 하거나 방안을 이리저리 왔다갔다하라.

(4) 아이디어 발상을 위한 연습

앞의 연습과정에서 자신의 창의력을 정신적 · 육체적 체험으로 인지하는 법을 배웠는데, 이제는 여러분의 창의력을 특정한 주제나 과제를 위해 활성화시키는 법을 배우게 될 것이다. 지금 당장 이 연습을 시험해 보기 위해 특정한 과제나 주제를 정해 보도록 하라. 연습의 목적상 선택하는 주제가 반드시 거창할 필요는 없다. 긍정적인 경험을 얻기 위해서는 우선 다음과 같이 작은 주제를 정하는 것이 좋다.

- 누군가의 생일에 무엇을 선물해야 할지 모르겠다.
- 여러분의 방을 새로 장식하거나 배치를 바꾸려고 한다. 이를 위한 훌륭한 아이디어가 필요하다.

이러한 제안은 물론 이해를 돕기 위해 제시된 것이다. 가능하면 창의적인 발상을 요하면서, 또한 전적으로 개인적인 여러분 나름대로의 주제를 정하도록 하라.

창의력 개발 연습하기

1. 밝고 다채롭게 활동하는 여러분의 뇌 세포에 대해 생각해 보라. '좌우 뇌의 조화'를 시도하는 연습을 시행할 수도 있다. 이때 발산되는 정신적인 창의력 에너지가 여러분의 몸으로 옮아가는 것을 느껴보라.
2. 이제 여러분의 주제를 생각하라. 여기서는 긍정적 자기 동기화 연습을 적용하라. 힘을 부여하는 내면의 목소리에게 말하라.
   "이제 나는 창의적 과정을 시작한다. 곧 내 주제와 관련하여 훌륭한 생각과 아이디어가 많이 떠오를 것이라는 것을 나는 알고 있다."
3. 다음에는 긍정적인 목소리로 주제와 관련된 몇 가지 핵심단어를 살짝 귀띔해 주어라. 이를테면 '생일 · 장식' 등의 단어를 생각한다. 이 핵심단어를 정신의 귀에 노래하듯 속삭여 주는 것이 최상의 방법이다.
4. 이제 이 핵심단어들을 알록달록한 글씨로 상상하라. 장난감 가게나 꽃가게에 쓰인 글씨처럼 상상하라. 이런 방식으로 여러분의 뇌는 이 주제가 가능한 한 다양하고 훌륭한 아이디어로 창의적으로 다루어야 되는 것임을 즉시 눈치 채게 된다.
5. 이후로 주제에 관한 좋은 아이디어나 착상을 얻게 되거든 긍정적 동기화의 목소리로 내면을 향해 말하라. "친애하는 뇌야, 고맙다!"

3. 창의적 문제해결을 위한 기법연구

1) 브레인스토밍(Brainstorming)

(1) 기법 개요

브레인스토밍(Brain Storming, BS)은 미국의 대규모 광고회사의 사장이었던 오즈본(Alex F. Osborne)에 의해서 고안된 것으로서 집단적 아이디어 발상기법이다. 1938년에 고안되었으며 모든 아이디어 발상법의 기초가 되고 있다. 그래서 가장 많이 활용되고 있다.

브레인스토밍이란 말의 원래 뜻은 단어 그대로 두뇌의 폭풍이라는 의미였으나, 오즈본의 고안에 의해서 오늘날에는 '구성원이 자발적으로 제출하는 아이디어를 축적해서 어떤 구체적인 문제를 해결할 방법을 찾아내려는 그룹적인 시도이며, 실제적인 회의기법'을 의미하게 되었다. BS의 근본적인 사고방식은 '발상능력은 누구에게나 있다'는 것이다. '나에게는 발상능력이 없다. 발상이 고역이다.'라는 의식의 굴레를 뛰어넘어 발상력은 누구에게도 있다는 강한 확신에서 출발하고 있다.

브레인스토밍을 실행할 때는 주의해야 할 사항이 있다. 많이 사용되는 기법이기는 하나 만능은 아니기 때문이다. 우선 브레인스토밍은 광범위하거나 복잡한 문제일 경우에는 사용하기에 적합하지 않다. 단순하고 명료한 문제에만 사용해야 한다. 또한 문제의 성격상 시행착오를 거쳐야 하는 상황일 경우에는 적합하지 않다. 한번에 해답을 얻을 수 있는 문제가 적합하다. 브레인스토밍은 리더의 자질이 성패를 좌우할 수 있다. 기본적으로 참가자들에게 의존하는 방법이기는 하나 리더의 능력에 따라 그 결과가 크게 달라질 수 있기 때문이다.

브레인스토밍법은 다음과 같은 4대원칙에 기반하고 있다.

(2) 브레인스토밍의 4대원칙

① **비판 금지**: 일상 업무에 대해서 우리들은 모든 가능성을 생각하기 전에 무의식적으로 결론을 서두르는 경향이 있다. 시간이 없다, 최초의 안이 훌륭하다는 등 여러 가지 이유를 들 수 있지만, 아이디어를 내면서 반드시 제출해야

할 상황에 있어서 이것은 커다란 걸림돌이 된다. 아이디어를 내면서 그때마다 판단을 내린다는 것은 사고의 무한함이라는 강을 마치 댐으로 그 흐름을 막아 버리는 것과 마찬가지이다.

② **질보다 양을 추구한다**: 미국의 버팔로시 시장으로부터 항구에 세워진 새로운 다리의 이름을 의뢰받았을 때의 일화이다. 오즈본은 다리 이름을 하나 붙이려고 BS를 행한 결과 3,800가지의 아이디어가 나왔다. 100~200가지도 아니고 3,800가지나 되니 그 가운데에서 가장 좋은 이름을 선택하기만 하면 된다는 것이다. 성공할 확률이 낮다고 해서 단념할 것이 아니라, 확률이 낮더라도 수많은 것 중에는 반드시 진귀한 보물이 있으리라는 적극적인 사고가 중요하다. BS에서는 가급적 많은 양의 아이디어를 제시하는 것이 대원칙으로 되어 있다.

③ **자유분방**: 아이디어는 제한 없이 자유롭게 제시해도 좋지만, 일반적인 경향으로서 일상적이고 습관적인 테두리 안에서 나오는 것이 많다. 곧바로 아이디어를 짜내어 자유롭게 연상한다는 것은 쉬운 일이 아니다. 그래서 BS는 대원칙에 '자유분방'이라는 말을 붙여 자유로운 사고를 하도록 부추기는 것이다. 즉, 현실적 사고로부터의 아이디어를 의식적으로 자유분방하게 제시하도록 이끌어내는 것이다. 이것에 의해서 상식이란 테두리를 벗기기 쉽게 하여 보다 참신한 아이디어를 제출하기 쉽도록 한다.

④ **결합과 개선 촉구**: BS는 그룹으로 행하기 때문에 구성원들로부터 많은 아이디어가 제시된다. 어떤 아이디어는 비슷하거나 몇 명의 생각과 똑같을 수도 있다. 혹은 자신이 생각하지 못했던 뜻밖의 아이디어가 폭풍처럼 나올 수도 있으며, 이 아이디어에 자극을 받아서 별개의 아이디어가 떠오르는 경우도 종종 생긴다.

본래 아이디어는 각 개인의 것이며 타인을 모방하거나 이용한다는 것은 도의상 좋지 않다는 생각이 있다면 무리는 아니라 할 것이다. 그러나 이렇게 타인의 아이디어를 이용하는 것이라고 해도, 결과적으로 아이디어의 양이 증가한다면 좋다는 말이다. 그래서 BS의 4대원칙의 하나로서 결합과 개선을 촉구한다는 것이 있으며, 그룹 멤버의 아이디어에 서로 자극을 받으면서 새로운 아이디어를 이끌어내는 것을 브레인스토밍법에서는 권장하고 있다.

(3) 기법 절차

이 기법의 진행순서를 요약하면 아래와 같은 단계로 실행된다.

① 문제를 정확히 진술한다.

② 6~12명 정도의 브레인스토밍 그룹을 형성한다.

③ 브레인스토밍 모임에 있어 적어도 2~7일 전까지는 1~2페이지 정도의 메모를 브레인스토밍 참여자에게 보낸다.

④ 실제 브레인스토밍을 갖기 전에 참여자들과의 오리엔테이션 미팅(orientation meeting)을 갖는다.

⑤ 모든 참여자들이 볼 수 있도록 칠판이나 차트에 문제를 써 보임으로써 브레인스토밍을 시작한다.

⑥ 브레인스토밍의 원칙과 규칙을 참여자들에게 다시 한 번 상기시킨다.

⑦ 아이디어가 떠오른 사람은 손을 들고 아이디어를 제출하되 한 번에 한 가지씩의 아이디어만을 제출하도록 한다.

⑧ 30여분 정도(45분을 넘지 않는 것이 좋다) 아이디어 산출이 끝나면 아이디어 발견 단계를 끝낸다.

⑨ 5명 정도의 아이디어를 평가할 사람을 선정한다.

⑩ 평가자들에게 제출된 아이디어 목록을 제시하고 가장 좋은 아이디어를 선정하도록 요청한다. 아이디어 목록을 평가자들에게 넘겨줄 때 이들을 종류별로 분류하여 제시하는 것이 좋다.

⑪ 본래의 브레인스토밍 참여자들에게 평가자들에 의해 선정된 아이디어들을 보여주고 이를 바탕으로 아이디어를 더 제출하도록 한다.

⑫ 최종 선정된 아이디어를 활용할 사람들에게 넘겨준다.

2) 브레인 라이팅(Brain Writing)

(1) 기법개요

브레인 라이팅은 참가자 모두가 시종 침묵한 채로 개인에게 발상하도록 하면서, 집단 발상의 장점도 살리는 사고방법이다. ① 6 · 3 · 5법 - 6명이 참가/각자 아이디어 3개씩 생각/5분 내에 용지에 기입하기와 ② 전원이 무언으로 발상 작업을 함(침묵의 브레인스토밍) ③ 모든 사람이 평등하게 사고하고 발상함 ④ 뉘앙스가 바뀌는 문제점 해소

(2) 기법의 응용

① 개인으로 실행할 경우 - 5분간 A,B,C칸에 기입하고 5분 후 두번째 줄에 기입. 이것을 반복

② 장점 - 지위가 높은 사람, 혹은 목소리가 큰 사람에게 주도권을 빼앗기지 않음

③ 첫 대면하는 사람들과 발상 회의할 때 효과적임

④ 기업의 사내 여행 기획, 신상품 개발, 네이밍, 판매 전략의 입안 등에 사용함

(3) 라이팅 용지에 적기

	A	B	C
I			
II			
III			
IV			
V			
VI			

3) 필립스 66

(1) 기법 개요

이 기법은 미국의 미시건 주에 있는 힐스데일대학의 총장 필립스(J. D. Phillips)가 생각해 낸 집단사고법으로서 그는 이 사고법을 'Discussion 66'이라고 이름지었다. 6명씩 소그룹으로 나눠 6분간 자유토론(브레인스토밍)을 한 방식에서 '필립스 66'이라고 부르게 되었다.

필립스가 디트로이트의 어떤 제조회사에서 80명의 청중 앞에서 '독창적 사고방

식'이라는 주제로 강연을 할 때, '칠판지우개를 어떻게 개량하면 좋을까' 하는 문제를 즉흥적으로 내어 청중을 소그룹으로 나눠 6분간 자유토론을 시켜보았다.

그 결과는 놀랄 만한 것이었다. 한 그룹은 칠판지우개의 밑바닥을 스펀지 레버로 만들 것을 제안했다. 또 다른 그룹은 '어째서 칠판지우개에는 다리미와 같은 손잡이를 달지 않았을까'라는 의문을 제기하였다. 그 그룹의 의문은 다른 그룹에게 아이디어를 제공하여 '다리미와 같은 형태의 칠판지우개를 만든다면…'이라는 착상을 하게 만들었다. 필립스가 즉흥적인 문제를 내 자유토론을 시작한 지 6분 만에 그들은 칠판지우개에 대한 수많은 실용적인 개선안을 제시하여 그들의 아이디어는 실제로 구체화되었고, 결국은 일반 시장에서 상품화되었다고 한다.

이상의 이야기에서도 알 수 있듯이 이 기법의 기본은 자유토론으로 소그룹으로 나누어 토론을 실행함으로써 대그룹으로 토론을 진행할 경우 발생하는 저해요인(너무 많은 인원으로는 자유로운 발언을 하기 어려워 참가 의욕이 감퇴되는 일)을 없애 창의적인 제안을 얻는 데 성공하였다.

그것 외에 또 다른 이점도 있다. 대회장에서 각 그룹이 동시에 자유토론을 시작하는 셈이기 때문에, 각 그룹은 경쟁의식을 가지고 적극적으로 토론에 참가하게 됨으로써 각각 아이디어 창출에 열을 올리게 되고 그래서 좋은 결과를 얻을 수 있다는 점이다. 더욱이 이 기법은 또 다른 이름으로 'Buzz Session'이라고 한다. 'Buzz'라는 것은 벌이 한데 모여 윙윙거린다는 표현으로 소그룹들이 일시에 얘기를 시작하여 와글거리는 모습을 표현하는 말이다.

(2) 기법 절차

이 기법의 진행순서를 요약하면 아래와 같은 단계로 실행된다.

① 먼저 주제를 정한다.

② 대그룹을 5~6명에서 10명 정도의 소그룹으로 나눈다.

③ 각 그룹에 리더를 정하고 그룹에서 각각 자유토론을 실행한다.

④ 토론시간은 5~6분에서 10분 정도로 규정한다.

⑤ 각 그룹은 의견을 수렴한 결과를 보고한다.

⑥ 이 보고를 출석자 전원에게 제시하고, 그것을 기본으로 하여 다시 한 번 전체

토론 혹은 아이디어 평가를 한다.

(3) 유의점

이 기법의 성패를 가르는 두 가지 중요한 요인이 있다.

그 첫 번째 요소는 강사와 리더가 출석자를 얼마만큼 효율적으로 나누는가이다. 출석자를 적절하게 분리하지 못하면 혼란에 빠지고 만다. 따라서 회의를 진행하기 전에 그룹의 구성원과 각 그룹의 리더를 미리 임명해 놓는 것이 바람직하다.

둘째 요소는 출석자에게 자유토론의 방법에 대한 요령을 미리 숙지시키는 일이다. 그렇게 하기 위해서는 사전에 리더에게 그 요령을 잘 익히도록 하는 것과 동시에 자유토론의 규칙에 대한 인쇄물을 준비하여 출석자 전원에게 나눠주어야 한다.

순서 ⑤, ⑥에 상정되지 않은 아이디어라도 버리지 말고 모아두면 후에 도움이 될 때가 반드시 있을 것이다.

4) 역발상하기

(1) 기법의 개요

지금까지 알려진 정설을 고의적으로 부정하고 새로운 가설을 설정하거나 딴지걸기를 시도한다. 알려진 내용의 관계를 전면적으로 거부하고 틈새전략으로 새로운 관계를 도출한다.

(2) 역발상의 5단계

① 기존의 내용에 문제점을 나열한다.

② 무조건 부정하고 거부하는 자세로 접근한다.

③ 지금까지 아무도 제시하지 않고 접근하지 않은 사례를 열거한다.

④ 설득 가능한 형태로 이유를 설명할 수 있어야 한다.

⑤ 해결방안 혹은 역발상으로 가능한 예측결과를 제시한다.

5) 희망사항 열거법

(1) 기법 개요

결점을 찾아 문제점을 파악하는 방법으로 결점열거법이 있는 것에 반해, 희망사항 열거법은 "이렇게 하고 싶다, 저렇게 했으면 좋겠다"라고 희망사항을 들어 문제의 해결책이나 개선책을 찾아내는 방식이다.

이 방식은 결점을 찾아내는 대신 결점을 뒤집는 방식이라고 생각하기 쉽지만 실제로 결점의 뒤집기에만 머물지 않는다. 그 이상으로 적극적인 새로운 아이디어가 나올 가능성이 높다.

결점열거법이 결점을 들추어냄에 따라 문제점이나 상품의 결점을 중점적으로 찾아내는 기법임에 비해, 희망사항 열거법은 그 문제점이나 상품에 대한 희망이나 꿈을 받아들임에 따라 문제점이나 상품의 본래 목적에 초점을 맞추어 생각할 수 있는 기법이다. 이것이 두 방법의 다른 점이라 할 수 있다.

(2) 기법 절차

① 주제 결정

② 주제의 희망사항 열거

③ 열거된 희망사항 가운데 주요한 것을 선별

④ 선별된 희망사항을 기본으로 개선법을 연구

6) 이미지 컨트롤법

(1) 기법 개요

이 기법은 능력이라는 점에 있어서는 만인이 평등하다는 입장을 취한다. 즉, 태어나면서 불행히도 대뇌구조가 비정상이거나, 질병 때문에 대뇌가 결손된 사람 이외에 기본적으로 우리들의 능력(뇌세포가 약 140억개. 그 뇌세포 1개가 가진 시냅스라는 기억접점은 약 8,000개. 140억×8,000개=112조개의 기억접점을 갖고 있다)은 모두 같다는 것이다. 그런데 같은 능력을 갖고 있는 사람들 사이에 왜 능력의 차이가 생기는 걸까? 그것을 확실히 해명할 수 있다면 적어도 우리들은 우리 주위에서 최고능력을 발휘하고 있는 사람들과 똑같은 능력을 발휘하는 것이 가능할 것이다.

(2) 기법 절차

이미지 컨트롤의 단계를 소개하면 다음과 같다.

① **이완(relaxation)을 실시한다**: 이완은 그것만으로 대뇌활동을 활성화시키는 역할을 한다. 게다가 이완 후에 상기하는 과거의 좋은 이미지나 미래의 좋은 이미지 등의 (+)이미지를 보다 효과적으로 증폭시켜 준다. 이완할 때는 그 사람에게 적합한 이미지를 사용해 실시한다. 그 사람에게 있어 적합한 이미지란 그 사람이 과거에 가장 느긋하고 편안하게 지냈던 체험의 이미지로서 어떤 사람은 욕조에 들어가 있는 이미지를, 어떤 사람은 일광욕을 하고 있는 이미지를 사용한다.

② **과거의 좋은 이미지를 떠올린다**: 2~3분간 이완이 가능했다면(일반적으로 1일 10~15분 연습으로 2~3주간 연습할 수 있다) 과거의 좋은 이미지를 떠올리는 연습으로 옮겨간다.
과거의 좋은 이미지는 크게 두 가지로 분류할 수 있다. 첫 번째는 생각하는 대상에 관한 좋은 이미지, 가령 수업을 끝낸 후 학우들끼리 술이나 음료수를 마시러 갔었던 일 등 즐거웠던 때의 일이나 재미있었던 때의 이미지가 있다. 두 번째는 창조성을 발휘하였을 때의 이미지(가령, 어렸을 때 처음으로 비행기 모형을 만들었을 때) 또는 자신의 개발이나 기획이 성공리에 끝난 이미지, 이렇게 두 종류의 이미지가 있다. 이완한 후에 이러한 과거의 좋은 이미지를 3~5분간 상기하는 것이다.

③ **미래의 좋은 이미지를 떠올린다**: 아이디어를 내는 능력, 즉 창조성이 높아지면 자신의 미래를 어떻게 할 수 있을까라든가 현재 실시하고 있는 연구나 개발 등이 성공한다면 미래에 어떤 좋은 일이 일어날까를 떠올린다. 좋은 아이디어를 내게 된다면 보너스를 많이 받을 수 있다는 등의 단순한 일이라도 좋고, 승진할 수 있다거나 독립해서 일을 할 수 있다는 것도 좋다. 중요한 것은 자신

에게 있어 플러스가 되는 이미지를 떠올리는 것이다. 이것을 과거의 좋은 이미지를 떠올린 후 3~5분간 떠올리는 것이다. 이 3단계를 매일 반복하면 자연히 (+)회로가 증폭되어 아이디어가 나오기 쉬운 창조적인 두뇌로 바뀐다.

7) 수평적 사고법

(1) 기법 개요

디 본(E. de Bon)은『수평적 사고방식』에서 우리가 물건을 생각할 때 두 가지 사고방식, 즉 수직적 사고(vertical thinking)와 수평적 사고(lateral thinking)를 취한다고 서술하고 있다(de Bon, 1997).

수직적 사고란 간단히 말하면 종(縱)의 사고이고, 어떤 기성 개념 속에 있어서의 수직적 전개이다. 한편, 수평적 사고란 횡(橫)의 사고이며 기성 지식에 의존하지 않고 문제를 새로운 각도에서 파악함으로써 해답을 이끌어 내려는 사고법이다. 전문적 지식을 축적한 종의 논리에 대하여 그들의 논리시스템을 횡으로 연결하여 별개의 논리시스템으로 다시 바꾸는 메커니즘을 디 본은 수평적 사고라고 부른다. 그리고 그는 종과 횡의 사고는 상호 보완관계에 있으므로 좋은 아이디어를 발상하기 위해서는 이 상호 보완의 관계가 중요하다고 했다. 디 본은 수평적 사고의 원칙으로 다음 4가지 원칙을 들고 있다.

(2) 수평적 사고의 4가지 원칙

① 지배적인 사고방법을 찾아낼 것

② 다양한 관점에서 사물을 보는 법을 찾아낼 것

③ 수직적인 강한 통제에서 탈출하는 것

④ 우연한 기회를 활용할 것

8) 수면사고법

(1) 기법 개요

사람들은 낮에는 이론적으로 축적되고 사리에 합당한 생각을 한다. 그렇지만 수면상태에서 꿈을 꿀 때는 정신이 데퓨즈(Defus)라고 불리는 상태로 되어 있어서, 사고가 현실을 떠나 수평화되어 간다. 수직적 사고 상태에서 수평적 사고 상태로 옮겨진 졸린 상태는 아이디어 발상에 최적의 상태라는 것이다.

(2) 기법 절차

수면사고법이라 해도 그냥 막연하게 잠들어서는 안 되고, 스스로 적극적으로 목적에 맞는 꿈을 꾸도록 노력하는 일이 중요하다. 예를 들어 '무지개를 본다'라는 훈련이 있다. 꿈의 수상장치를 조정하기 위한 것으로, 무지개를 보고자 하는 생각으로 잠들어 정말로 무지개를 볼 수 있게 된다면 준비가 갖추어진 것이다. 또, 수면사고는 잠재의식을 시스템화하여 재생하는 움직임을 졸음에 기대하는 방법이므로, 우선 중요한 것은 머리속에 될 수 있는 한 정보를 많이 넣어 두는 일이다. 구체적으로

① 긴장감을 없애기 위해서 잠자리에 들 때는 손목시계, 띠, 양말 등 몸을 묶고 있는 것을 풀어 버린다. 잠옷의 허리 고무줄이 조여서도 안 된다.

② 몸을 조용하게 수평으로 한 채 발과 손에서 힘을 빼 몸이 느긋해졌을 때 입으로 크게 숨을 토해 낸다. 이것을 몇 번 반복한다.

③ 자지 않더라도 조용히 몸을 수평으로 유지하는 것만으로도 수면의 80%는 얻어지기 때문에 느긋한 기분으로 누워 있는 것이 중요하다.

이상의 세 가지를 습관화하면 졸음이 가득한 상태에서, 한낮에는 생각지도 못했던 아이디어가 문득 솟아나는 경우가 있다. 이것을 머리말에 준비해 둔 메모지에 쓰거나 녹음기에 녹음해 둔다.

(3) 응용 영역

꿈에 의한 창조성 개발은 아카데믹한 정보에만 의지해 일하고 있는 사람에게 보

다 큰 효과를 얻는다는 특성이 있다. 가령, 기술자나 총무과 직원처럼 논리나 이치를 중시하는 직장에 있는 사람은 습관적으로 수직적 사고방식을 한다. 그래서 수면사고에 의한 수평적 사고 상태에서 얻는 '파천황(破天荒)의 착상'에 의해 돌파구가 열린다는 것이다. 아인슈타인, 다윈 등 많은 과학자도 수면사고를 통해 수많은 발견의 실마리를 풀었다고 말하고 있다.

9) 특성 요인도

(1) 기법 개요

이 기법은 문제가 되고 있는 결과(특성)와 그것에 영향을 미친다고 생각되는 원인(요인)에 착안해 원인과 결과의 상호관계를 나타내어 문제점을 파악함으로써 문제해결에 도움을 주려는 것이다.

특성 요인도는 그 형태의 특징 때문에 '어골도(魚骨圖)'라고 불리기도 한다. 그림에서 화살표는 문제가 되고 있는 일이나 활동의 결과 또는 문제점을 나타낸다. 요인이란 이 특성에 영향을 미친다고 생각되는 것으로 그 영향의 크기에 따라 대골, 중골, 소골로 나누어 그림으로 표시된다.

특성요인도의 특징을 한마디로 말하면, 특성에 영향을 미친다고 생각되는 요인이 통계적으로 순서에 따라 빠짐없이 정리될 수 있어서 개선하고자 하는 주요 요인을 찾기 쉽다는 것이다.

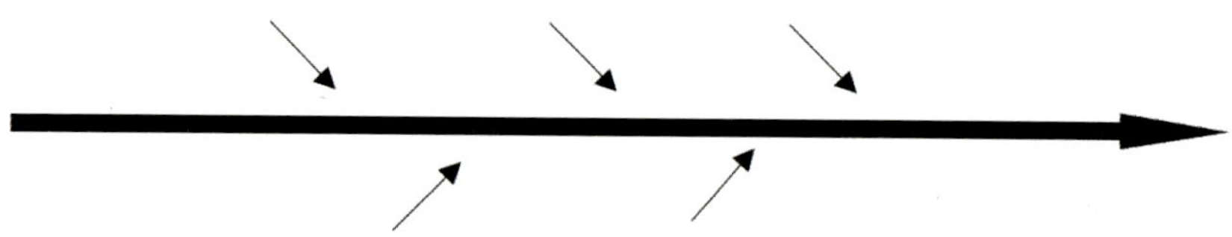

(2) 기법 절차

특성 요인도를 작성하는 순서는 다음과 같다.

① 문제점을 파악한다.

그림의 특성란에 문제점이 무엇인지를 알기 쉽게 표시한다. 데이터를 얻기 쉬운 문제점을 고르면 좋다.

② 특성에 영향을 미치는 요인을 열거한다(특성).

- 많이 나온 요인을 크게 분류해 적는다.
- 대골의 요인마다 작은 요인(중골, 소골)을 열거한다.

③ 특성 요인도를 정리한다.

브레인스토밍에 제시된 수많은 요인을 그대로 써서 늘어놓으면 쓸모 없게 되므로 내용을 정리한다. 이 정리를 실패하면 주요한 요인과 특성을 놓쳐버리기 때문에 참가자와 잘 의논하는 것이 중요하다.

④ 요인에 가중치를 부여한다.

특성에 대하여 영향이 크다고 생각되는 요인에는 특별한 표시를 하여, 그 요인에 대해 다시 세밀하게 분석해 가다 보면 문제해결의 방향이나 방책이 떠오른다.

(3) 응용 영역

이 기법은 공장 등 현장의 문제점을 분석하고 설명하여 개선점을 발견하는 경우에 특히 유용하지만, 현장에만 국한되지 않고 사무실에서도 널리 쓸 수 있는 기법이다.

특성 요인도의 기본적인 생각은 어떤 사물, 상황의 인과관계를 알기 쉽게 도식화하고 명확히 설정된 관계 가운데에서 문제점을 부각시킴으로써 개선점을 파악해 가는 점에 있기 때문에, 특성과 요인이 파악되는 문제영역에서는 유효하게 사용될 수 있다.

10) 가상상황 설정법

(1) 기법 개요

이 기법은 현실 세계의 여러 가지 조건과는 상당히 떨어져 있는 가상 세계에 대한 여러 가지 조건을 설정한 후, 그 가상 상황 하에서의 해결책과 대응책 등을 생각하게 하는 방법이다. 이 기법의 목표는 다음과 같은 세 가지 정도로 정리할 수 있다.

① 현실과 거리가 있는 상황설정을 하는 것에 의해 특히 일상적 상식에 의해서 속박될 것 같은 발상을 자유롭게 풀려는 것

② 문제를 둘러싼 환경을 대폭적으로 바꾸려는 것으로서, 익숙해진 눈으로는 한 면만 파악하여 취급하려는 문제의 본질을 추구하게 하는 것

③ 가상 상황의 설정에 의해 환경의 변화나 문제를 둘러싼 상황의 일부를 증폭시킴에 의해 해결책의 추구에 새로운 가능성과 방향결정을 부여하는 것

(2) 기법 절차

이 기법은 크게 2단계로 나누어진다. 가상 상황의 설정과 그 설정 하에 있어 해결책의 탐색에 관한 두 가지이다.

1단계: 가상 상황의 설정

2단계: 해결책 탐색단계

11) 기타 창의력 개발기법

자유토론기법에 개인의 생각과 평가 결과를 포함시킨 MBS법, 카드를 사용하여 개인 아이디어를 도출하는 자유토론법인 CBS법, 짧은 시간에 자유로운 아이디어를 유발시키는 회의법인 퀵 사고법(quick think method), 아이디어를 얻기 위한 반대 사고법인 역설사고법, 최면의 효용을 활용한 아이디어 발상법인 최면발상술, 각자의 노트에 아이디어를 써 놓고 회의하는 방법인 노트 수집법, 모든 자료와 아이디어를 카드에 정리하는 IB(idea bit)법, 집단의 기능을 살려 양질의 정보를 얻는 집단 면접법(group interview), 의식을 해방시켜 전인적인 창조성을 유도하는 명상법, 이미지에 의해 새로운 자신을 만들어내는 자율훈련법(autogenic training), 신체표현에 의한 창조성 교육법인 CDM(creative dramatics) KJ법, PMI법 등이 있다.

8장

갈등해결전략과 리더십

As long as we have friendship, today is beautiful.
As long as we have memories, yesterday remains.
As long as we have hope, tomorrow awaits.
The future is not a gift – it is an achievement.

– Harry Lauder –

HOW TO RESOLVE CONFLICT:
Everybody you meet knows something better than you – find it and use it.
How to bring out the best in others:

1. Ask your people to share their ideas
2. Welcome change
3. Set challenging goals and measure performance
4. Be generous with feedback
5. Reward initiative
6. Develop people who show special potential

No matter what accomplishments you make, somebody helped you.

– Althea Gibson –

■ 갈등극복과 통합, 의사결정과 문제해결

갈등관리, 문제해결	매우 그렇다	그렇다	보통 이다	아니다	전혀 아니다
1. 모든 일을 함에 있어서 열정을 갖고 있다.					
2. 일의 목표를 향해 전력질주하고 있다.					
3. 일을 추진함에 있어 장애나 어려움에도 쉽게 포기하지 않는다.					
4. 중요한 일은 변덕을 부리지 않고 초지일관한다.					
5. 일을 추진함에 있어 기쁜 마음으로 즐기며 행한다.					
6. 사소한 일을 비롯하여 모든 일을 수행함에 책임감을 갖고 임한다.					
7. 모든 일에 항상 도전적이다.					
8. 일상생활에서 상대를 격려하고 용기를 북돋워 준다.					
9. 다른 사람과 다투기를 잘한다.					
10. 갈등은 개인과 조직에 나쁜 영향을 준다.					
11. 개인과 조직의 발전을 위해 갈등이 긍정적 역할을 한다.					
12. 나는 희생정신이 있다.					
13. 문제해결을 위하여 앞장선다.					
14. 시시비비 가리기를 좋아한다.					
15. 문제해결의 딜레마를 심사숙고해서 극복하려고 애쓴다.					

1. 갈등과 갈등해결

1) 갈등의 뜻

갈등이란 제한된 자원을 공유하는 과정이나 작업수행 과정에서, 혹은 상이한 신분, 목표, 가치관 때문에 두 사람 이상의 개인이나 집단들 사이에서 발생되는 불화나 의견의 불일치를 일컫는다. 이러한 의견의 불일치는 주로 자신의 입장이나 견해를 타인에게 강요하는 경우에 발생한다. 갈등이란 어휘는 흔히 경쟁(competition)이라는 개념과 혼동되기도 한다. 그러나 이들 두 어휘는 분명히 서로 다르다. 경쟁이란 개인이나 집단들이 서로 다른 입장이나 목표를 견지하기는 하되 상대방의 입장이나 목표추구를 방해하지 않는 것을 뜻한다. 만약, 이 경우 방해가 된다면 갈등상황이 존재하고 있는 것이다.

2) 갈등의 기능

갈등의 기능으로는 역기능(disfunction)과 순기능(function)이 있다. 역기능이란, 갈등은 본질적으로 해로우며 원만한 인간관계의 결핍에서 발생되는 현상으로서 생산성과 집단의 유효성을 저해하는 일종의 병리적 현상과 같다. 반면에 순기능이란, 조직 내의 갈등은 자연히 일어나는 불가피한 현상으로서 해가 되기보다는 오히려 집단의 유효성 제고에 이용될 수 있다. 순기능적 갈등은 새로운 의견을 촉진시키고 집단 내의 응집성을 높여서 협조적, 통합적 분위기의 형성에 이용될 수 있다는 것이다.

갈등의 역기능은 갈등에 대한 전통적 견해와 유관하다. 즉, 초기의 경영학자들은 조직에서 갈등이 발생되는 이유는 경영자가 타당한 경영원칙을 적용하지 못하거나 원만한 의사소통을 하지 못하기 때문이라고 주장하였다. 그래서 테일러(F. W. Taylor) 같은 사람은 과학적 관리방법만 채택하면 조직의 모든 갈등은 저절로 해소된다고 믿었다.

갈등의 순기능적 입장은 갈등에 대한 현대적 견해에 근거하고 있다. 지나친 갈등은 분명 해롭지만, 적당한 규모의 갈등은 조직의 유효성을 제고시키며, 문제해결을 가능하게 하고 조직의 변화와 혁신을 위한 좋은 수단이 된다고 강조한다(김영규, 1996). 다음에서는 갈등에 대한 전통적 견해와 현대적 견해에 대해 살펴보겠다(Myers & Myers, 1998).

3) 갈등에 대한 전통적 견해

대인 의사소통에서 갈등이 필연적이라고 생각한 것은 비교적 최근의 일이다. 전통적으로 갈등에 대한 최근의 입장과는 다른 견해를 보여 왔다. 갈등은 사악하며, 피해야 하거나, 감춰진 것으로 믿는다. 가끔 가족, 사무실, 공장, 회사 등지에서 모든 사람들이 얼마나 잘 지내는지 자랑스럽게 이야기하는 것을 들을 수 있을 것이다. 어떤 사람들은 자기 집단에서는 절대 다투지도 갈등을 일으키지도 않으며, 모든 사람들이 완벽하게 지내고 있다고 말하기도 한다. 그러나 문제와 갈등이 없는 집단이란 정상적인 인간으로서 본능적인 자기 이기성과 집단 이기성을 가진, 합리적인 수준의 경계심과 활동성을 가진 사람들 사이에서는 발견되기가 극히 어렵다.

갈등에 대한 전통적인 견해에는 갈등이란 나쁘고, 피할 수 있고, 몇몇 바람직하지 못한 사람들의 행위의 결과물이란 생각이 담겨 있다. 갈등이란 분노, 공격성, 물리적이고 언어적인 다툼, 폭력-본질적으로 부정적인 감정들과 행위들이 관련되었었다. '훌륭한 사람은 싸우지 않는다', '사이좋게 지내는 편이 낫다', '아이들 앞에서는 다투지 마라', '네가 나를 사랑한다면 나와 다투지 않을 것이다'와 같은 것들은 갈등이란 근본적으로 나쁜 것이라거나 나쁜 사람들만 반대하고, 화를 내고 싸운다는 것을 가르치는 익숙한 메시지들이다. 물론 갈등이 부정적 효과를 가져 올 수 있다는 것은 분명한 사실이다. 넓은 의미로 보면, 전쟁이란 국가 간 최악의 갈등의 표현이다. 규모는 작지만 고통은 결코 적지 않은 측면에서는 이혼, 별거, 사직, 정신적 위축, 불안한 관계도 대인갈등과 불화의 예들이다.

비록 지금도 우리 주위에는 갈등이란 나쁜 것이라는 생각이 존재하고 있지만, 갈등에 대한 새로운 견해가 출현했다. 즉, 의사소통 분석가들은 갈등에 대한 부정적인 견해는 때로 부정확하고, 최소한 한정적이라는 것에 대해 의견의 일치를 보인다.

4) 갈등에 대한 현대적 견해

갈등이론의 연구가 확대되면서 갈수록 많은 학자들이 갈등에 대하여 새로운 생각들을 기술하고 있다. 이런 새로운 접근들은 갈등은 필연적이고, 조직이나 집단의 구조적 요인에 의해 규정되고, 보통 예견될 수 있으며 변화의 과정에 필수적이라는 개념에 기초하고 있다. 따라서 어느 정도의 갈등은 도움을 줄 뿐만 아니라, 창조적이고 정력적인 사람들을 자극하는 데 필수적이라는 것이다.

상대방과 아무리 가깝고 좋아하고 사랑할지라도, 상대방이나 집단과 아무리 조화롭게 지낼지라도, 개인적인 욕구, 생각, 감정, 행동, 움직임, 가치, 소유가 정확히 들어맞지 않을 때가 반드시 있다. 결과는 갈등으로 이어진다. 어떤 두 사람, 두 집단도 항시 정확히 서로 같게 생각하고, 느끼고 행동할 수 없다. 문제는 갈등이 존재하느냐 않느냐가 아니라 갈등을 어떻게 처리하느냐이다. 갈등이 실제로 존재하지 않게 할 수는 없지만, 갈등 상황에 대한 접근방식을 바꿀 수 있고, 갈등의 대상과 협상할 수 있다.

(1) 갈등의 부정적인 결과

갈등의 결과는 건설적일 수도 파괴적일 수도 있다. 모든 갈등이 같은 결과를 낳는 것은 아니다. 갈등이 사람의 힘과 자원을 모두 써 버려 기진 맥진하게 해 버리면 파괴적일 수 있다. 계속되는 심한 논쟁과 빈번한 의견의 불일치는 사람을 지치게 하고, 서로 원만한 관계를 이룰 수 있게 하는 동기를 감소시키는 경향이 있다.

갈등, 특히 갈등이 일어날 것에 대한 두려움과 걱정은 보수와 안정을 선택하도록 할 수 있다. '집단사고(groupthink)' 현상은 갈등이 결정에 참여한 사람들에게 여러 가지 부정적인 결과를 초래할 것이라는 두려움에 바탕을 두고 있다. '집단사고'는 문제를 해결하는 과정에서 어떤 점검이나 저울질도 허용되지 않으며, 어떤 창조적이거나 비대중적인 새로운 아이디어도 돌출되지 않기 때문에 결과적으로 결정의 효과 면에서는 손해를 초래한다. 최고지도자는 자신을 둘러싸고 있는 '예스맨(yes man)'들의 이야기만 듣기 때문에 중대한 실수를 범할 수 있다. 이런 경우 대부분은 갈등 자체보다는 반대를 겁내는 사람들의 두려움이 더 파괴적이 된다.

(2) 갈등의 긍정적인 결과

갈등은 많은 부정적인 결과를 초래할 가능성이 있다. 사람들이 왜 갈등을 피하거나 억누르려고 하는지 쉽게 이해가 된다. 그러나 갈등에는 이점도 많다.

긴장과 갈등은 때로 사람들에게 에너지를 주고 동기를 부여한다. 경쟁을 통해 성장하는 사람들도 있다. 다른 사람들에게는 무용지물이겠지만 이런 사람들에게는 갈등이 강한 에너지의 원동력이다. 만약, 다른 사람과의 성공적인 경쟁을 통한 승리로 많은 것을 얻을 수 있다고 느끼면 이기기 위해 엄청난 노력을 할 것이다. "승리하는 것은 가장 중요한 것이 아니다: 오직 그 길만이 있다"라는 말은 성공적인 축구 코치의 유명한 말이다.

초능력적인 판매사원들은 궁극적으로는 회사를 이롭게 하지만 일인자가 되기 위해 판매량을 올리려고 밤낮으로 일한다. 갈등은 개혁, 창조, 변화를 이끈다. 안정성과 무사함 때문에 갈등을 억제하면, 창조적인 생각들이 나오기 힘들다. 새로운 생각들이 없으면, 집단은 침체되어 앞으로 나아가지 못한다. 새로운 생각은 터놓고 함께 논의함으로써 갈등을 해결하는 과정에서 나온다.

이상에서 살펴본 갈등의 순기능적 견해는 조직의 유효성을 취고의 수준으로 높일 수 있는 최적수준의 갈등이 있음을 시사하고 있다. 이를 도식화하면 아래와 같다.

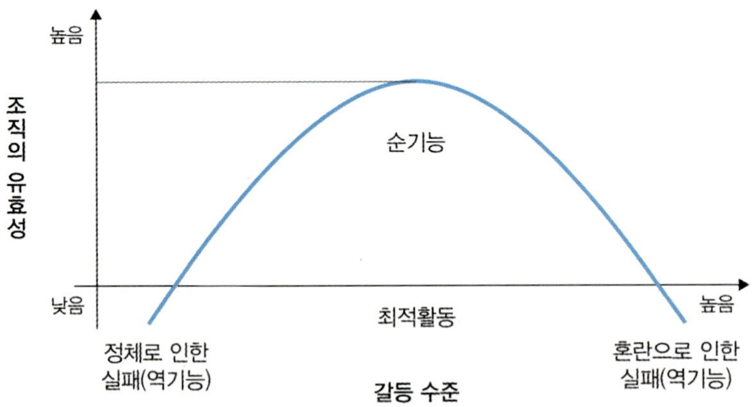

[그림 8-1] 갈등과 조직의 유효성

2. 갈등의 유형

갈등을 개인의 돌출적 행동이나 문제를 일으키는 사람의 계략으로 보아왔던 데 반해 최근의 연구에서는 갈등에 다른 요소들을 부여한다. 갈등에는 세 가지 유형이 있다: 개인갈등, 대인갈등, 조직에서의 갈등 등이다.

1) 개인갈등

개인갈등은 ① 갈등을 일으키는 욕구, 희망과 가치들, ② 주어진 욕구나 원하는 것을 충족시키는 경쟁적 방식, ③ 욕구충족 저해로 인한 좌절, ④ 어울리지 않는 역할 등을 경험할 때마다 나타나는 개인의 내적 모순 등의 원인으로 발생한다.

개인이 갈등을 일으키는 욕구나 희망사항을 경험하는 것은 아주 흔한 일이다. 개인이 삶을 영위하면서 경험하게 되는 욕구의 갈등에는 접근과 접근에 의한 갈등, 접근과 회피로 인한 갈등 그리고 회피와 회피의 갈등 유형 등으로 나눈다.

개인 스스로의 갈등은 어떤 방법으로 이것을 경험하고 또 시간의 경과 여부에 따라 자신이 갈등을 극복함으로써 개인이 정신적 · 육체적 성장의 계기가 되기도 한다. 대립되는 욕구를 저하시키거나 극복함으로써 보다 미래지향적인 개인의 발전으로 나아갈 수도 있다.

2) 대인갈등(인간 상호 간의 갈등)

개인들 상호 간에 발생하는 대인갈등은 개인들의 차이, 한정된 자원이나 역할 차별 때문에 일어난다.

(1) 개인 간 차이에 의하여

어떤 조직과 사회에서건 개인 간에 차이가 있다는 사실은 갈등의 원인이 된다. 개인 간의 차이는 세대, 성별, 태도, 믿음, 가치, 경험, 상황이나 다른 사람을 보는 방식에 존재한다. 도전적이고, 정식으로 교육받은 매너를 갖춘 젊은이는 고학으로 성공해서 지위가 높은 나이 든 경영자와는 상황을 달리 볼 것이다. 부모와 자식들은 여러 가지 면에서 세상을 달리 본다. 여자 상사에게 복종하거나 명령을 받기를 싫어하는 남자들도 있다.

사회집단 내에서는 관련을 맺을 사람에 대해 어느 정도 선택의 폭이 주어지지만 일터나 대학 환경에서도 똑같은 선택의 폭이 주어지지는 않을 것이다. 그 사람이 거기 있기 때문에, 일 때문에, 수강신청을 했기 때문에 어떤 사람들과 관련을 맺는다. 여러분이 회사나 학교를 그만두는 극단적인 선택을 할 수도 있겠지만, 계속 머무르는 한 집단에 속한 사람들과 같아지는 데 동의하는 것이다. 그들이 여러분과 많은 차이가 있다면 어느 정도의 갈등은 불가피하다.

(2) 한정된 자원

필요한 모든 자원을 가진 조직체, 집단, 가족이란 없다. 재정자원, 인간자원, 기술자원, 시간은 항시 얼마간 한정되어 있다. 자원의 소유는 선택적일 수밖에 없기 때문에 유용한 자원을 현명하게 배분하는 것은 대부분의 사람들에게 심각한 문제이다. 이 때문에 누가 허락을 받느냐, 공간을 차지하느냐, 가구를 쓸 수 있느냐, 예산을 확보하느냐, 정보를 갖느냐, 가족 중 누가 자동차를 사용하느냐 따위에 대한 선택이 이루어질 수밖에 없다.

경쟁이란 본질적으로 어떤 조직체에 자원이 불충분할 때 발생한다. 각 사람, 각 집단은 파이를 차지하기 위해 경쟁한다. 차이가 적을수록 경쟁은 치열해진다. 자원 분배는 조직체나 집단이 목표를 달성할 수 있도록 이루어져야 한다. 그러나 한 집단이나 개인이 가장 효과적인 자원의 분배라고 규정한 것이 언제나 만장일치로 받아들여질 수는 없다. 조직체에 속한 각자마다 '가장 좋은 방법'에 대해 다른 생각들을 가지고 있을 수 있다. 정당한 배분을 받지 못했다고 느끼는 사람은 더 많이 차지했다고 생각되거나 불공정한 배분의 원인이라고 생각되는 사람에 대해 적대감을 가질 수도 있다. 누이동생이 오빠가 자기보다 자동차를 더 많이 쓴다고 지각할 때 형제간 경쟁이 강화된다.

(3) 역할 차별

대인갈등은 보통 상대방으로부터 주어지는 명령에 동의하지 않는 것으로부터 귀결된다. 상대방에 대해 어떤 권위를 가지고 있음에도 불구하고 무언가를 요구했는데 상대가 따르기를 거절하고 여러분의 권위를 인정하거나 수용하기를 거부한다면, 서로의 관계를 자신의 뜻대로 조절하지 못하는 것에 따르는 갈등이 있게 된다. 서로의 역할규정을 조절하는 사람은 누구인가? 이런 유형의 갈등은 두 사람이 기본적으로 어떤 행동과정에 대해 동의하지만, 그 중 한 사람이 상대방이 그 생각에 먼저 착안했다는 이유로 그 과정을 거절할 때도 발생한다.

상사와 직원이 모두 어떤 일이 마감 전에 끝나야 한다는 것에는 동의한다. 그러나 상사가 시간 외 근무를 이야기하면 직원은 주저할 것이며, 이는 일에 더 많은 시간을 할애해야 한다는 데에서보다는 상사의 권위를 수용해야만 한다는 데서 기인된 것이다. 상사가 아무 말도 안했다면 직원은 아마 일을 마치기 위해서 시간 외 근무가 필요할 것이라고 주장하고 자원해서 일에 더 매달릴 것이다. 그러나 그 경우 직원에 의해 결정이 이루어졌다면 그 직원이 상황을 조절한 것이다.

3) 조직갈등

많은 경우 갈등은 조직 자체의 구조로부터 일어날 소지가 있다. 조직이 커지고 복잡해지면 필연적으로 갈등을 일으킬 소지가 있는 기능과 역할들이 형성된다.

큰 회사의 이사회 임원은 어떤 문제를 평사원과 같은 시각에서 보기 어렵다. 대학의 총장은 학생들의 시각으로 어떤 것을 보기 어렵다. 조직의 단계가 많아질수록, 서로 고립될수록 공유하는 정보의 양은 적어지고 서로 간에 더 잘 알거나 이해하지 못하게 된다.

상위계층의 시각, 가치, 목표는 중간계층이나 하위계층과 다르다. 한 학급의 경우처럼 작은 조직에서는 각 계층에 속하는 사람이 극히 적고, 계층 간 의사소통이 활발하므로 조직의 구조로 인한 갈등 가능성은 극히 적다. 계층이 많은 큰 조직에서는 의사소통이 더욱 제한되고, 다른 계층의 사람들을 거의 보지 못하므로 갈등의 가능성은 증대된다. 아마도 여러분이 개인적으로 잘 알지 못하는 사람과 싸우기는 쉬울 것이다. 만약, 여러분이 '지배자'나 '경영자'를 '적'으로 지각한다면, 그 직책에 해당되는 사람이 실제로 누군지 몰라야 싸우기 더 쉬울 것이다. 큰 회사나 관료의 비인격적인 '저들'은 얼굴이 없다.

기능적인 갈등도 필연적이다. 조직의 각 부분들은 그들이 나름대로 달성해야만 하는 것들 때문에 경쟁적 욕구를 갖는다.

이상에서 언급한 이야기의 주요 요점은 갈등이 우리 삶에 있어 실제적인 것이라는 점이다. 그것이 침체를 막고 새로운 생각과 과정을 드러내도록 자극한다면 대단한 가치를 가질 수 있다. 갈등과 차이의 노출은 문제를 노출시킴으로써 논의하고, 해결할 수 있도록 해준다. 갈등이 위험하고 분열시키는 것처럼 보일 수 있지만, 사람들로 하여금 끊임없이 조정하거나 변화할 수 있게 하는 대단히 유용한 결과를 낳을 수 있다. 갈등을 무시하여 그 실체를 감추는 통제된 행동과 구조는 때로 훨씬 더 격렬한 유형의 갈등을 야기시킨다. 보다 유동적이며 열려 있고, 다른 견해를 표현할 수 있게 하는 사람은 그런 격렬함을 겪지 않을 것이다.

갈등에 직면했을 때 이를 적절히 다룬다면 매우 유익할 것이다. 문제는 갈등을 어떻게 적절히 다룰 것인가 하는 것이다. 다음에서는 갈등을 처리하는 유용한 전략들에 대해서 살펴보겠다.

3. 갈등해결 위한 전략

블레이크, 쉐퍼드, 머튼(R. R. Blake, H. A. Shepard, and J. S. Mouton)에 따르면 갈등처리전략은 세 가지로 분류될 수 있다: 회피, 약화, 직면이 있다.

1) 회피

사람들은 보통 갈등이나 갈등의 가능성을 피한다. 그들은 어떻게든 갈등을 보지 않으면, 달갑지 않은 상황이 지나가 버림으로써 머리 아프지 않아도 되길 바란다.

그러나 문제를 외면한다고 해서 문제가 드러나지 않는 경우는 거의 없다.

갈등을 회피하는 방식에는 여러 가지가 있는데 발뺌하기, 부인하기, 어물쩡하게 넘어가기도 여기에 속한다. 어떤 사람들은 방을 나가버리거나, 강의를 듣지 않거나, 일을 그만두거나, 회의 때 잠을 자버리거나, 집으로 가버리거나, 다른 활동에 아주 몰두한 척함으로써 그 상황을 단지 피해 버리려고 한다. 대인관계를 맺을 시간이 전혀 없이 일에만 몰두하는 사람들은 갈등의 소지가 있는 상황을 피하기 위한 전략으로써 일을 사용할 것이다. "오늘 해야 할 공부가 너무 많아서 너를 볼 수가 없어"라는 식으로. 갈등을 피하기 위해 모든 것을 다 수용하는 것처럼 보이는 사람들도 있다. 그 수용자는 비록 어떤 것이 성가실지라도 마치 모든 것이 아주 잘 되어가고 있는 것 같은 태도를 취한다. 무언가 다툴 만한 문제에 접근할 것 같으면 언제든지 대화의 주제를 정말 심각하게 여기지 않도록 주의를 산만하게 하는 사람들도 있다.

갈등의 소지에 대해 위협을 느끼거나 갈등을 효과적으로 다룰 수 없을 것 같아 보일 때마다 사람들은 회피전략을 사용한다. 상황의 회피로는 문제를 해결할 수 없다. 다른 형태로 갈등이 나타나게 될 따름이다.

2) 약화

약화전략은 갈등에 관여된 사람들의 흥분이 가라앉도록 일단 정지를 시킬 때 쓰여진다. 약화전략에서는 사소한 문제에 합의를 추구하면서 좀 더 정보를 가지고, 냉정해지고, 문제를 약간 다른 각도에서 볼 수 있을 때까지 큰 문제를 회피한다. 약화전략을 통해 사소한 문제 몇 가지는 해결될 수 있지만 큰 문제는 풀리지 않은 채 남는다. 오랜 기간 동안 이렇게 되면 약화전략은 단지 일종의 회피일 뿐이다.

3) 직면

직면이 어떻게 귀결되느냐에 따라 그 전략은 세 가지로 나뉜다. 필리, 하우스와 커(A. C. Filley, R. J. House, and S. Kerr)는 이 세 결과를 '승자–패자', '패자–

패자', '승자–승자'라고 지칭하고 있다.

(1) 승자–패자 혹은 힘의 전략

승자–패자 전략은 힘에 토대를 두는 일반적으로 갈등을 처리하는 방식이다. 이것은 갈등이 해결되려면 누군가가 승리해야 한다는 생각에 토대하고 있다. 덧붙여 승리하기 위해서는 반드시 상대가 패해야 한다고 생각한다.

(2) 패자–패자 혹은 절충전략

참여자들이 모두 패자가 되는 전략은 갈등을 푸는 데 있어 특별히 유용한 것 같아 보이지 않는다. 그럼에도 이 전략은 빈번히 사용된다.

갈등을 처리하는 패자–패자 방식에는 여러 가지가 있다. 때로는 논쟁에 참여한 누구도 완전히 만족하지는 못하지만, 최소한 한쪽 편이 전적으로 승리하거나 패배하지도 않는 중간 절충안을 택할 수 있다. 중화요리집에 가고자 하는데 상대방은 일식요리를 원한다면 차라리 한식집에 가자는 데 동의할 수 있다. 이런 식으로는 여러분도 상대방도 승자가 되지 못한다. 여러분은 절충에 동의한다. 이러한 절충은 짧은 안목으로는 유용할 수 있다. 그러나 이런 절충이 서로의 차이점을 극복하는데 습관적이 되면, 상대방이 진짜로 문제를 풀려고 하기보다는 여러분이 이기는 것을 반대한다는 것에 더 화가 치밀 것이다.

(3) 승자–승자 혹은 융화전략

갈등을 처리하는 승자–승자 전략은 첫째, 갈등은 이기기 위한 싸움이 아니라 문제해결의 조짐이고, 둘째, 갈등은 어느 쪽도 전혀 패자가 되지 않게 해결될 수 있다는 생각에 기초하고 있다.

문제해결을 통한 갈등의 처리는 대립자들에게 서로 함께 일할 수 있는 시각을 갖게 해주므로 차이를 극복하는 데 있어 매우 효과적인 방법이다. 직접 직면해야 하지만 누가 옳고 그르고, 누가 나쁘고를 따지는 것에 중점을 두는 것이 아니라, 문제의 해결에 중점을 두어야 한다. 문제를 해결하기 위하여 서로 터놓고 정보를 주고받아야 한다. 서로 문제가 해결될 수 있다고 규정하기 전에는 가능한 문제해결 방식에 대해 언급을 하지 않아야 한다. 겉으로는 완전히 대립되어 보이는 입장도 서로 고수하고 있는 큰 문제를 창조적으로 재규정할 수 있다. 서로 기탄없이 의견을 쏟아내는 브레인스토밍 기술을 통해 문제의 가능한 해결책을 내놓는 것이 매우 유용할 것이다.

갈등해결을 위한 대안들을 내놓기 위해서는 기탄없이 터놓고 의견을 내놓을 수 있어야 한다. 기탄없이 의견을 내놓는 기술은 참가자들 사이의 개방적이고 자발적인 의사소통을 의미한다. 해결책이 나올 수 있기 전에 문제가 규정되어야 한다. 사람들이 기탄없는 의견 제시로 해결책을 내놓을 때는 서로 지지해주는 의사소통에 중점이 놓여야 한다. 모든 사람은 자유스럽게 비판적 판단을 할 수 있어야 하고, 독창적이고 특이한 생각을 내놓을 수 있도록 권장되어야 한다. 해결책들에 대한 평가는 단지 해결책들이 나온 후에만 이루어진다.

승자-승자 접근방식은 모든 참가자들이 적어도 어느 정도라도 만족할 수 있는 해결책을 찾고자 한다. 순수한 의도, 약간의 창조성, 모든 사람의 욕구에 합당치 않는 해결책을 내놓는 것을 억제하기 위한 합의, 만족할 만한 해결책이 나올 때까지 걸리는 인내심과 시간이 있으면 문제에 대한 아주 창조적인 해결책들이 발견될 수 있다.

9장

성공한 사례연구를 통한 리더십 함양

Leadership Characteristics – Top Ten List

1. Visionary
2. Integrity
3. Consistency
4. Coach/Facilitator
5. Accessibility
6. Flexibility
7. Courage
8. Over-Communicates
9. Positive Role Model
10. Inspirational

■ 내가 생각하는 성공을 위한 다섯 가지 요인을 생각하고 적어보자

요 인	이 유(최대한 상세히)	실 천 방 법		
		1단계	2단계	3단계
1.				
2.				
3.				
4.				
5.				

■ 장차 내가 성공하고 싶은 분야에서 이미 성공한 리더를 찾아서!

	분야	이유	성공을 향해가는 실천방법		
자신이 성공하고 싶은 분야는?					
내가 성공하고 싶은 분야에서 성공한 사례는?					

성공사례별 찾아보기 : 경제분야, 문화(스포츠)분야, 정치분야, 관광분야, 예술분야 등 모든 분야에서

■ 성공에 대한 이해와 성공을 위한 자세

성공, 성공의 요인들	매우 그렇다	그렇다	보통 이다	아니다	전혀 아니다
1. 나는 모든 일을 할 때 성공을 위한 열정으로 가득 차 있다.					
2. 적어도 이(한) 분야에서는 반드시 성공할 것이다.					
3. 성공하는 사람에 대하여 부러운 감정이 생긴다.					
4. 성공을 위하여 성공하기까지의 어려움을 기꺼이 감수할 수 있다.					
5. 나는 매사에 능동적이며 적극적으로 생활한다.					
6. 나만의 리더십으로 주변사람들에게 영향력을 행사한다.					
7. 형식에 얽매이기보다 실리적이며 현실적이다.					
8. 모든 일에 비전을 갖고 행동한다.					
9. 작은 일이라도 전략을 갖고 행동한다.					
10. 나 스스로 지혜로운 행동을 한다.					
11. 모든 일에 도전의식이 강해 자신감으로 행동한다.					
12. 목표달성에 안주하지 않고 더 높은 곳을 향해 간다.					
13. 긴장에서 벗어나 여유롭게 생활한다.					
14. 고독과 방황을 즐긴다.					
15. 내 스스로 장단점을 알아가며 행동을 관리한다.					
16. 불확실성을 타파하고 슬기롭게 대처한다.					
17. 나무를 보기보다 전체 숲을 보는 통찰력이 있다.					
18. 인내심이 강하다.					
19. 균형감각이 있다.					
20. 나는 매우 끼가 많다.					

1. 성공하는 사람들의 자기관리

1) 자신의 강점을 관리하기

동서고금을 막론하고 성공은 자기 자신을 잘 관리하는 사람들에게 찾아온다. 자신이 소유한 강점과 약점을 잘 알고 관리할 수 있으며 가치관 그리고 일을 최선으로 수행할 수 있는 방법을 스스로 아는 것이 필요하다. 앞서 살펴본 피터 드러커는 역사적으로 성공한 다수의 사람들은 철저한 자기관리자였음을 밝히고 있다. 나폴레옹 · 다빈치 · 모차르트 같은 역사적으로 위대한 성취자들은 부지런히 자기자신을 관리해 왔다. 바로 그것이 그들을 위대한 성공한 사람들로 만들어 낸 것이다. 그러나 꼼꼼히 살펴보면 그들의 성공은 매우 드문 예외적인 경우라고 할 수 있다. 다시 말하면, 재능이나 업적 면에서 너무나 뛰어나서 그들은 평범한 인간 존재의 영역 밖의 경우로 간주된다. 어느 정도의 타고난 재능을 가진 사람들까지를 포함해서 우리들 대부분은 우리 자신을 관리하는 방법을 배워야 한다.

내가 소유하고 있는 소중한 재능을 우선 발견하고 이것을 발전시키기 위해서 계발할 수 있어야 할 것이다. 우리는 적성이 있고 큰 공헌을 할 수 있는 분야에 우리 자신을 소속시켜야 한다. 이는 곧 우리의 일을 언제, 어떻게 바꿔야 하는지를 알아야 하는 것을 의미하는 것이다. 어떤 방면에 내 강점이 있는가?

대부분의 사람들은 자신이 무엇을 잘하는지 안다고 생각한다. 그러나 그들은 일반적으로 잘못 알고 있다. 사람들은 자주 그들이 무엇에 익숙한지 익숙하지 않은지를 안다고 하는데 그때조차도 맞는 사람보다 틀리는 사람들이 더 많다. 사람들은 자신이 지닌 강점을 활용하면서 일한다. 사람들은 적성이 없는 취약한 분야에서 큰 성과를 쌓을 수 없다. 더구나 전혀 할 수 없는 분야에서는 아무 것도 이룰 수 없다. 과거 역사를 살펴보면, 사람들은 그들의 강점을 알 필요성이 그다지 크지 않았다. 과거에는 사람들이 태어나면서 신분과 직업이 결정되었다. 즉, 농부의 아들은 농부가 되고 기술공의 딸은 기술공의 부인이 되는 것 등을 예로 들 수 있다. 그러나 이제는 자신이 스스로 선택할 수 있다. 우리는 우리가 어떤 직업을 선택해야 할지를 알기 위해 우리의 강점을 알아야 할 필요가 있다.

2) 성공요인의 분석과 장점 및 단점 찾기

자신의 강점을 발견할 수 있는 방법 중의 하나가 피드백 분석을 통하는 것이다. 우리는 중요한 결정이나 행동을 할 때마다 기대하는 바를 적어 놓아야 한다. 9개월 또는 12개월 후 실제로 일어난 결과와 자신의 기대를 비교해 보도록 한다.

피터 드러커는 지난 15~20년 동안 이 방법을 실천해 왔으며, 내가 이 방법을 실행할 때마다 놀라움을 느낀다고 설명한다. 예를 들어, 피드백 분석은 놀랍게도 내가 기술자, 회계사 또는 시장 조사자들과 같은 기술과 관계된 사람들을 알아보는 직관적인 이해력을 가졌다는 것을 보여주었다. 한편 피드백 분석은 내가 일반논자와는 근본적으로 동조하지 못한다는 것을 보여주었다.

피드백 분석은 전혀 새로운 것이 아니다. 그것은 14세기 어느 알려지지 않은 독일의 신학자에 의해 처음으로 고안되었으며, 150년 후 캘빈(John Calvin)과 로욜라(Ignatius Loyola)에 의해 새롭게 독립적으로 채택되었고, 그 후 그들의 후계자에 의해 실행되었다. 사실 이런 피드백 분석의 실적과 결과에 대한 지속적인 관심은 이 두 사람에 의해 창설된 캘빈교도 교회와 예수회 교단이 왜 30년 동안 유럽을 지배하게 되었는지에 대한 이유를 잘 설명해 준다.

피드백 분석을 하게 되면 특정 행동을 위한 몇 가지 함축적 의미가 나온다. 첫째로, 가장 중요한 것은 당신의 강점에 관심의 초점을 모으는 것이다. 당신의 강점이 결과를 만들어 낼 수 있는 부문을 시행하도록 해야 한다. 둘째로, 당신의 강점을 증진시킬 수 있는 일을 해야 한다. 이 분석은 당신이 기술을 증진시키거나 새로운 기술을 획득해야 할 필요가 있는 부분을 빠르게 보여 줄 것이다. 이것은 또한 당신의 지식에 격차가 있는 부문을 가르쳐 줄 것이며 이러한 격차는 대부분 채워질 수 있다. 수학자는 태어나는 것이지만 모든 일반 사람들도 삼각법을 배울 수 있는 것이다. 셋째로, 당신의 지적 오만이 당신의 무지를 깨닫지 못하게 하는 원인이 된다는 것을 알아야 하며 이를 극복해야 한다. 많은 사람들, 특히 한 분야에서 특별한 전문성을 가진 사람들은 다른 분야의 지식을 경멸하거나 명석함이 지식을 대체할 수 있다고 믿는다. 예를 들면, 일류 공학자들은 사람에 관해 아무것도 알지 못하는 점에서 자만심을 갖는 경향이 있다. 그들은 훌륭한 공학적 사고를 하기에는 인간이 너무나 무질서하다고 믿는다. 그러나 이와 대조적으로 인적자원에 대한 전문가들은 가끔 기초 회계학이나 수량적 방법 등에 대해 무지한 것을 자부하기도 한다.

그러나 이러한 무지에 대해 자만심을 갖는 것은 자기 자신을 패배시키는 것이다. 각자의 강점을 충분히 발휘하는데 필요한 기술과 지식을 얻는 것이 중요하다고 하겠다. 당신의 나쁜 버릇을 고치는 것도 똑같이 중요하다. 즉, 효과적인 업무수행과 업적달성에 방해가 되는 나쁜 습관은 고쳐야 한다. 이러한 버릇들은 피드백에서 빨리 나타난다. 예를 들면, 기획담당자는 흔히 후속조치를 취하지 않아 좋은 계획들이 실패하는 것을 발견한다. 많은 명석한 사람들처럼 그는 아이디어가 산을 움직인다고 믿는다. 그러나 불도저가 산을 움직이는 것이고 아이디어는 불도저가 일하러 가야 하는 장소를 보여주는 것이다. 이 기획담당자는 계획이 완료되어도 작업은 완전히 끝나지 않는다는 것을 알아야 할 것이다. 그는 계획을 수행할 사람들을 찾아야 하고 그들에게 계획을 설명해야만 한다. 그는 계획을 실행하면서 계획을 수정하고 변화시켜야만 한다. 끝으로, 그는 계획을 강하게 추진하는 것을 중단해야 할 시기를 결정해야 한다.

동시에, 피드백은 예의 부족이 문제될 때도 나타난다. 예의는 조직의 윤활유와 같다. 서로 접촉하는 두 개의 움직이는 동체는 마찰을 만들어 내는 것이 자연의 법칙이다. 이것은 무생물에 적용되는 것과 같이 인간에게도 적용된다. '미안하지만' 그리고 '감사합니다'를 말하는 것, 상대방의 이름을 아는 것, 또는 가족의 안부를 묻는 것 같은 단순한 예의는 두 사람이 서로를 좋아하든 좋아하지 않든 상관없이 같이 일하는데 도움이 된다. 명석한 사람들, 특히 명석한 젊은 사람들은 가끔 이러한 것을 이해하지 못한다. 만약에 어떤 사람의 훌륭한 작업이 다른 사람들로부터의 협력이 요구될 때 계속 실패하는 것으로 분석된다면, 그것은 아마도 공손함의 결여, 즉 예의의 결여 때문이라는 것을 의미할 수 있다.

3) 자기관리의 방법

우선 내가 말하기를 좋아하는 사람인가, 듣기를 좋아하는 사람인가를 먼저 알아야 한다.

미국의 대통령이었던 아이젠하워(Dwight Eisenhower)가 유럽에서 연합군 총지휘관이었을 때, 그는 보도진이 호감을 갖는 사람이었다. 그의 기자회견은 독특하기로 유명했다. 아이젠하워 장군은 그에게 주어지는 어떤 질문에 대해서도 명확한 답변을 했고, 2~3개의 우아하게 세련된 문장을 가지고 상황을 표현하고 정책을 설명할 수 있었다. 그러나 그를 숭배했던 신문 기자들은 10년 후 아이젠하워 대통령을 공개적으로 경멸했다. 그는 질문의 핵심에 대해 정확히 대답하지 못했고 다른 것에 대해서만 두서없이 계속해서 이야기했다고 기자들은 불평했다. 그리고 기자들은 앞뒤가 맞지 않고 문법이 틀린 대답으로 인해 표준영어를 망쳐버렸다고 끊임없이 그를 조소했다.

아이젠하워는 그가 말하기를 좋아하는 사람이지 남의 말을 듣는 사람이 아니라는 것을 분명히 몰랐다. 그가 유럽에서 총지휘관이었을 때, 그의 부관들은 회견이 시작되기 30분 전에 기자단으로부터 모든 질문을 글로 써서 게시되도록 했다. 그러고 나면 그는 모든 상황을 완벽히 장악할 수 있었다. 그는 듣는 사람으로 간주되는 루스벨트(D. Roosevelt)와 트루먼(Harry Truman) 등 두 대통령에 이어 대통령이 되었다. 두 사람은 그들 자신이 남의 말을 들어야 하는 사람이라는 것을 알았고 모두가 자유롭게 참여하는 기자 회견을 즐길 수 있었다. 아이젠하워는 앞의 두 대통령이 하던 것을 그대로 해야만 되는 것으로 느꼈을 것이다. 그러나 읽는데 익숙해 있던 그는 기자들이 묻는 질문조차 알아듣지 못했다. 그리고 아이젠하워는 남의 말을 듣지 않는 사람의 대표적인 인물이 되지도 못했다.

나중에 존슨(Lyndon Johnson) 대통령은 남의 말을 듣는 사람이 되어야 한다는 것을 알지 못한 것이 주요 원인이 되어 대통령직을 망쳐버렸다. 그의 전임자인 케네디(John Kennedy)는 명석하고 글 잘 쓰는 집단을 보좌관으로 두었으며 자신이 읽어야 하는 사람으로 알고 있었다. 케네디는 보좌관들을 직접 만나 메모를 토론하기 전에 반드시 그들로 하여금 글로 써 보내도록 했다. 존슨도 그들을 참모로 활용했고 그들은 계속해서 글을 써 보냈다. 사실 존슨은 보좌관들이 써 오는 글을 거의 이해하지 못했다. 그러나 상원의원으로서 존슨은 탁월하게 평가되고 있다. 왜냐하면 상원의원이나 하원의원은 남의 말을 잘 듣는 사람이 되어야 하기 때문이다.

자기 자신의 말을 잘 듣는 사람으로 만드는 것은 매우 어려우며 유능하게 읽는 사람으로 만들기도 어렵다. 그리고 그 반대도 마찬가지다. 그러므로 남의 말을 듣는 사람이 읽는 사람이 되기 위해 노력한다면 존슨의 비운을 겪어야 할 것이다. 그들은 아무 일도 못하고 아무것도 성취하지 못할 것이다.

다음으로 사람은 어떻게 배워야 하는가?

사람들이 어떻게 일을 수행하는가를 알기 위한 두 번째 사항은 사람들이 어떻게 배우는가를 아는 것이다. 처칠(Winston Churchill)을 하나의 예로 들 수 있는 것처럼 많은 일류 수준의 필자들은 학창시절 성적이 별로 좋지 못했다. 그들은 학교생활을 악몽처럼 기억하곤 한다. 그러나 학교생활을 많이 즐기지 못했으며 그들이 겪는 가장 큰 어려움은 지루함이었다. 글 쓰는 사람들은 대개가 듣거나 읽어서 배우지 않는다는 것이 보통 있는 설명이다. 그들은 글을 쓰면서 배운다. 학교는 그들에게 이와 같은 방법으로 배우는 것을 허락하지 않기 때문에 그들은 나쁜 성적을 얻을 수밖에 없다.

세계 전역에 있는 학교들은 배우는 데는 한 가지의 올바른 방법이 있으며, 이것은 모든 학생에게 동일하게 적용된다는 가정 하에 조직되고 운영된다. 그러나 학교에서 가르치는 상투적인 방법으로 배울 것을 강요하는 것은 다른 학습방법을 택하는 학생들에게는 완전히 지옥과 같은 것이다. 실제로 학습방법은 6가지 이상 있는 것으로 밝혀지고 있다.

세상에는 처칠과 같이 글을 쓰면서 배우는 사람들이 많이 있다. 또 어떤 사람들은 많은 양의 노트를 적으면서 배운다. 예를 들면, 베토벤은 수많은 스케치북들을 남겨 놓았지만 그는 실제로 작곡을 할 때 스케치북을 보지 않았다고 말했다. 왜 그것들을 보존하는지 물어보았을 때 베토벤은, "나는 즉시 써 놓지 않으면 곧 잊어버린다. 그러나 내가 스케치북에 그것을 적어 놓으면, 절대로 잊어버리지 않게 되어 그것을 결코 다시 볼 필요가 없다."고 대답했다고 한다. 어떤 사람들은 실천함으로써 배운다. 또 다른 사람들은 스스로 말하는 것을 들으면서 배운다. 내가 잘 아는 어느 회사의 임원은 작고 평범한 가족경영 사업을 회사가 속해 있는 산업 전체에서 제일가는 회사로 전환시켰던 장본인인데 그는 말을 하면서 배우는 사람이었다. 그는 모든 스태프들을 한 주에 한 번씩 사무실로 초대하는 버릇을 가졌고 그들과 두세 시간 동안 이야기를 나눴다. 그때마다 그는 정책 이슈들을 제안했고 각 이슈마다 세 가지씩 다른 견해들을 주장했다. 그는 동료에게 논평이나 질문을 거의 요구하지 않았으며, 단지 그 자신이 말하는 것을 들어줄 청중을 필요로 했다. 이것이 그가 배우는 방법이었던 것이다. 비록 그의 경우는 매우 극단적이라고 할 수 있을지라도 말을 함으로써 배우는 것은 결코 특이한 방법이 아니다. 많은 전문의들과 법정 변호사들도 이 같은 방법으로 배우는 경우가 많다.

당신이 어떤 방법으로 배우는가를 이해하는 것은 자기인식(self-knowledge)과 관련해서 많은 중요한 요소 중에서 가장 얻기 쉬운 것이다. 내가 사람들에게 '당신은 어떻게 배우는가?'를 물을 때 대부분의 사람들은 그 대답을 안다. 그러나 내가 '당신은 이러한 지식에 따라 행동하는가?'라고 물으면, 그렇다는 대답은 거의 없다. 그럼에도 불구하고 이러한 지식에 따라 행동하는 것이 직무를 수행하는데 핵심 요인이 된다. 달리 이야기하면 이에 따라 행동하지 않는 것이 사람들로 하여금 직무 실패자로 비난받게 한다.

2. 성공을 위한 열정

존 맥스웰은 성공하는 사람들의 자질로 다음 9가지를 제시한다. 첫째, 비난이나 거절에 덜 민감하고 그것들을 쉽게 간과해 버린다. 둘째, 문제의 핵심을 생각한다. 셋째, 현재 주어진 과업에 초점을 맞춘다. 넷째, 미신을 믿지 않고 '이것이 인생이다'라고 말한다. 다섯째, 실패와 자신의 가치를 동일시하지 않는다. 여섯째, 고정관념에 얽매이지 않는다. 일곱째, 하나하나 나무를 보면서 전체 숲을 볼 줄 안다. 여덟째, 도전을 낙관적으로 받아들인다. 아홉째, 비생산적인 생각에 시간을 낭비하지 않는다. 맥스웰이 보았을 때 성공하는 사람들은 스스로 운명을 개척해가는 사람들이다.

앤터니 로빈스는 『무한한 힘, 나는 성공한다』라는 글에서 성공을 위한 6가지 신념으로 '첫째, 어떠한 역경도 그 안에는 기회와 지혜가 숨겨져 있다. 둘째, 이 세상에 실패는 없다. 단지 미래로 이어지는 결과가 있을 뿐이다. 셋째, 결과에 대한 책임은 모두 자신에게 있다는 사실을 명심한다. 넷째, 삶이란 머리로 이해하는 것은 아니다. 행동으로 옮기고 실천해야 한다. 다섯째, 인적 네트워크가 가장 큰 자본임을 명심하고 인간관계를 중시한다. 여섯째, 인생 최고의 보람은 일을 즐겁게 하는 데 있다.'는 것을 제시하고 있다.

트레버 월독과 셰네즈 켈리 라왓은 저서『*The 18 Challenges of Leadership*』에서 성공을 위한 18가지 과제로 리더십의 계발을 제시한다. 이 책의 한국어 번역자는 리더십은 "한 사람의 완성된 인간으로 가는 길"로 정의하고 18가지 과제로 인간이 성공적인 삶이 되도록 정복하여야 할 18개의 산으로 묘사하고 있다(트레버 월독 · 셰네즈 켈리 라왓 지음/이영숙 옮김 서문). 월독과 라왓이 제시하는 18가지 도전과제를 살펴보면 아래와 같다.

첫째, 능동적이어야 한다. 모든 일에 적극적이며 능동적인 자세는 가장 기본적인 성공의 요인이다. 일상에는 시간의 압력, 예기치 않은 상황, 다른 사람의 일정이나 요구 같은 압력이 항상 존재한다. 이러한 압력은 중력처럼 작용하면서 우리가 수동적 태도를 지니도록 만든다. 이를 극복하려면 끊임없이 중력에 맞서 행동하는 능력을 키워야 한다. 자극이 당신에게 영향을 미치는 것 이상으로 당신이 자극에 영향을 미치기 위해서는 스스로 비전, 전략, 과제 등을 개발하는 능동적인 태도를 지녀야 한다. 스티븐 코비는『성공하는 사람들의 7가지 습관』에서 성공하는 리더의 첫 번째 습관으로 능동적인 태도를 꼽았다.

둘째, 영향력을 행사할 수 있어야 한다. 우리는 사람들을 만날 때마다 의식적이든 무의식적으로든 그들에게 영향을 미치며 살아간다. 비전과 전략을 수립하는 것이 리더십의 한 측면이라면 비전을 실현하기 위해 한 명이든 수천 명이든 관련된 사람들에게 어떻게 영향력을 행사할 것인가에 관계된 문제가 바로 리더십의 핵심이다. 영향력을 행사하는 리더십 스타일에는 네 가지가 있다. 첫째, 지시형은 부하직원이 할 일을 하나하나 지시해주며 토론이나 협상은 허용하지 않는다. 둘째, 멘토형은 리더가 부하직원에게 자신의 경험이나 지식을 공유해 줌으로써 그들이 스스로 결정할 수 있도록 도와준다, 셋째, 지도형은 부하직원이 책임을 지고 스스로 해결 방안을 제시할 수 있도록 대화를 촉진시키는 것이다. 넷째, 위임형은 책임과 의사결정 권한을 부하직원에게 넘겨주는 것이다.

셋째, 현실적이 되어야 한다. 성공을 위하여 지금 자신이 처해있는 현실을 이해해야 한다. 즉, 자신과 관련된 시장, 산업, 고객을 이해하고 그들의 흐름과 동향을 이해해야 한다. 성공을 위하여 원대한 비전을 세울 수 있어야 하지만 동시에 철저한 현실주의자여야 한다. 스포츠 용어로 경기의 흐름을 읽을 줄 알아야 하는 것이다. 운전교습 고급반에서는 도로에서 차량을 안전하게 주행시키는 가운데 앞이나 뒤, 혹은 양옆 어느 방향에서든지 갑자기 발생할 수 있는 돌발 상황에 대처하는 운전기술을 가르친다. 리더십에도 이와 같은 능력이 필요하다. 직면하는 현재 상황을 있는 그대로 인식하기 위해 리더는 조직이나 프로젝트를 운영하는 동안 모든 방향과 차원에서 발생할지도 모를 일들을 계속 주시하고 있어야 한다.

넷째, 비전을 가져야 한다. 기업이 전략적인 변화를 추구한다면 반드시 비전을 공유해야 한다. 전략적인 변화를 성공적으로 실행하기 위해서는 조직의 목표와 가치, 리더의 요구사항, 실현 가능한 것들, 중요한 변화이행 과정을 담고 있는 비전이 명확하게 그려져야 한다. 그래야 이를 토대로 모든 사람들이 변화과정이 끝났을 때 나타날 결과에 대한 큰 그림을 그릴 수 있다. 또한 이를 위해 어떤 자원이 활용되고, 누가 무엇을 어떻게 해야 할 것인지를 이해하고 있어야만 비전은 변화를 이끌어낼 수 있다.

다섯째, 전략을 세울 수 있어야 한다. 전략이란 가려고 하는 곳으로 우리를 이끌어주는 길이다. 비전을 실현시킬 수 없는 명확하고 구체적인 길이 없다면 비전은 그저 꿈으로 남게 되거나 그렇지 않으면 우연히 운이 좋아 일부분만이 이루어지게 될 뿐이다. 훌륭한 리더가 되기 위해서는 자신이 추구하는 목적에 대한 분명한 그림이 있어야 하며, 목적 달성을 위해 끊임없이 변화하는 환경에 대응할 수 있는 구체적인 계획이 있어야 한다.

전략을 세우기 위해서는 다섯 단계가 필요하다. 첫째, 현재 상황 파악하기. 이것은 이해관계자 분석, 시장동향 분석, 재정 분석, 위험 분석, SWOT 분석(강점, 약점, 기회, 위협 분석), 경쟁자 분석, 욕구 분석을 포함한다. 둘째, 전략 세우기. 전략은 업무, 의사소통, 변화와 관련된 전략적 목표를 실현시키기 위한 명확한 방법을 갖고 있어야 한다. 셋째, 전략적 목표 실현을 위한 계획 세우기. 각 영역의 전략 목표들은 세부적인 프로젝트 계획을 필요로 하는데, 여기에는 중간성과와 책임소재가 명확히 제시되어야 한다. 넷째, 계획 실행하기. 전략이란 보이지 않는 제1의 정신적 창조를 실행을 통해 현실로 전환시켜 제2의 창조를 만들어내는 것이다. 다섯째, 결과 점검하고 계획 전환하기. 전략을 실행하기 위해 합의한 활동계획과 전략목표에 따라 프로젝트가 제대로 가고 있는지 계속 검토해야 한다.

여섯째, 지혜로운 사람이 되어야 한다. 지혜란 경험과 지식을 새로운 상황에서 응용할 수 있는 능력을 말한다. 지혜가 부족한 사람은 똑같은 행동을 반복하며 똑같은 문제를 일으킨다. 사람들은 흔히 경험에 큰 가치를 둔다. 마치 경험이 곧 지혜이듯 말이다. 그런 사람들은 다음 말을 새겨들어야 한다. "언제나 하던 대로만 하면, 언제나 얻는 것만 얻게 된다." 대부분의 사람은 살아가면서 얻는 경험을 통해 어느 정도 무의식적인 지혜를 얻는다. 그러나 현명한 리더는 의식적으로 지혜의 깊이를 더하고 경험에서 얻은 교훈을 새로운 상황에 적용할 줄 알아야 한다.

지혜는 경험에서 시작하여 그것을 다시 되돌아보고 분석하여 새로운 행동을 이끌어내는 적극적인 과정의 부산물이다. 지혜의 산을 오르는 게임은 내부와 외부로 나뉜다. 외부 게임은 경험과 새로운 행동에서 나타나고 내부 게임은 되돌아보기와 분석 그리고 자신의 한계를 넘어서는 것을 말한다. 솔로몬이 말했듯이 지혜는 동서고금의 구분이 없다. 자신의 경험과 지식을 개인적인 힘으로 변환시키는 능력이 바로 지혜인 것이다. 그러므로 성공을 위하여 끊임없이 지혜의 샘을 파야만 한다.

일곱째, 통찰력을 기를 수 있어야 한다. 통찰력이란 어떤 상황과 그것이 가져오게 될 결과를 명확하게 그리고 폭 넓게 파악하여 이해하는 능력이다. 물 밖으로 나온 빙산의 1/9를 보는 것은 쉬운 일이다. 통찰력이란 나머지 8/9을 보는 것이다. 리더는 현재 일어나고 있는 상황을 이해해야 할 뿐만 아니라 그 상황 속을 들여다보고 간파해야 하는 도전에 직면하게 된다. 리더가 습득해야 하는 통찰력은 4차원의 단계가 있다. ① 간파하기 단계이다. 리더는 상황을 액면 그대로 받아들여서는 안 된다. 대신 "핵심이 뭐야?"를 물을 줄 알아야 한다. ② '그 이상을 보는' 단계이다. 리더는 우왕좌왕하며 단기간의 유행이나 흐름에 반응하지 말아야 한다. 대신 선로의 레일이 하나로 합쳐지는 지점 정도의 먼 앞쪽에 초점을 맞추고 "이 모든 것이 어디로 가고 있지?"라고 물어야 한다. ③ '내면을 보기'이다. 이것은 예를 들어 고객이 뭔가 요구했을 때, 단순히 요구사항 자체뿐 아니라 요구사항 내면에 숨겨져 있는 것이 무엇인지를 파악하기 위해 애쓰는 것이다. ④ '두 가지 측면을 모두 보기'

이다. 예를 들어 필자가 함께 일했던 한 리더는 미크로네시아에 구호물자를 원조하기 위한 전략을 짤 때 그와 같은 활동들의 영향력과 원조를 주고받는 양측의 상호 관계까지 인식하곤 했다. 또한 그러한 활동이 원조국의 사회적, 정치적 상황과 잘 조화를 이룰 수 있는지 그 결과까지 고려하고 조절하였다. 이와 같이 성공을 위한 높은 수준의 통찰력이 요구된다.

여덟째, 강한 도전의식으로 자신감을 길러야 한다. 자신감의 문제는 모든 사람이 어느 시점에서 직면하는 문제이다. 우리가 말하는 자신감은 진짜 자신감과 가짜 자신감으로 구분된다. 전자는 외부적 도전이나 나의 업무와 관련된 욕구를 충족시키기 위해 내적인 요소들을 인식하고 관리하는 것이다. 후자는 겉으로는 자신감이 있어 보이지만 내적 요소들과 관련이 없기에 일관성이 부족하고 오랫동안 지속될 수 없는 것이다. 외적인 자신감을 만들기 위해 너무 많은 노력을 투자하지 않아도 된다. 왜냐하면 그것은 기초가 부실하여 어떤 단계에 가면 외형을 계속 유지할 수 없기 때문이다. 그렇다고 불안감이나 두려움을 주변에 드러내야 한다는 것은 아니다. 단지 오래 지속될 진정한 자신감을 얻으려면 내부에서 일어나는 실체를 외부업무의 욕구와 통합시켜야 할 필요가 있다는 것이다.

자신감을 향상시키기 위한 8단계

① 문제를 정확히 파악하기 ② 문제 이해하기 ③ 자신감 위축에서 벗어나기 ④ 자신감 넘치는 긍정적인 생각 갖기 ⑤ 자신감 넘치는 시나리오 구상하기 ⑥ 자신을 위한 새로운 구조 설계하기 ⑦ 스스로 자신감 기르기 ⑧ 다른 사람들의 자신감 키워주기

아홉째, 내면의 방향을 설정하여야 한다. 나침반은 아주 옛날부터 우리 인류에게 방향을 가리켜 주었다. 어디에 있든 관계없이 우리는 나침반의 방향을 따라갔다. 그와 마찬가지로 인간은 정신적 나침반이라는 선물을 받았는데 그것이 바로 정신적 가치관이다. 이것은 마음 속 깊은 곳에 자리하고 있는 것으로 경험과 지혜를 통해 오랜 세월에 걸쳐 만들어지며, 어떤 상황에서 우리가 선택해야 할 방향을 결정할 때 커다란 영향을 주게 된다. 내면의 방향 설정에 대한 도전은 개인이 가치관을 정립하고 그것과 부합되는 행동을 일관성 있게 이어가게 해 준다.

항상 우리는 스스로에게 “내 삶의 의미를 어디에서 찾을 수 있을까?”, “나의 인생에 있어 가장 중요한 것은 무엇인가?”를 반복하고 내면의 방향을 다듬어야 한다.

열 번째, 더 높은 곳으로 오르기를 계속 시도한다. 사람들은 초보자에게 많은 스킬을 기대하지 않는다. 그러나 누구든지 고위 관리자의 직위에 오르게 되면 사람들은 이상하게도 그 사람이 모든 분야에 대해 훤히 알고 있을 거라고 생각한다. 경험에 비추어 볼 때 이것은 지나친 기대이며 위험한 생각이다. 문제는 이러한 기대로 인해 실제 리더가 갖고 있는 스킬이나 지식 부족이 수면 위로 모습을 드러내지 않는다는 것이다. 누군가 거대 조직의 마케팅 관리자가 되었다고 할 때 그는 자신이 사업계획 수립에 대해 아무것도 아는 게 없다는 사실이 외부에 알려질까 두려워한다. 그 결과 침묵을 유지하고 부족한 점이 탄로 나지 않기를 바란다. 이런 이유 때문에 진취적인 사고를 가진 조직은 중역으로 승진하는 리더들이 새로운 역할과 도전에 적응할 수 있도록 임원코치를 연결해 준다. 성공적인 리더의 역할을 수행하는데 필요한 지원과 성장의 기회를 제공하는 것이 그 목적이다.

열한 번째, 리더십의 혼란을 극복하여야 한다. 리더들은 자신의 경력상 더는 지위에 욕심내기에 너무 두렵고 자신이 무능력하다고 느껴져 올라갈 수도 없고, 그렇다고 아래로 내려가는 것 역시 두렵고 창피한 지경이 되는 그런 지위에 도달할 때가 있는데, 이런 현상을 가리켜 ‘리더십 혼란’이라고 한다.

리더십 혼란에서 벗어나려면 먼저 자신이 직면하고 있는 도전이 어떤 것인지를 정의해야 한다. 그리고 이슈가 있다는 것을 자신이나 다른 사람에게 일단 인정해야 한다. 그래야 변화에 필요한 지렛대가 되는 통찰력을 얻을 수 있다. 리더십 혼란으로 인해 일어나는 마비 상태에서 벗어나기 위해서는 자신에게 다음과 같은 4가지 질문을 던져 보아야 한다. “① 현재 상태를 유지할 때 얻게 되는 이점은? ② 현재 상태를 유지할 때 얻게 되는 위험요소는? ③ 혼란 상태에서 내려올 때 얻게 되는 이점은? ④ 혼란 상태에서 내려올 때 얻게 되는 위험요소는?” 질문에 대한 선택권은 자신에게 있다. 만약 선택권을 갖고 있지 않다고 느낀다면 그것이야말로 자신이 리더십 혼란으로 인해 마비 상태에 빠졌다는 것을 말해주는 증거가 된다.

열두 번째, 계속된 긴장의 상황을 극복할 수 있어야 한다. 리더가 자신이 만들어 낸 계획, 건설적 비전, 팀과 조직의 가치관을 강력하게 고수하고 싶은 개인적 욕망으로 고심할 때 내부에서 긴장감이 싹트게 된다. 이것은 조직을 현재의 위치까지 올려놓은 자신의 능력을 다시 시험해보고 싶은 욕망과의 싸움인데, 이러한 욕망은 감성적 영역의 측면을 고려할 때 자신보다 훌륭하게 업무를 수행할 수 있는 사람은 없다고 결론짓게 한다.

열세 번째, 경력의 전환이 필요하다. 인생에서 위기는 대부분 전환을 필요로 하는 상황을 심각하게 받아들이지 않을 때 닥친다.

사람들은 아동기에 자아에 대해 실질적인 인식을 가지고 잠정적인 인격을 창조하여 자신을 둘러싼 사람들과의 관계 속에서 그 인격에 적응하고 반응하고 다져가는 법을 배운다고 한다. 이 과정에서 내면에 있는 인격(실제의 자신)의 실체가 자신이 이제까지 형성해온 인격(자신의 경력에서 그 지위에 도달하기 위해 만들어왔던 인격)과 부합하지 않을 때 위기에 직면하게 된다. 그리고 이러한 위기는 전 인생을 따라다니게 된다. 많은 사람들이 여러 가지 요인을 종합한 후 현재의 직업에 뛰어든다. 그러나 인생의 중요한 전환기를 거치면서 어떤 일을 하는 것이 자신을 가장 잘 표현하고 있는지를 재평가하는 기회를 갖게 된다. 전환기에 나타난 징후들을 무시하고 바꾸어주지 못할 경우 직업에서나 인생에서 또는 두 가지 모두에서 위기를 맞는 결과를 부를 수 있다.

열네 번째, 고독을 극복하여야 한다. 성공의 길은 외롭고도 고독하다. 인생은 때로 외로운 여정이 될 수 있다. 상업적이든 공적이든 혹은 임의적인 영역이든 리더는 많은 사람, 막대한 예산, 중대한 결과에 대한 책임을 떠맡아야 한다. 리더는 미래를 정립하고 새로운 목적지를 구상한 다음 그곳에 도착하기 위해 새로운 길을 개척해야 하는 사람이다. 그들은 새로운 미래에 적합하도록 조직을 정비하기 위해 변화를 선도해야 한다. 사람들은 리더가 올바른 의사결정을 내리고 그 결정이 가져오는 결과에 대해 전적으로 책임을 질 것을 기대한다. 리더가 내심 두려워하고 있는지, 역량이 부족한지, 잠을 잘 못 자고 있는지, 다음에 무엇을 해야 할지 또는 누구에게 도움을 청해야 할지 모른다고 해도 그것에 대해 알고 싶어 하거나 관심을 갖는 사람은 많지 않다.

리더가 고독을 극복하기 위해서는 먼저 자기 자신의 니즈를 파악하고, 자신의 니즈를 해결할 수 있는 인간관계를 쌓아야 한다. 또한 문제가 발생하기 전에 인간관계에 투자하고 네트워크를 만들어두어야 한다. 그렇게 하면 바닥에 떨어지기 전에 낙하산 줄을 잡을 수 있다.

열다섯 번째, 성격을 이해하여야 한다. 사람들의 성격과 그들이 서로 어떻게 다른지 이해하는 것은 리더십의 발휘에 중요한 역할을 한다. 리더와 부하직원 간의 인간관계를 개선하기만 해도 70% 이상의 성과를 향상시킬 수 있다고 한다. 우리는 성격을 통해 인생을 표현할 수 있다. 다른 말로 하면 성격이 우리 자신을 말해준다. 모든 리더들은 자신에게 동기를 부여하고, 문제를 해결하고, 의사결정을 하고 인생을 살아가는데 있어 서로 다른 방식으로 접근한다. 따라서 다른 성격을 가진 사람들 사이에서 자신의 성격을 다스려가며 리더십을 발휘하는 것은 매우 중요하다.

열여섯 번째, 병적 행동을 관리할 수 있어야 한다. 병적 행동이란 리더십과 연계되어 있는 난해한 심리적 문제 가운데 하나이다. 건강한 리더에게서 건강한 리더십이 나오고 성공을 이룰 수 있다. 병적 행동을 관리해야 하는 이유는, 우선 리더의 병적 행동은 약점을 키운다. 리더의 병적 행동은 있는 것을 못 보게 할 수도 있고 없는 것을 보게 하거나 사실을 왜곡하여 보게 할 수도 있다. 또한 리더의 병적 행동은 적절하게 통제되지 않을 경우 리더십을 약화시키며 강한 권력과 손잡을 경우 위험한 리더로 변질될 수 있다. 단지 많고 적고의 차이만 있을 뿐 누구에게나 병적 행동은 있을 수 있다. 중요한 사실은 자신의 병적 행동의 실체를 정확히 파악하여 자신의 효율성과 주변에 있는 다른 사람들의 효율성을 최대화하기 위해 그것을 관리하는 방법을 찾아야 한다는 것이다.

열일곱 번째, 불확실성을 이겨내는 슬기로움이 있어야 한다. 혼동, 복잡성, 불확실성은 서로 다른 말이지만 리더에게 있어 이것들은 역할과 자기 인식의 부재와 같은 상황을 나타낸다. 리더십은 상황을 이해하고 조직하는 것에 관한 것뿐만 아니라 복잡성, 불확실함과 함께 살아가는 능력에 관한 것이기도 하다.

마지막으로 열여덟 번째, 일과 삶의 균형을 잡고서 성공을 향해 나가야 한다. 일과 삶의 균형 잡기에는 다음과 같은 요소들이 포함되어야 한다. 첫째, 두뇌의 잠재력을 최대한 활용하기 위해 지적인 자극 요인이 필요하다. 둘째, 육체적 활동을 통해 지나치지 않는 범위 내에서 외모관리를 해주어야 한다. 셋째, 일상적으로 에너지를 고갈시키기보다 에너지를 제공해주는 친구, 가족, 동료들과 감성적이고 사교적인 교류를 갖는다. 넷째, 주변에 있는 사람들에게 감성적이고 사교적인 투자를 아끼지 않아 그들이 수단이 아니라 사람으로 옆에 남아 있을 수 있게 한다. 다섯째, 현실적인 것을 뛰어넘어 보다 고차원적인 의미와 목적을 갖는 정신적 영역의 일을 추구한다.

사례 : 성공하는 현대인들의 7가지 'ㄲ'

꿈 꿈은 우리에게 희망과 소망을 심어주고 이상과 환상을 그리고 야심과 기대를 일깨워 주는 Dream이고 Vision이다. "I have a dream" 이라는 유명한 말을 남긴 Martin Luther King 목사(1929~1968)의 메시지는 미국사회의 흑백갈등을 뛰어넘어, 전 세계 인류사회에 끝없는 자유와 평등의 진보를 이끌어가는 큰 힘이 되었다.

깡 깡은 열정(Passion)이다. Hegel은 그의 역사철학에서 "세계 역사를 이끌어가는 원동력은 Passion이다"라고 했다. 열정은 힘의 원천(Power Source)이다. 힘을 일으키고 힘을 발산하는 것이 열정, 곧 깡이다.

끼 끼는 재능(Talent & Gift)이며 능력(Ability)이다. 웹2.0시대에는 다양한 끼가 필수요건이다. 끼는 이 시대의 중요한 개성미(Individual Virtue), 독특한 자질(Temperament)이다.

꾀 꾀는 지혜(Wisdom & Sense)로써 유학의 군자(君子)시대에는 어리석음(愚)을 없애고 '仁'에 이르는 예(禮)의 한 덕목이다. '꾀'는 영특한 재치(Wit)와 임기응변 능력(Extemporaneous)이다.

꼴 꼴은 태도(Attitude)로써 참으로 중요한 인간관계의 한 척도(A standard of Human Relations)이다. 태도의 가치는 예의(Courtesy)와 성실성(Sincerity)과 온유한 마음을 유발하는 처세술(The Art of living)이기도 하다.

끈 끈은 인간 상호 간의 역할을 하는 관계(Relationship)이며 웹2.0시대의 Network이다. 혈연, 학연, 지연을 포함한 모든 인연도 끈의 연결고리에 불과하며, 또한 중국 사람들이 그토록 중시하는 '꽌시'라는 말, 즉 인간관계(Human Relations)라는 말과 오늘날 세계화 시대를 풍미하는 국제관계(International Relations)란 말도 끈의 사회화, 국제화 현상의 한 산물이라고 할 수 있다.

꾼 꾼은 전문가(Professional)를 의미한다. 성공을 향해 전문가적 소양과 조건을 갖추고, 정확하게 그리고 신속하게 주어진 일을 해치우는 능력을 가져야 한다.

3. 사회적으로 성공한 사람들의 사례연구

1) 아산 정주영의 사례

고 정주영 회장은 1915년 11월 25일 강원도 통천군 송전면 아산리에서 가난한 농부였던 정봉식과 한성실의 6남 2녀 중 장남으로 출생했다. 그는 어려서부터 할아버지에게 한문을 배우고, 송전소학교를 졸업한 후, 농부라는 자신의 운명을 받아들이지 않고 16세에 소 판 돈 70원을 갖고 상경했다. 그 후 아버지의 설득으로 다시 농촌생활을 했으나 이후에도 2번에 걸쳐 가출을 시도, 스스로의 운명을 개척했다. 1931년 18세 때 마지막 가출로 인천 부두, 보성전문학교 신축 공사장 등지에서의 막노동꾼 생활을 거쳐 풍전 엿 공장에서 일하던 정주영은 마침내 첫 직장으로 쌀가게인 부흥상회에 정착하게 된다. 이후 정주영은 이곳에서 특유의 성실함과 근면함으로 주변의 신뢰를 얻게 되고, 마침내 자신이 가게를 인수해 경일상회를 개업하면서 자수성가의 꿈을 이루게 된다. 그러나 1939년 일제의 전시체제 령에 따른 쌀 배급제의 실시로 경일상회가 폐쇄된다. 이후 정주영은 자동차 수리 공장을 운영키로 하고 아도써비스를 설립하여 제조업을 운영하는 첫 경험을 쌓게 되지만 이마저도 4년 만인 1943년 일제에 의해 그만두게 된다. 그는 해방 1년이 지난 1946년에 현대 자동차공업사를 설립해 운영하면서, 건설업의 잠재력에 눈 뜨게 되고 현대 토건사(현대건설의 전신)를 1947년에 설립하게 된다. 그는 바로 이 현대 토건사를 기반으로 6 · 25 동란으로 인한 전후복구사업을 수행하면서 마침내 한국경제계의 전면에 등장하게 된다. 각종 다리와 도로, 부두시설 등 전후복구사업을 도맡아 수행하면서 현대건설이 국내건설업계 1위로 올라서자 그는 해외 건설시장 진출이라는 모험을 다시 단행하게 된다. 이와 함께 터무니없다는 주변의 비판과 의혹에도 불구하고 해야 한다는 소명의식과 할 수 있다는 신념으로 강(强)한 나라를 만드는 산업인 자동차, 중공업, 전자 등 국가기간산업 분야에 과감히 진출, 우리나라 중화학공업 분야를 개척해 나가기 시작한다.

2) 이순신 장군의 사례

■ 정의실천

이순신 장군은 일평생 정의를 실천함에 있어, 조금도 불의와 타협하지 않는 올곧은 모습을 보여주었다. 무관으로서 항상 공과 사를 엄격히 구분하였으며, 옳다고 생각되는 일에는 상관이나 권력자에게도 서슴없이 오류를 지적하는 직언을 하였다. 비록 이로 인해 여러 차례 불이익을 당하기도 하였지만, 이에 굴하지 않고 늘 정의를 삶의 핵심가치로 삼고 온전히 실천하였다. 정의를 실천함에 있어 장군은 타인보다 본인에게 더 엄격하였다.

또한 장군은 해전에서 공을 세울 수 있는 기회를 여러 부하장수들에게 골고루 주고, 이를 엄격히 평가하여 해전의 상황을 아뢰는 장계에 상세히 기록함으로써 각자 공적에 따라 공정한 평가를 받을 수 있도록 배려하였다. 또한 당시 천대받던 여러 분야의 기술자들까지도 고루 기용하고, 이들의 공을 높이 평가하였다.

"신의 군관 정사준이 묘한 법을 찾아내어 대장장이 낙안 수군 이필종, 순천 사삿집 종 안성, 피난하여 본영에 와 사는 김해 절의 종 동지, 거제 절의 종 언복 등을 데리고 정철(正鐵)을 두들겨 만들었는데 그 체제도 잘 되었고 총알 나가는 힘도 조총과 꼭 같습니다." –봉진화포장(1593.8.10)

1593년 8월 일본의 조총과 조선의 승자총통을 개량하여 정철총통의 제작을 아뢰는 장군의 장계에는 군관 정사준을 비롯하여 대장장이와 천민인 종들의 이름까지도 세세히 적혀 있는 것을 볼 수 있다.

장군은 일평생 본인의 신념에 따라 정의를 실천하는 삶을 살았다. 그리고 무엇보다 정의로써 타인을 평가하기에 앞서 장군 스스로 온전히 정의를 실천하는 솔선수범을 보여주었다. 이러한 장군의 모습은 구국의 위대한 업적을 이룰 수 있는 밑바탕이 되어준 동시에, 장군의 업적을 더욱 빛나게 하고 있다.

■ 창의정신

창의력은 21세기의 핵심 가치이다. 그러나 동서고금을 막론하고 세계의 역사를 이끌어온 많은 리더들은 이미 훌륭한 창의력의 소유자들이었음이 밝혀지고 있다.

16세기 이순신 장군 역시 뛰어난 창의력을 지닌 리더였다. 거북선을 비롯한 장군이 제작한 여러 무기들, 세계 해전사에 길이 남을 뛰어난 해전술, 군경영을 위한 작은 아이디어 하나까지 모두가 장군의 기발한 생각을 엿볼 수 있게 해준다.

거북선이 문헌에 처음 등장한 것은 1413년 태종 때이지만, 180년 후 임진왜란을 위해 재탄생된 거북선과는 구조나 그 성능 면에 있어 많이 다른 것이었다.

돌격전투함 거북선은 우수한 조선의 판옥선을 기반으로 일본과의 해전에 가장 적합하도록 설계되었다. 전투 시 적진에 돌격하여 적의 진영을 무너트리고, 사방에 탑재된 포를 자유자재로 쏘아댐으로써 일본함대에 치명적인 피해를 주었다. 일본군은 이 같은 거북선을 맹선(눈먼배)이라 부르며 무척 두려워하였다.

이후로 계속되는 해전 중에도 장군은 일본의 주력무기인 조총과 조선의 승자총통을 접목하여 1593년 8월 새로운 정철총통을 제작하는 등 계속적으로 신무기를 개발하기 위해 노력한다. 또한 장군의 창의력은 전쟁기간 동안 군경영의 큰 자원이 되어주었다. 7년의 전쟁기간 동안 장군은 수군의 의식주를 위한 군량 확보, 무기제작과 훈련 등 군경영에 필요한 모든 재원을 거의 자력으로 해결해야 했다. 이를 위해 장군은 어로작업, 소금제조 및 판매, 둔전경영, 해로통행첩(선박운행증) 발행 등의 창의적인 여러 행정을 편다.

특히 과거 둔전관의 경험을 살린 둔전경영을 통해서는 군량미를 확보하는 동시에 유랑하는 백성들을 둔전 지역으로 모아 병력 충원을 효과적으로 해결하기도 하였다.

창의력은 약점을 강점으로, 위기를 기회로, 무에서 유로 변화시키는 힘이다. 이순신 장군은 이 창의력을 바탕으로 끊임없이 노력하고 도전하여, 일본의 침략으로부터 조선을 구해내고 나아가 동아시아의 평화를 지켜냄으로써 세계 역사를 변화시키는 주인공이 되었다.

■ 불패의 해전사

이순신 장군은 첫 해전인 옥포해전을 시작으로 마지막 노량해전까지 7년의 임진왜란기간 동안 최소 23번의 해전을 치러 한 번도 패하지 않은 불패의 장수이다. 이는 동서양을 막론하고 그 유례를 찾아보기 힘든 대기록이다.

어떻게 이런 불패의 신화가 가능했을까?

■ 철저한 준비

전라좌수사에 부임한 이순신 장군은 전쟁에 대비해 철저한 준비를 한다. 해전에 알맞은 방법을 개발하여 수군을 훈련시키고, 적의 장단점을 파악하여 효과적으로 맞설 수 있는 무기를 제작한다. 화력이 우수한 조선의 지자, 현자 총통 및 판옥선과 거북선 등의 무기를 집중하여 제작한 것은 이 때문이었다. 이러한 철저한 준비 정신으로 장군은 매 해전을 승리로 이끌 수 있었다. 그리고 이와 더불어 일본군과는 비교가 안 될 정도로 적은 사상자를 기록할 수 있었다.

■ 뛰어난 전략

임진왜란의 전세를 바꾸게 한 1592년 7월 8일의 한산도 해전은 세계 4대 해전으로 꼽힐 정도로 유명한 해전이다. 당시 70여척의 적선이 정박해 있던 견내량은 지형이 복잡하고 좁아서 아군에게 불리한 장소였다. 장군은 이 점을 간파하고 적선을 한산도의 넓은 바다로 유인하여, 무방비상태의 적을 “학익진법”으로 집중 공격함으로써 대승을 거둔다. 한산도 해전은 뛰어난 전략가로서의 장군의 면모가 여실히 드러난 전투였다. 장군은 항상 부하장수들과 전략과 전술을 논의하고 연구하였다. 동서양의 해전 연구가들은 시대를 초월하여 이러한 이순신 장군의 뛰어난 해전술을 칭찬하며 연구하고 있다.

■ 최선을 다해 전투에 임함

철저한 준비를 바탕으로 전략을 수립하고 난 후 이순신 장군은 실제 전투에 누구보다 용감하게 최선을 다해 참여하였다. 13척의 전선으로 133척의 적선을 맞아 싸운 명량해전의 일화는 유명하다. 엄청난 적 앞에 조선수군의 장수들이 전의를 상실하고 싸움을 망설이자, 장군은 부하장수들을 꾸짖으며 이들을 독려하기 위해 함대의 선두로 나아가 전투를 이끈다. 이러한 장군의 모습에 조선수군은 죽기를 각오하고 전투에 임하였으며 마침내 엄청난 수적 열세를 극복하고 대승을 거둘 수 있었다. 이처럼 전투에서 항상 솔선수범하여 최선을 다하는 장군의 모습은 많은 부하들에게 귀감이 되었으며, 그들 또한 장군처럼 전투에 최선을 다할 수 있는 동기를 부여해주었다. 이순신 장군은 해전에 임하기 전 통찰력을 가지고 철저한 준비와 뛰어난 전략을 수립하였다. 그리고 무엇보다 실제 전투에서 누구보다 최선을 다하는 솔선수범을 보여줌으로써 세계 해전사에 빛나는 불패의 신화를 이룩할 수 있었다.

■ 기록정신

기록은 단순히 과거의 역사를 현재에 전해 줄뿐 아니라, 현재를 돌아보고 미래를 계획하는 중요한 이정표가 된다. 때문에 올바른 역사기록을 남긴 인물들은 후대 사람들에게 무엇과도 바꿀 수 없는 귀한 선물을 하는 셈이다.

이순신 장군은 무관임에도 이러한 선물을 후손들에게 전해주는 한 사람이다. 장군은 임진왜란이 발발한 1592년부터 1598년 노량해전에서 전사하기 직전까지 약 7년간 진중에서 직접 일기를 기록하였다. 이렇게 기록된 난중일기와 임진왜란 해전 상황을 아뢰는 장계초안인 임진장초는 유성룡의 징비록, 선조실록과 함께 임진왜란 3대 고전으로 알려져 있다. 사투를 넘나드는 전쟁 속에서 장수가 매일매일 일기를 쓰는 일은 쉽지 않았을 것이다. 그럼에도 놀라운 기록정신을 가진 장군은 이렇게 훌륭한 기록을 남겨 주었다.

난중일기에는 진중 일기답게 전라좌수영 및 통제영의 군영생활, 여러 해전의 군사전략과 해전상황기록, 당시 조선사회의 모습 등이 생생하게 기록되어 있다. 또한 장군의 감정과 생각이 담백하게 기록되어 있어 인간 이순신의 사상과 면모를 더 자세하게 알 수 있는 최고의 자료가 되고 있다.

매년 1권씩 작성된 7권의 난중일기는 임진장초, 장군의 편지를 모은 서간첩과 함께 국보 제76호로 지정되어 아산 현충사에 보관되어 있다. 현대에도 이순신 장군의 문집은 다양하게 편집, 출판되어 장군을 연구하는 사람들뿐 아니라 일반 대중들에게도 꾸준히 읽히고 있다.

■ 나라사랑, 백성사랑

32세에 무관의 길에 들어선 이순신 장군은 국토수호 및 나라사랑에 일생을 헌신하였다. 계급의 높고 낮음에 상관없이 변방의 작은 관직에 있을 때에도 맡은바 임무에 최선을 다하였으며, 임진왜란 발발 이후에는 조선 수군의 수장으로서 나라의 바다를 목숨걸고 지켜내었다.

무관으로서 장군의 나라사랑 길은 평탄치 않았다. 상관들의 모함으로 파직과 백의종군을 경험하기도 하였으며, 해전에서 연승하며 위기의 나라를 구해내는 큰 공을 세우지만, 죄인으로 몰려 처형 직전에 이르는 고난을 당하기도 한다. 그러나 이런 힘든 시련 속에서도 이순신 장군의 나라사랑하는 마음은 조금도 흔들리지 않았다. 장군은 1598년 11월 퇴각하는 일본군을 맞아 노량해전 선상에서 전사하기까지 나라사랑을 굳건히 실천하였다.

이순신 장군의 굳은 나라사랑은 또한 백성사랑으로 이어진다.

일촉즉발의 긴장이 감도는 치열한 전쟁 속에서도 장군은 항상 백성의 안전을 먼저 생각하였으며, 어려움에 처한 백성들을 진심으로 안타깝게 여기며 이들을 위로하고 격려하였다. 이러한 장군의 모습은 난중일기를 비롯한 여러 관련 기록에 구체적으로 나타난다.

"만일 왜선을 모두 불태워 왜적을 도망할 곳 없는 막다른 골목의 도적이 되게 한다면 숨이 있는 우리 백성들이 살육을 당할지도 모르므로 잠시 1리쯤 물러 나와 밤을 지냈다."–견내량파왜병장, 7월 17일

1592년 7월 이순신 장군은 역사적인 한산도해전과 안골포해전에서 대승을 거둔다. 장군은 전투 중에 적선을 모두 파괴하지 않고 한두 척을 남겨두는데, 이는 도망할 곳 없는 적들이 우리 백성들을 살육할 것을 염려한 때문이었다. 이러한 장군의 모습은 이후에도 일관되게 여러 차례 목격된다.

다음은 명량해전을 앞둔 긴박한 상황 속에서 백성들을 먼저 안전하게 피난시키는 장군의 모습이다.

"전령선을 우수영으로 띄워 보내서 피난민들에게 어서 뭍으로 올라가도록 타이르라고 하였다."–난중일기 1597.9.13

3일 후 조선수군은 13척의 전선으로 133척의 적선과 맞서 싸우는 명량해전을 치르게 된다. 이 해전은 조선 수군의 재건, 나아가 나라의 존폐가 걸린 중요한 전투였다. 장군은 이렇게 중요한 전투를 앞두고도 백성을 먼저 생각한 것이다. 이는 진정으로 백성을 사랑하는 마음이 없이는 불가능한 행동이었다.

이 후로도 이순신 장군은 갈 곳 없는 피난민들을 보호하고, 이들이 군의 보호 아래 어로와 농사를 통해 생계를 이어갈 수 있도록 보살피는 등 한결같은 마음으로

백성을 돌보았다.

이순신 장군의 나라사랑 길에는 많은 어려움이 있었다. 하지만 장군은 주인의식을 가지고 이러한 모든 어려움에도 굴하지 않고, 끝까지 나라를 지키고 백성을 돌보는 실천적인 나라사랑의 삶을 보여주었다.

10장

SWOT분석을 통한 리더십함양 전략

Successful leadership requires positive self-regard fused with optimism about a desired outcome.

— Warren Bennis

Leading is Influencing, guiding in direction, course, action, opinion.

— Warren Bennis

Leadership without mutual trust is a contradiction in terms.

— Warren Bennis

If you think about it, people love others not for who they are, but for how they make us feel. We willingly follow others for much the same reason — it makes us feel good to do so.

— Warren Bennis

Leadership is like beauty; it's hard to define, but you know it when you see it.

— Warren Bennis

1. 성공한 리더를 찾아서 SWOT분석으로 벤치마킹

지금까지 리더십함양을 위한 기초이론과 리더십전략 등 내용에 관한 연구와 서술을 살펴보았다. 본 장에서는 이를 바탕으로 실제로 성공한 리더를 찾아 벤치마킹해 봄으로써 각 분야에서 성공한 리더들이 성공하기까지 어떤 자기계발과 노력으로 목표성취를 할 수 있었으며 나아가 글로벌 리더로 활약할 수 있었는지를 SWOT분석의 방법에 의한 발전전략으로 분석하고 체계적으로 알아보고자 한다. 이러한 선진적이고 성공한 사례연구를 통해서 결국 내가 할 수 있는 자기계발과 리더십함양을 위한 방법과 수단 그리고 발전의 모형을 찾을 수 있는 지혜를 얻을 수 있을 것으로 사료된다. 단 여기서 예로 들고 있는 정치적, 사회적으로 공감을 얻고 있는 분야뿐 아니라, 우리들의 삶 전 분야에서 즉, ICT 분야에서 성공한 리더는 물론 대중예술이나, 체육 분야에 이르기까지 학습자 자신이 평소에 하고 싶었던 분야 그리고 잘 할 수 있다고 생각하고 있는 전 분야에서 성공한 리더를 찾고 그들의 리더십을 다양하게 연구해 볼 것을 적극 권장한다.

1) 장차 내가 성공하고 싶은 분야에서 이미 성공한 리더를 찾아서

① **내가 성공하고 싶은 분야** : 성공적인 자기계발에 대한 동기와 구체적인 이유 혹은 근거를 제시하며 분야를 찾고 작성해 본다.

② **내가 성공하고 싶은 분야에서 이미 성공한 사람들** :

	성공한 사람	주요업적	동 기	찾은 장소	찾은 시각	찾을 곳
국내에서	①					
	②					
국외에서	③					
	④					

2) 성공한 리더(벤치마킹하고자 하는 주인공)

▌성공한 리더를 찾아서 자료화하기

◈ 인터넷자료, 도서, 영화자료, 신문, 각종 저널, 어록, 기타 미디어활용

◈ 성공 혹은 실패들의 구체적 사례 찾기

◈ 성공이 있기까지 개인적, 집단적, 공공의 사례연구

3) 성공한 리더에 관한 SWOT분석

[질문 1] 주인공의 중요한 성공의 요인에는 어떤 것이 있는지 전체적으로 요약해 본다.

[질문 2] SWOT분석을 위한 내용분석

① 성공한 리더가 처한 환경에서 기회(opportunity)적 요인은?

____

② 성공한 리더가 처한 환경에서 위협(threat)적 요인은?

____

③ 성공한 리더가 갖고 있는 인간적 강점(strength)은?

____

④ 성공한 리더가 갖고 있는 인간적 약점(weakness)은?

____

⑤ 인간으로서 내외적 강약점을 극복하기 위해 리더가 사용한 리더십 수행전략은?

____

이상에 조사 분석된 자료들을 바탕으로 다음과 같이 가로면은 성공한 개인의 장단점을 제시해보고 세로면은 외적인 요인, 즉 외부에서 도움이 되었던 요소나 매우 불리하게 작용했던 요인들을 정리하여 서로서로 크로스 체크해 보면 네 가지의 절충적 혹은 최선의 발전적(성공적) 요인들을 추려낼 수가 있다. 이것을 각각 영문의 머릿글자를 새겨 ① WT전략 ② WO전략 ③ ST전략 ④ SO전략 등으로 요약해 볼

수 있다. 그리고 각 전략의 최선의 전략을 중심으로 성공적 리더십을 위한 함양 전략으로 가정하고 작성해본다.

[질문 3] 토우스 (TOWS) 매트릭스표 작성	내적요인 / 외적요인	개인의 강점(S)	개인의 약점(W)
	외부기회(O)	④ SO전략	② WO전략
	외부위협(T)	③ ST전략	① WT전략

4) 성공한 리더의 리더십 유형과 그 이유 분석

[질문 4] 성공한 리더의 성격 및 가치관을 분석해 보면?	
[질문 5] 조사·분석한 리더의 리더십 유형과 그 이유는?	리더십 유형 : 이유 :

5) 나 자신에 대한 SWOT분석

<table>
<tr><td>[질문 6] 나 자신의 역량분석</td><td colspan="3">① 내가 처한 환경에서 기회(opportunity)적 요인은?

② 내가 처한 환경에서 위협(threat)적 요인은?

③ 내가 리더로서 갖고 있는 인간적 강점(strength)은?

④ 내가 리더로서 갖고 있는 인간적 약점(weakness)은?</td></tr>
<tr><td rowspan="3">[질문 7] 이상을 토대로 나 개인의 강약점을 토우스 매트릭스에 기록하여 자신의 리더십함양 전략과 성공을 위한 SWOT 분석을 해 보자</td><td>내적요인 / 외적요인</td><td>나의 강점(S)</td><td>나의 약점(W)</td></tr>
<tr><td>외부기회(O)</td><td>④ SO전략</td><td>② WO전략</td></tr>
<tr><td>외부위협(T)</td><td>③ ST전략</td><td>① WT전략</td></tr>
</table>

2. SWOT분석 사례연구 보기

▌1절에서 제시한 내용을 중심으로 리더십함양을 위하여 SWOT분석에 의한 방법으로 사례를 연구하여 작성된 보고서를 참고

칭기즈칸의 성공적 삶에 대한 사례연구와 분석 결과 보고서

1. 들어가면서

세계경제의 위기와 함께 우리나라도 심각한 경제난에 어려움을 겪고 있다. 기본적인 생필품마저도 물가상승이 되고 있으며 제2의 IMF라는 말이 나올 정도이다. 이러한 경제위기는 한국만이 가지고 있는 것은 아니다. 미국도 예외 없이 심각한 경제난에 골머리를 앓고 있다.

유럽에서는 벌써 실업률 급증으로 사회적인 불안이 심각한 수준이다. 아프리카와 같은 후진국들은 먹을 식량이 없어 식량난이 일어나고 있다. 이처럼 전 세계적으로 경제 불황이 다가오고 있어서 자신의 안정적 앞날을 보장받을 수 없을지도 모른다는 생각이 만연해 있는 실정이다. 사태가 이 정도 되다 보니 이러한 상황을 현재와는 달리 이 상황을 타파할 수 있는 새로운 리더십을 요구하고 있다.

칭기즈칸은 지난 97년 4월 뉴욕타임즈에서 선정한 세계를 움직인 가장 역사적인 인물 중 첫 번째 자리로 뽑힌 바 있다. 이처럼 상황 타파를 위한 한 가지 일환으로 칭기즈칸의 리더십이 주목받고 있다.

2. 칭기즈칸이란?

칭기즈란 고대 터키어인 텡기스(바다)의 방언이었다고도 하고, 1206년 즉위하였을 때 5색의 서조(瑞鳥)가 '칭기즈, 칭기즈' 하고 울었다는 데서 유래되었다고 하나, 샤머니즘의 '광명의 신(Hajir Chingis Tengri)'의 이름이라고 생각하는 것이 옳다.

1) 묘호(廟號) 태조(太祖)이며, 아명은 테무친(鐵木眞)이다.

2) 출생지는 바이칼호 근처이다.

3) 태어난 연도는 정확하지 않으며 1155년, 1162년, 1167년 등의 이설이 있다.

4) 칭기즈칸은 샤머니즘 신자였다.

5) 칭기즈칸의 일생

- 어렸을 때 : 아버지가 타타르 부족에게 독살되어 부족이 흩어졌기 때문에 빈곤 속에서 성장하였고, 당시 강세를 자랑하던 케레이트 부족의 완칸 아래서 점차 세력을 키웠다.
- 1189년경 : 몽골씨족연합의 맹주(盟主)에 추대되어 칭기즈칸이란 칭호를 받게 되었다.
- 1201년 : 자다란 부족의 자무카를 격파하였다.
- 1203년 : 타타르 · 케레이트를 토벌하여 동부 몽골을 평정하였다.
- 1204년 : 군제(軍制)를 개혁한 후 서방의 알타이 방면을 근거지로 하는 나이만 부족을 격멸하고, 몽골 초원을 통일하였다.
- 1206년 : 오논 강변 평원에서 집회를 열고, 몽골제국의 칸에 오르면서 씨족적 공동체를 해체, 군사조직에 바탕을 둔 천호(千戸)라고 하는 유목민집단을 95개 편성하였다. 천호 및 그 하부조직인 백호는 동시에 행정단위이며, 천호장 · 백호장에는 공신들을 임명하여, 이들을 좌익(左翼) · 중군(中軍) · 우익의 만호장 지휘하에 두었다. 또 케시크테이라고 하는 친위대를 설립하고 천호장 · 백호장의 자제로 편성하여 특권을 부여, 몽골 유목군단의 최정예 부대를 구성하였다.
- 1207년 : 서하(西夏)를 점령하였다.
- 1215년 : 금(金)나라에 침입하여 그 수도인 중도(中都: 지금의 베이징)에 입성하였다.
- 1218년 : 멸망된 나이만의 왕자 쿠출루크가 서요(西遼)로 망명하여 그 나라를 약탈하였기 때문에, 부장 제베를 파견하여 토벌한 후에 병합하였다.
- 1219년 : 서아시아 이슬람 세계의 패자(覇者) 호레즘국과 교역하려고 파견한 사절단이 살해되자, 이것을 계기로 서정(西征)에 올랐다.
- 1220년 : 오트랄 · 부하라 등의 도시를 공략하였고, 제베와 수부타이가 인솔한 별군(別軍)은 호레즘 국왕 무하마드를 카스피해상의 작은 섬으로 내

몰아 굶어 죽게 하였다.

- 1221년 : 본군은 발호를 점령하고 무하마드의 아들 잘랄웃딘과 인더스 강변에서 싸워 크게 격파하였다.
- 1223년 : 캅카스산맥을 넘어 남러시아로 출동하여, 러시아 제공(諸公)의 연합군을 하르하 강변에서 격파하였다. 크림을 정복한 후 본군에 합류하였다.
- 1225년 : 뜨거운 열기에 견딜 수 없어 철군하기로 결정하고, 차가타이 · 오고타이군과 합세하여 귀국하였다. 이때 이슬람교도의 공예가와 장인(匠人)의 기술을 높이 평가하고 그들을 포로로 데리고 왔다. 정복한 땅은 아들들에게 각각 분할해주어 나중에 한국(汗國)을 이룩하게 하였으나, 몽골 본토는 막내아들 툴루이에게 주기로 하였다.
- 1226년 가을 : 서정(西征) 참가를 거부한 서하를 응징하려고 서하의 수도 닝샤[寧夏]를 포위하였으나 간쑤성 칭수이현[淸水縣] 시장[西江] 강변에서 병사하였다.

3. 중요한 성공의 요인

1) 어렸을 적 함께 잡은 물고기를 혼자 차지하는 이복형을 죽일 정도로 무서울 만큼 복수심이 강한 아이였지만 어머니인 후엘룬이 테무친에게 초원에서 살아남으려면 반드시 다른 사람과 협력해야 한다고 가르쳤고 테무친은 모든 일에 협력을 우선으로 행하게 된다.
2) 감정이란 사람이 가장 통제하기 어려운 부분이지만 그는 극도의 감정을 다스리고 넓은 가슴으로 모든 사람들을 받아들이는 뛰어난 포용력을 보였다. 그 한 예로 사진의 아내인 부르테가 적장에서 납치되고 능욕당한 후, 적장의 아이를 임신했음에도 불구하고 그는 부르테가 낳은 아이를 진심으로 받아들였다. 그뿐만 아니라 초원을 통일한 후 황제가 된 후에도 아내 부르테를 전혀 망설이지 않고 황후로 옹립했으며 또한 부르테가 낳은 불분명한 아들도 자신의 핏줄이라고 인정하고 중용하였다.

3) 적과 반역자에게 매우 잔혹하고 부정했다. 칭기즈칸은 엄격한 처벌과 기강만 이 조직을 잘 이끌어갈 수 있다고 믿었다. 그렇기 때문에 군사들이 전리품에 만 현혹되어 전시 중에 조직을 일탈하면 자신의 친척뿐만 아니라 그의 부하들을 엄격하게 다루었다.

4) 전리품을 평등하게 분배했다. 왜냐하면 군사들이 정벌에만 신경을 쓰고 전리품에 집착하지 않도록 한 부족을 점령한 후에는 반드시 전리품을 군사들과 평등하게 분배하였다.

5) 인재를 등용함에 있어 노예든 포로든 신분을 가리지 않았다. 대표적인 인물로 야율초재가 있다.

6) 전장에서 뒤에서만 작전을 내리는 사령관이 아니라 늘 앞장서서 돌격해서 군사들의 사기를 드높였다. 그로 인해 여러 차례 부상을 당하기도 하지만 언제나 부하들을 관용과 사랑으로 보살폈다.

7) 칭기즈칸은 이성적인 사고를 지녔다. 몽골을 계속 핍박하고 약탈하던 금나라를 치기 위해서 그는 인내심을 가지고 종속관계를 유지하면서 조공 또한 계속 바쳤다. 분노에 찬 부하들이 당장 금나라를 치자는 주장에도 불구하고 그는 인내하고 기다렸다. 결국 그는 수년 간의 철저한 준비 끝에 금나라의 수십만 군사를 물리치고 정복하게 되었다.

8) 칭기즈칸은 강인한 성격을 가지고 있었다. 그의 아버지가 티타르인에게 독살된 후 칭기즈칸 일가는 부족민과 가축들을 강제로 빼앗기고, 하루아침에 풀뿌리로 배고픔을 달래는 처지로 전략하였지만 이러한 고된 시간을 보낸 것이 용감하고 강인한 성격을 길러주는 밑거름이 되었다.

4. SWOT분석을 위한 매트릭스표 작성에 의한 내용 분류

1) 칭기즈칸이 처한 환경에서 기회요인은?

① 어렸을 때 타타르족의 습격으로 아버지를 잃고 그의 부족은 모조리 흩어졌으며 포로로 잡혀 끌려가는 신세에 처해졌을 때 그가 가진 목표는 “흩어진 부족을 되찾고 아버지의 원수를 갚는 것”이었다.

② 소설과도 같은 모험과 역정을 거쳐 아버지의 원수를 갚고 흩어진 부족을 되찾았을 때 어린 테무친은 부족들이 "공동의 목표"가 있으니 잘 뭉치더라는 것을 발견했다.

③ 명분과 당위성 없이는 부족들이 전쟁에 참여하지 않았기 때문에 금나라 100만 대군을 칠 때도 그 명분은 나라를 물려받지 못할 불효한 놈이 천자가 되어서는 안 된다는 명분을 내세웠다.

④ 자신이 직접 전쟁에 참여하지 않더라도 전쟁터에서 일어나는 일은 모두 자신의 부하에게 맡겼다.

⑤ 허벅지에 살이 찌고 배부른 기름 맛을 알기 때문에 고통스러운 원정길을 포기하고 음주가무에 빠져들 것을 경계하였다.

⑥ 각 국가가 가진 고유의 특수성(개체성)을 보존하는 것은 보편성(전체성)을 의미하는 제국에 대한 충성 하나로 허용되었던 것이기 때문에 자신에게 충성을 맹세하면 특별한 제한을 가하지 않았다.

⑦ 여성은 자손을 번영시키는 근본이기 때문에 여성의 지위가 상당히 높았다. 그의 아내인 부르테가 적국에 납치를 당해 잡혀 있다가 부르테를 다시 되찾았을 때는 부르테가 적장의 아이를 가지고 있었지만 그 아이를 자신의 아이라고 공표했다.

2) 위협요인은?

① 어렸을 때 타타르족의 습격으로 아버지를 잃고 그의 부족은 모조리 흩어 졌으며 포로로 잡혀 끌려가는 신세에 처해졌다.

② 부족들은 명예를 중시하고 이름 석자에 대한 오명을 몹시도 싫어했다. 항상 그들은 옳은 쪽으로 평가받기를 원했으며 같은 전쟁을 하더라도 명분이 없는 전쟁을 하지 않았다.

③ 마차로 모스크바에서 블라디보스토크까지 2년이 걸리던 것을 생각하면 중원을 점령하는 2년여의 세월은 거의 말을 달리는 속도로 영토를 점령해 간 것이나 다름없다고 한다. 따라서 그는 작전회의를 통한 시간낭비를 하지 않고 바로 대원칙을 세우고 행동에 옮기며 상황을 보아가며 세부적인 사항

을 그때 가서 결정한다는 방식을 사용하였다. 이 방법은 시행착오를 거치게 될 수밖에 없었다.

④ 자신의 아내인 부르테가 적국에게 납치당해 잡혀 있었다.

3) 개인적 강점은?

① 칭기즈칸은 한 가지 공동목표가 달성되기가 무섭게 곧 다음의 새로운 공동목표를 만들어 쉬지 않고 달려 그의 부족을 이끌어 갔다.

② 명분을 통한 전쟁을 하더라도 백성들을 향해서는 땅을 빼앗거나 명분 없는 약탈을 자제하였다.

③ 자신의 부하들에 대한 믿음이 있었다.

④ 적이라고 하더라도 항복을 하면 아무런 제한 없이 받아 주었다.

⑤ 성에 대한 개방적인 의식을 가지고 있었다.

⑥ 뛰어난 조직력을 가지고 있었다.

4) 개인적 약점은?

① 함께 잡은 물고기를 혼자 독차지하는 이복형을 죽일 정도로 복수심이 강하고 악독했다.

5) 내외적 강약점을 극복하기 위한 리더가 사용한 리더십 수행전략은?

① 공동의 목표는 곧 이룩될 만한 작은 것에서는 별반 효과가 없으므로 원대한 야망이 있는 것을 목표로 삼았다. 이것은 우리가 오늘날 이야기하는 〈비전〉과 다를 바 없다.

② 명분과 정당성을 확보하였다.

③ 부하를 육성함은 물론, 전권을 주어 현지의 왕을 임명하고, 인접국가에의 전쟁 여부까지 모든 권한을 위임하였다.

④ 부족들이 끊임없는 상무정신에 젖어 있기를 바랬다.

⑤ 일단 전쟁을 벌인 적국이라 할지라도 전쟁이 끝난 뒤 제국의 일원으로 충성을 맹약하기만 하면 이러 저러한 제한을 가하지 않았다.

⑥ 아무리 훌륭한 장수라도 군율을 어기면 벌을 내렸다.

⑦ 훌륭한 인재를 그의 옆에 두고 자문을 구했다.

5. SWOT분석에 의한 매트릭스표 작성

	칭기즈칸의 강점	칭기즈칸의 약점
외부기회	– 어렸을 때 타타르족의 습격으로 아버지를 잃고 그의 부족은 모조리 흩어졌으며 포로로 잡혀 끌려가는 신세에 처해졌을 때 그가 가진 목표는 "흩어진 부족을 되찾고 아버지의 원수를 갚는 것"이었다. – 소설과도 같은 모험과 역정을 거쳐 아버지의 원수를 갚고 흩어진 부족을 되찾았을 때 어린 테무친은 부족들이 "공동의 목표"가 있으니 잘 뭉치더라는 것을 발견했다. – 명분과 당위성 없이는 부족들이 전쟁에 참여하지 않았기 때문에 금나라 100만 대군을 칠 때도 그 명분은 나라를 물려받지 못할 불효한 놈이 천자가 되어서는 안 된다는 명분을 내세웠다. – 자신이 직접 전쟁에 참여하지 않더라도 전쟁터에서 일어나는 일은 모두 자신의 부하에게 맡겼다. – 허벅지에 살이 찌고 배부른 기름 맛을 알기 때문에 고통스러운 원정길을 포기하고 음주가무에 빠져들 것을 경계하였다. – 각 국가가 가진 고유의 특수성(개체성)을 보존하는 것은 보편성(전체성)을 의미하는 제국에 대한 충성 하나로 허용되었던 것이기 때문에 자신에게 충성을 맹세하면 특별한 제한을 가하지 않았다. – 여성은 자손을 번영시키는 근본이기 때문에 여성의 지위가 상당히 높았다. 그의 아내인 부르테가 적국에 납치를 당해 잡혀 있다가 부르테를 다시 되찾았을 때는 부르테가 적장의 아이를 가지고 있었지만 그 아이를 자신의 아이라고 공표했다.	– 함께 잡은 물고기를 혼자 독차지하는 이복형을 죽일 정도로 복수심이 강하고 악독했다.

외부위협	- 한 가지 공동목표가 달성되기가 무섭게 곧 다음의 새로운 공동목표를 만들어 쉬지 않고 달려 그의 부족을 이끌어 갔다. - 명분을 통한 전쟁을 하더라도 백성들을 향해서는 땅을 빼앗거나 명분 없는 약탈을 자제하였다. - 자신의 부하들에 대한 믿음이 있었다. - 적이라고 하더라도 항복을 하면 아무런 제한 없이 받아 주었다. - 성에 대한 개방적인 의식을 가지고 있었다. - 뛰어난 조직력을 가지고 있었다.	- 어렸을 때 타타르족의 습격으로 아버지를 잃고 그의 부족은 모조리 흩어졌으며 포로로 잡혀 끌려가는 신세에 처해졌다. - 부족들은 명예를 중시하고 이름 석자에 대한 오명을 몹시도 싫어했다. 항상 그들은 옳은 쪽으로 평가받기를 원했으며 같은 전쟁을 하더라도 명분이 없는 전쟁을 하지 않았다. - 마차로 모스크바에서 블라디보스토크까지 2년이 걸리던 것을 생각하면 중원을 점령하는 2년여의 세월은 거의 말을 달리는 속도로 영토를 점령해 간 것이나 다름없다고 한다. 따라서 그는 작전회의를 통한 시간낭비를 하지 않고 바로 대원칙을 세우고 행동에 옮기며 상황을 보아가며 세부적인 사항을 그때 가서 결정한다는 방식을 사용하였다. 이 방법은 시행착오를 거치게 될 수밖에 없었다.

6. 칭기즈칸 리더십의 유형과 그 이유

1) 칭기즈칸의 리더십은 이성적인 리더십 유형이다.

2) 이유

칭기즈칸은 넓은 수용력을 가지고 있었다. 이것은 칭기즈칸이 진실된 많은 인재를 확보하고 신뢰를 주며 믿고 맡길 수 있었던 것이 수용력 덕분이었다. 그에게 가장 먼저 영향을 준 사람은 어머니였는데 어머니는 이복형을 죽인 테무친에게 서로 협동해야지만 살아남을 수 있다는 사실을 가르쳐 주었고 넓은 수용력을 가진 테무친은 어머니의 말에 그대로 따른다.

또한 그의 아내인 부르테가 적군에 사로잡혀 적장의 아이를 가지고 있었지만 여성은 자손을 번성하게 하는 중요한 위치에 있었으므로 아내를 왕후의 자리에 앉히고 그녀의 아들도 자신의 아들이라고 공표하는 모습을 보였다.

또, 야율초재라는 금나라 사람을 자신의 옆에 두고 자문을 구하기도 했다. 사실 적국의 사람을 군사로 쓴다는 것은 위험천만한 일이지만 칭기즈칸은 그 자신이 가지고 있는 넓은 수용력을 가지고 야율초재를 중요한 한 사람으로 만들어버렸다.

그리고 그는 뛰어난 전략을 사용하였다. 칭기즈칸은 종종 적군을 숫자로 압도하며 일렬 횡대로 진격하여 눈 깜짝할 새에 포위하는 전법을 썼는데 이는 조직을 일사분란하게 지휘하지 않으면 불가능한 전법이다. 이는 칭기즈칸이 그의 조직력을 탄탄하게 만들어 놓았으며 자신의 군사들에게 신임을 받고 있으며 누구 못지않은 뛰어난 전략을 사용한다는 것을 알 수 있다.

이와 같은 칭기즈칸의 리더십은 이성적인 사고가 없이는 불가능하기 때문에 칭기즈칸의 리더십은 이성적인 리더십 유형이라고 할 수 있다.

7. 칭기즈칸의 성격 및 가치관 분석

칭기즈칸은 이복형을 죽일 만큼 복수심이 강하고 잔인한 성격을 가지고 있다. 또한 적과 반역자에게는 매우 잔혹하고 무정했다. 하지만 자신의 아내가 납치되어 적장의 아이를 가지지만 부르테가 낳은 아이를 자신의 아이로 받아들일 만큼 감정을 잘 통제하고 뛰어난 포용력을 보인다.

또한 그는 상벌을 엄격히 하였고 항복하는 사람은 누구라도 제한을 두지 않고 받아들였으며 필요한 사람은 신분을 막론하고 자신의 옆에 두는 개방적인 성격을 가지고 있다.

하지만 칭기즈칸을 한 마디로 표현하자면 용감하고 강인한 성격을 가지고 있다고 할 수 있다. 왜냐하면 전장에서 항상 선두에 섰으며 자신의 부하를 믿고 아낄 줄 알았으며 혼란스러운 일도 인내심을 가지고 처리하기 때문이다.

8. 나의 SWOT분석(토우스 매트릭스) 표

	나의 강점	나의 약점
외부기회	– 계획을 세워 모든 일을 계획처럼 행동하려고 한다. – 내가 하고자 하는 말을 분명하게 이야기한다. – 아르바이트로 인해 처음 보는 사람들에 대한 행동이 좋다.	– 아르바이트로 인해 개인적인 시간을 가질 여유가 거의 없다. – 모르는 것은 직접 찾아 다니면서 해결하려고 한다. – 고민이 있으면 부모님과의 대화를 통해 그 일을 해결한다.

	– 많은 사람들 앞에서도 떨지 않고 이야기 한다. – 다른 사람들의 이야기를 잘 들어준다. – 고민이 있으면 그 고민을 부모님과 상의하여 일을 해결한다. – 요약정리를 잘한다. – 돈에 관해서는 명확하다. – 수업 시간에 주의집중을 잘한다. – 필요한 부분을 잘 필기해 둔다.	– 혼자서 처리하지 못하는 일이 있으면 바로 도움을 요청한다.
외부위협	– 포기하고 싶은 일이 있으면 계획표를 다시 한 번 본다. – 가족을 제외한 사람과는 돈거래를 하지 않는다. – 다른 사람이 모르는 것을 나에게 물으면 잠시 기다리라고 하고 찾아서 가르쳐준다. – 잘 하지 못하는 일이 있더라도 최선을 다해 만족할 만한 결과를 얻을 수 있도록 한다.	– 내가 하고자 하는 말을 다른 사람의 편에 서서 생각해 본다. – 힘든 일이 있어도 내색하지 않는다.

9. 나가면서

내가 역사상 가장 좋아하는 사람은 칭기즈칸이다. 칭기즈칸을 초등학교 때 칭기즈칸과 관련된 비디오를 통해 처음 보고 칭기즈칸의 매력에 빠졌었다. 아버지가 독살당한 어린 시절이 있었지만 그 어린 시절 동안 좌절하지 않고 다시 재기하기 위해 열심히 노력했고, 결국에는 세계 거의 모든 지역을 정복한 칭기즈칸의 모습이 어린 나에게 굉장한 영웅으로 다가왔기 때문이다. 물론 한국에도 칭기즈칸 못지않은 위인들이 있겠지만 한 번 무언가에 빠지면 계속 그것만을 고집하는 나의 성격상 가장 좋아하는 위인이 누구냐고 물으면 스스럼없이 칭기즈칸이라고 말한다.

이번 사례연구를 하면서 칭기즈칸에 대해 다시 한 번 자세하게 조사해 보았다. 칭기즈칸은 역사상 전무후무한 성공을 이루어 낸 인물이었다. 빈약한 자원의 환경에서 그의 엄청난 성공은 더욱 놀랍고 대단한 결과라는 생각이 들었다.

칭기즈칸은 넓은 수용력과 비전의 공동목표화, 뛰어난 전략가의 자질, 강한 의지와 실천 등이 칭기즈칸이 성공한 요인들이라고 볼 수 있다. 많은 지도자들이 자신만의 리더십을 가지고 있지만 내가 생각하기에 칭기즈칸은 모든 사람들이 가지기를 원하는 모든 요소들을 가지고 있는 가장 완벽한 지도자라고 보여진다.

자신의 아내가 적군에게 납치되어 적장의 아이를 가졌다면 보통 다른 나라에서는, 아니 한국에서는 그 아내를 받아들이지 않을 것이다. 하지만 칭기즈칸은 자손을 번성시키게 한다는 여성의 지위 하나를 보고 아무런 이유 없이 받아들였을 뿐만 아니라 그 아이까지 받아들였다. 칭기즈칸은 많은 자신의 자식들 중에서 부르테가 낳은 첫째 아들을 가장 사랑했다고 한다. 과연 칭기즈칸과 같은 결단을 내리고 행동하는 사람이 얼마나 있을까?

물론 잔인하고 냉혹한 성격을 가졌다는 단점이 있기는 했지만 그것은 정복한 지역에 대한 확실한 복종을 받기 위한 수단이었다. 칭기즈칸에게 항복한 사람은 적국의 사람이라도 수용하는 넓은 포용력을 보였으며 그 사람을 믿고 일을 맡기기도 했다. 이처럼 칭기즈칸은 모든 사람들이 따를 수 있는 비전을 가지고 그 비전을 성취할 수 있는 능력을 지니고 있었다.

칭기즈칸을 통해 그에 비추어 나에 대해 생각해 보았다. 정작 나는 칭기즈칸을 존경하고 있음에도 불구하고 그와 비슷하게 하기 위한 노력은 아무것도 하지 않고 있었다. 또한 그냥 지금 주어진 현실에 안주하려는 모습까지 보이고 있었다. 이번 토우스 매트릭스를 통한 과제는 나의 장단점에 대해 확실하게 파악할 수 있었으며 고쳐야 할 점이 무엇인지 알 수 있는 좋은 기회였다.

"중도에 멈추지 않는 것, 이것이 나의 철칙이다."라는 칭기즈칸의 말처럼 목표를 향해 뒤돌아보지 않고 앞만 보고 멈추지 않고 나아가야겠다는 생각이 든다.

성공한 리더에 대한 SWOT분석을 하면서 얻을 수 있었던 "성공의 6가지 신념"

1. 어떠한 역경도 그 안에는 기회와 지혜가 숨겨져 있다.
2. 이 세상에 실패는 없다. 단지 미래로 이어지는 결과가 있을 뿐이다.
3. 결과에 대한 책임은 모두 자신에게 있다는 사실을 명심한다.
4. 삶이란 머리로 이해하는 것은 아니다. 행동으로 옮기고 실천해야 한다.
5. 인적 네트워크가 가장 큰 자본임을 명심하고 인간관계를 중시한다.
6. 인생 최고의 보람은 일을 즐겁게 하는데 있다.

– 앤터니 로빈스의 『무한한 힘, 나는 성공한다』 중에서 –

11장

리더십함양을 위한 실습의 유형과 프로그램

Your attitude determines your altitude in Life!
Only as high as I reach, Can I grow.
Only as far as I seek, Can I go.
Only as deep as I look, Can I see.
Only as Much as I dream, Can I be.

제 11장과 12장에서는 리더십함양을 위한 실습 및 현장학습에 관하여 소개합니다. 11장에서는 실습 프로그램에 대한 안내와 수행방법에 대하여 소개하며, 12장에서는 소개된 실습프로그램을 수행하고 이에 대한 소감과 연구진행의 만족도 등을 바탕으로 제시된 서식이나 창의적 서식에 의하여 제출된 실습사례 보고서를 제시합니다.

■ 실습 계획서(개인별 체험학습 계획 및 조별 활동기획)안1

실습교육 프로그램명	프로그램 개요 및 계획				
	방 법	언 제	어디서	기대효과	비고
① 본교 이외 리더십강의청강	■본교 이외의 다른 대학, 사회기관, 대학 등에서 시행하는 리더십 강좌를 청강하고 확인을 받아 보고서 작성 제출 ■교과내용의 차이점 조사 ■강좌 찾기까지 과정, 노력			다양한 리더십이론 습득과 내면화	자신의 재학 대학교 제외 학생증 준비
② 재래시장체험	■재래시장 상점 혹은 길거리좌판대에서 상품판매 경험 ■길거리 고객 및 상인대상 시장조사 경험 혹은 설문받기 ■대화터기의 어려움 체험			소통과 의산전달의 어려움	학생증 준비 선택사항: 설문지 준비
③ 관광지 안내 체험	■대도시 주변 혹은 주요관광지, 문화유적지 등 가이드 경험 가능한 곳 ■지역적 특색을 활용하여 국내외 관광객을 대상으로 관광지 안내 경험 ■안내 유적, 유물 사전정보 ■집단 혹은 개인 가이드 경험의 어려움 체험			효율적 의사전달	학생증 준비
④ 산악 등반 혹은 야외캠프	■수업시간 혹은 특정시간을 활용 집단(조별)산행(왕복 4시간) ■산악지형 활용 극기 ■호연지기 연마 ■동료의식, 정상정복			극기훈련 인내심과 협동정신 성취감과 정상정복 쾌감	준비운동 체력단련, 전국 유명산 혹은 해발 700m 이상 산 선택가능
⑤ 기타체험학습	■해병대(군부대)체험캠프 ■한센병 환자촌 봉사활동 ■3D업종 봉사체험 ■스피치향상(웅변) 체험			어려움, 힘듦, 좌절극복	학생증 지참 섭외

실습자 혹은 실습조원들의 창의적 발상으로 리더십함양 프로그램기획과 운영은 자유롭게 활동하는 것을 원칙으로 한다.

■ 내 스스로 하고 싶은(생각하는) 리더십함양을 위한 실습(방법, 실행과정, 기대효과)

실습교육 프로그램명	프로그램 개요 및 계획				
	방 법	언 제	어디서	기대효과	비고
①	■ ■ ■				
②	■ ■ ■				
예) 스피치연습	■ 산에 올라 웅변연습 ■ 모르는 사람들 앞에서	사람들이 많이 붐비는 시간에	공공장소 혹은 기차역과 주변 사람이 모여있는 곳	자신의 의사 전달을 잘 할 수 있는 방법 찾기	■ 웅변실력 키우기 ■ 성격개조 ■ 자신감쌓기

■ 체험학습을 위한 사전 준비

외부리더십청강, 관광지 안내경험, 재래시장체험, 등산경험	매우 그렇다	그렇다	보통이다	아니다	전혀 아니다
1. 타 대학을 방문한 경험이 가끔 있다.					
2. 다른 기관의 리더십 교육과정을 알아보고 우리대학의 리더십 강좌와 비교해 본 경험이 있다.					
3. 다른 대학이나 기관을 방문하기에 망설여진다.					
4. 다른 대학의 강좌를 청강해 본 경험이 있다.					
5. 리더십 강의와 유사한 강좌를 자주 접해 보았다.					
6. 모르는 사람에게 말을 걸고 하나의 주제로 대화를 나누어 본 경험이 있다.					
7. 관광지 혹은 문화유산을 여행하기 좋아한다.					
8. 다른 사람에게 사물이나 장소를 안내해 본 경험이 있다.					
9. 외국인과 외국어로 대화를 자주한다.					
10. 외국인에게 우리나라를 멋지게 소개해 보았다.					
11. 재래시장에 쇼핑하기를 즐긴다.					
12. 아르바이트 등으로 돈을 벌어보았다.					
13. 내가 소유한 물건을 상대방에게 자랑하기를 좋아한다.					
14. 상품판매 전략을 세우고 경험한 적이 있다.					
15. 부끄럼을 많이 타고 남들 앞에서 말하기가 두렵다.					
16. 등산하기를 즐긴다.					
17. 등산의 과정에서 힘들고 어려운 과정을 극복할 자신이 있다.					
18. 다른 사람보다 더 빨리 정상에 오르고자 하는 욕구로 충만해 있다.					
19. 정상정복의 성취감을 달성하고 이것을 다른 일(학업)과도 연계할 수 있다.					
20. 향후 등산의 기회를 더욱 늘리고 즐길 계획이다.					

1. 리더십 실습의 유형과 프로그램 개요

1) 외부리더십청강

① 학습목표

- 고정된 학습공간을 벗어나 일반 교육기관 등 자유로운 공간을 선택할 수 있다.
- 낯선 공간과 낯선 사람들과 사교할 수 있는 능력을 향상시킬 수 있다.
- 실습수행 과정에서의 생소함과 어려움 등을 극복하고 도전적이며 적극적인 행동을 제고할 수 있다.
- 새로운 인적 교류의 폭을 넓힐 수 있다.

② 실습내용

- 지역 및 장소에 구애받지 않고 사회기관, 대학, 사회교육시설 등에서 시행하는 리더십 관련 교과목 수업 혹은 교육을 청강한다.
- 청강을 위하여 청강 장소, 기관, 교과목의 정보를 수집한다.
- 청강을 하면서 노트정리를 하고 수업담당교수의 확인(사인, 요약문 표시)을 받는다.

③ 실습방법 및 과정

- 외국대학의 홈페이지를 이용하여 인강이나 원격강의 수강이 가능한지 탐색한다.
- 국내외 대학의 리더십 교육과정을 여러 가지 수단을 동원하여 찾아보고 방문계획을 세운다.
- 스스로 낯선 장소와 낯선 사람들과 교류방법을 모색하고 도전한다.
- 강의 시작 전 강의담당 교수와 만나 학생증을 제시하고 청강 양해를 얻는다.
- 강의가 끝난 후 반드시 감사의 말씀을 전하고 기념사진 등으로 실습 확인을 한다.

④ **기대효과**

- 새로운 만남과 개척정신을 키워나간다.
- 현실에 안주하지 않고 자기혁신을 통한 적극성을 함양한다.
- 자기표현능력을 개발한다.
- 국내외 리더십 관련교과의 편성내용을 알고 교과정보 활용능력을 향상시킬 수 있다.

⑤ **기타(실습대상)**

- 외국대학 혹은 리더십 전문교육기관에 체험학습을 계획해 본다.
- 현지방문학습이 불가능하면 온라인상의 수업경험도 계획할 수 있다.
- 리더십 교육의 필요성과 중요성을 더욱 깊이 인식할 기회를 갖는다.

2) 관광지 안내경험

① **학습목표**

- 처음 만난 낯선 사람에게 프레젠테이션을 할 수 있다.
- 두려움을 극복하고 자신감을 키울 수 있다.
- 체계적이며 논리적으로 사물의 실체를 설명할 수 있다.
- 조별 체험학습을 통해 협동심을 양양할 수 있다.

② **실습내용**

- 실습을 위한 조별활동 준비(조편성, 경주안내 유인물〈인터넷 자료〉, 설문조사 등)
- 경주의 지역적 특색을 활용하여 국내외 관광객을 대상으로 관광지 안내
- 낯선 사람들과 친해질 수 있는 방법을 터득하고 사교성을 함양한다.
- 기타 자신이 관광지 혹은 문화유적지를 선정하여 안내체험을 한다.

③ **실습방법 및 과정**

- 실습할 장소를 선정하고 로드맵을 구상한다.
- 실습장소의 유물 유적에 대한 사전 정보를 충분히 취득하고 학습한다.
- 안내 상대자를 물색하고 정중히 안내를 제안한다(학생증 제시).
- 외국인에게도 적극적으로 접근하여 가이드를 제안하고 체험학습의 기회 폭을 넓힌다.
- 관광지 안내 체험학습을 통한 다양한 경험을 사진이나 동영상으로 기록한다.

④ **기대효과**

- 관광지 혹은 문화재 답사를 위해 사람들이 많이 몰리는 곳에서 관광여행안내능력 개발을 통해 대화술을 터득
- 자신감 고취와 처음 만나는 사람과 친해지는 능력 개발
- 조별 활동을 통한 협동심 관광자원 활용 능력 개발
- 외국인을 중심으로 실습할 경우 외국인과 인적 교류의 기회를 발굴할 수 있다.

⑤ **기타**

- 전공별 관광지 혹은 문화유적지 안내 체험을 구체화시켜 본다.
- 관광관련 회사와 연계하여 단체 관광객에 대한 산학협동학습을 계획한다.
- 외국인에 대한 체험학습의 기회를 확대하여 글로벌 시대에 대비한다.

3) 재래시장체험

① **학습목표**

- 모르는 사람과 친교를 맺으며 자신감을 배양할 수 있다.
- 창조적 문제해결능력을 고취할 수 있다.
- 자기혁신을 통한 적극성을 함양할 수 있다.
- 전문능력을 신장할 수 있다.

② **실습내용**

- 조별 활동으로 자신의 중고물건을 시장에서 팔아본다.
- 재래시장에서의 상업행위 경험(현장조사, 상업 유통망 등)
- 길거리 고객 및 상인대상 설문받기(유통경위, 현장물가 비교 등)
- 부모님 혹은 친인척의 영업장을 직접 체험

③ **실습방법 및 과정**

- 실습 가능한 시장 혹은 상가지역의 정보를 얻는다.
- 직접 상행위를 체험할 수 있도록 주인의 양해를 구한다(모든 수단 동원).
- 체험시간 동안 최대한 성실하게 물건을 사고파는데 도움이 되도록 한다.
- 체험을 마치며 유종의 미를 거둘 수 있도록 한다.

④ **기대효과**

- 자기표현능력 개발 및 정보활용능력 개발
- 산업밀착형 특화 교육(실무능력, 현장교육)
- 경제행위의 어려움을 통하여 부모에 대한 고마움을 느끼도록 한다.
- 각자 영업맨으로서 실력을 사전에 평가해 볼 수 있다.

⑤ **기타(실습대상)**

- 시장상인의 일과생활에 피해를 최대한 줄이도록 한다.
- 아르바이트와는 다른 개념으로 절대 금전거래가 있어서는 아니 된다.

4) 산악 등반캠프

① **학습목표**

- 등산과정에서의 결과물로 리더십정신을 함양할 수 있다.
- 호연지기를 연마할 수 있다.
- 도전의식을 신장하여 자신감을 극대화할 수 있다.
- 동료의식을 배양할 수 있다.

② **실습내용**

- 학교 주변의 해발 700m 이상의 산 정상까지 등반 혹은 전국 유명산 등반
- 등산지역 주변의 유적지 답사를 통해 조상과 산악인의 기상을 체득한다.
- 등반과정의 어려움과 장애물을 극복하고 성취감을 느끼도록 한다.
- 단체 등반의 경우 그 의의를 깨닫고 동료의식을 느낄 수 있도록 서로 협동해서 어려움을 나누고 돕는 등행을 경험한다.
  - 소요시간: 4시간 전후

③ **실습방법 및 과정**

- 등산하는 산에 대한 유래와 주변 유적지에 대한 개요 소개(유인물 배부)
- 간단한 등산용구와 등산화를 착용하여 등반
- 개별등산 혹은 안전사고에 유의하여 교수 혹은 조교의 인솔 하에 단체 등반
- 유물 혹은 유적지의 답사를 겸행하여 지역 고유의 문화정신을 되새긴다.

④ **기대효과**

- 정상도전 과정에서의 어려움을 성취감으로 극대화하는 능력체험
- 등산과정에서의 호연지기를 체험으로 리더십의 기상을 터득한다.
- 자신감과 도전의식을 갖는다.
- 지구력과 인내력을 신장한다.

⑤ **기타(실습대상)**

- 수업장소 주변의 산을 중심으로 이외의 산에도 공휴일을 이용하여 등반을 권장한다.
- 안전사고 및 산에 대한 경외심을 알 수 있도록 교육을 한다.

5) 기타 체험학습

① 병영 체험학습

- 해병대 혹은 군부대의 일일 병영체험학습
- 일일 병영집체훈련과정 입소
- 유격훈련
- 기업체 체력단련 훈련장 체험

② 스피치 실습내용

- 웅변학원, 스토리텔링 연습과정
- 인터넷 1인 방송 등의 체험

③ 3D업종 봉사체험

- 하루 4시간을 공사현장에 가서 막일을 해 본다.
- 한센병 환자촌에 가서 봉사활동
- 바닷가 부두 하역작업
- 인공암벽타기

2. 리더십 실습의 유의점과 보고서 작성

1) 외부리더십청강

① 유의사항

- 학생증 지참, 상대기관(청강학교 혹은 기관) 및 강사에 대한 예절 갖추기
- 청강기관에 대한 사전 정보탐색(친구, 인터넷, 학교, 기관 안내유인물)
- 장소이동 중 교통사고 등 안전에 주의(경주 동국대 제외)

② **보고서 작성 양식(※양식에 얽매이지 말고 창의력을 발휘하여 보고서작성 제출)**

<table>
<tr><td colspan="4">리더십과 자기계발캠프</td><td rowspan="2">외부리더십 청강</td><td>일시:</td></tr>
<tr><td rowspan="2">실습자</td><td>학부(과)</td><td>학번</td><td>성명</td><td>장소:</td></tr>
<tr><td></td><td></td><td></td><td>주제:</td><td>교수: ㊞</td></tr>
<tr><td colspan="6">1. 들어가는 말(강좌를 듣기까지, 참여동기, 장소 찾아가기)

2. 강좌내용 요약

3. 소감(강의를 듣고서)</td></tr>
</table>

2) 관광지 안내경험

① 유의사항

- 학생증 지참, 복장, 말씨 등 상대방에 대한 예의 갖추기
- 모르는 사람에게 친절한 안내 후 기대효과 체크
- 안내 관광지 및 유적에 대한 사전정보 철저대비, 교통 등 안전사고 주의

② 보고서 작성 양식(※양식에 얽매이지 말고 창의력을 발휘하여 보고서작성 제출)

<table>
<tr><td colspan="4">리더십과 자기계발캠프</td><td rowspan="2">관광지(유적지) 안내체험</td><td>일시:</td></tr>
<tr><td rowspan="2">실습자</td><td>학부(과)</td><td>학번</td><td>성명</td><td>장소:</td></tr>
<tr><td></td><td></td><td></td><td>주제:</td><td>안내상대자: (인)</td></tr>
<tr><td colspan="6">1. 들어가는 말(안내장소를 찾기까지)

2. 안내체험 요약

3. 소감(앞으로 비전)

</td></tr>
</table>

3) 재래시장체험

① 유의사항

- 학생증 지참, 체험 상대방에 대한 예절 갖추기, 음료수 대접하며 섭외
- 상인과 시장고객들에게 친절봉사 정신, 자신의 비즈니스 실력 탐색
- 교통, 가스 등 안전사고 주의

② 보고서 작성 양식(※양식에 얽매이지 말고 창의력을 발휘하여 보고서작성 제출)

<table>
<tr><td colspan="4">리더십과 자기계발캠프</td><td rowspan="2">재 래 시 장 체 험</td><td>일시:</td></tr>
<tr><td rowspan="2">실습자</td><td>학부(과)</td><td>학번</td><td>성명</td><td>장소:</td></tr>
<tr><td></td><td></td><td></td><td>주제:</td><td>시장상인 등: ㊞</td></tr>
<tr><td colspan="6">1. 들어가는 말(재래시장 장소 찾아가기)

2. 시장체험(물건팔기, 호객행위) 요약

3. 소감(체험을 끝내면서, 앞으로 비전)</td></tr>
</table>

4) 산악 등산캠프

① 유의사항

- 호연지기와 선도적 리더십을 체험할 수 있는 마음자세
- 야생동물보호 및 자연보호(환경보호)
- 산에 대한 외경심(신발, 복장, 음료수 등 준비물 챙기기)

② 보고서 작성 양식(※양식에 얽매이지 말고 창의력을 발휘하여 보고서작성 제출)

리더십과 자기계발캠프				등산 및 산악 캠프	
실습지	학부(과)	학번	성명		
				등산주제:	확인: (인)

1. 들어가는 말(등산을 시작하며)

2. 도전과 응전의 리더십 함양과 호연지기의 감정 혹은 다양한 등산체험기

3. 소감(등산캠프를 마치며, 다짐)

5) 기타 체험학습

① 유의사항

- 학생증 지참, 방문지에 대한 예절 갖추기, 대학생으로서 자긍심
- 힘들고, 어렵고, 지저분한 곳 등에서 일하면서 자신과의 싸움
- 안전사고 주의

② 보고서 작성 양식

<table>
<tr><td colspan="4">리더십과 자기계발캠프</td><td rowspan="2">기타 체험학습</td><td>일시:</td></tr>
<tr><td rowspan="2">실습자</td><td>학부(과)</td><td>학번</td><td>성명</td><td>장소:</td></tr>
<tr><td></td><td></td><td></td><td>주제:</td><td>확인: ㉤</td></tr>
<tr><td colspan="6">1. 들어가는 말(체험동기, 장소 찾는 과정)

2. 체험내용 요약

3. 소감(느낀점, 앞으로의 전망, 기대효과)</td></tr>
</table>

12장

리더십함양을 위한 현장실습 보고서 사례

Take Time

Take time to work – it is the price of success.
Take time to think – it is the source of power.
Take time to play – it is the secret of perpetual youth.
Take time to read – it is the foundation of wisdom.
Take time to be friendly – it is the road to happiness.
Take time to dream – it is hitching your wagon to a star.
Take time to love and be loved – it is the privilege of the gods.
Take time to look around – the day is too short to be selfish.
Take time to laugh – it is the music of the soul.

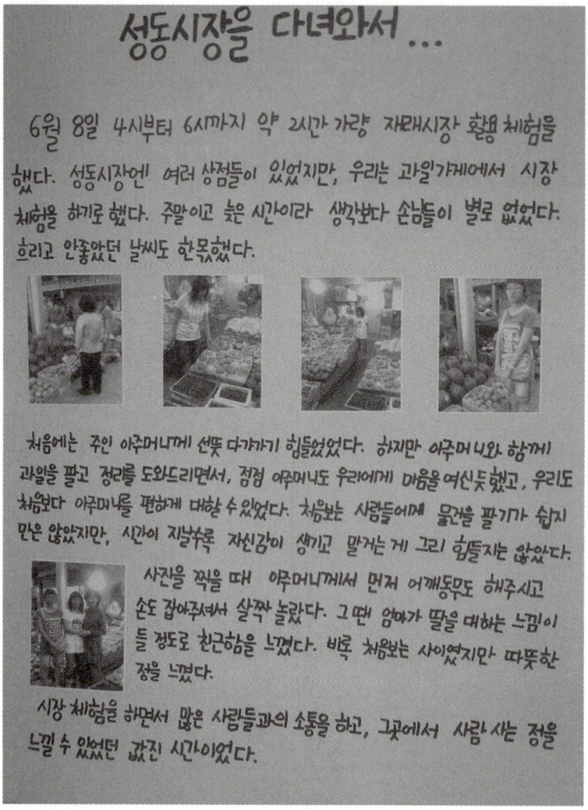

성동시장을 다녀와서 ...

6월 8일 4시부터 6시까지 약 2시간 가량 재래시장 활용 체험을 했다. 성동시장엔 여러 상점들이 있었지만, 우리는 과일가게에서 시장 체험을 하기로 했다. 주말이고 늦은 시간이라 생각보다 손님들이 별로 없었다. 흐리고 안좋았던 날씨도 한몫했다.

처음에는 주인 아주머니께 선뜻 다가가기 힘들었었다. 하지만 아주머니와 함께 과일을 팔고 정리를 도와드리면서, 점점 아주머니도 우리에게 마음을 여신듯했고, 우리도 처음보다 아주머니를 편하게 대할 수 있었다. 처음보는 사람들에게 물건을 팔기가 쉽지만은 않았지만, 시간이 지날수록 자신감이 생기고 말거는 게 그리 힘들지는 않았다.

사진을 찍을 때 아주머니께서 먼저 어깨동무도 해주시고 손도 잡아주셔서 살짝 놀랐다. 그 땐 엄마가 딸을 대하는 느낌이 들 정도로 친근함을 느꼈다. 비록 처음보는 사이였지만 따뜻한 정을 느꼈다.

시장 체험을 하면서 많은 사람들과의 소통을 하고, 그곳에서 사람 사는 정을 느낄 수 있었던 값진 시간이었다.

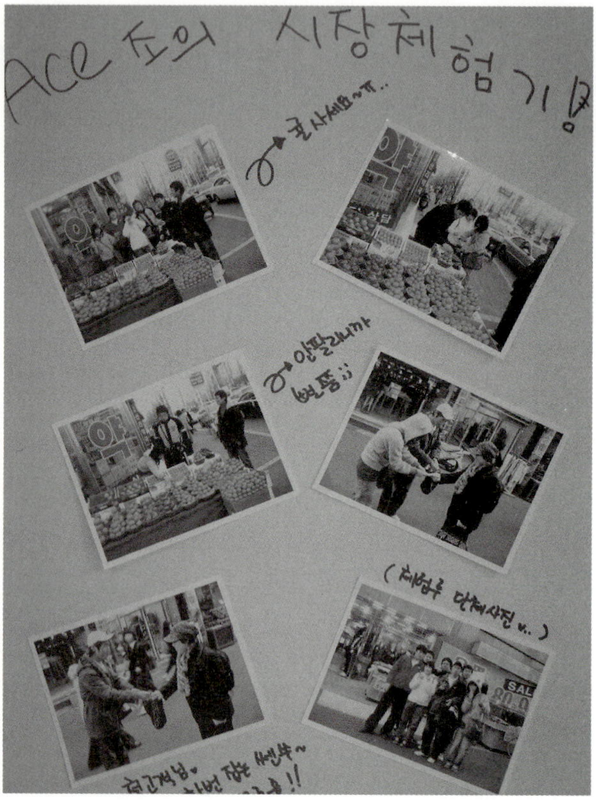

1. 외부리더십청강과 리더십함양

1) 타대학 리더십강의 청강사례

제목: ○○○ 대학교의 리더십 "인성 · 감성훈련"을 듣고서

□ 청강내용

★ 스티븐 코비의 "성공하는 사람들의 7가지 습관" 中

습관 2. 목표를 확립하고 행동하라. (Begin with the End in Mind)

- 정신적 창조는 실질적(물질적) 창조에 선행한다.

↠ 두 번째 창조는 첫 번째 창조(바라는 결과에 대한 생각이나 계획) 없이도 나온다.

☞ 아무것도 겨냥하지 않으면 아무것도 명중시킬 수 없다.
(Your head create your world)

- 첫 번째 창조 → 리더십, 정신적 창조(생각, 계획, 동기, 인식)
- 두 번째 창조 → 관리, 물질적 창조(원하는 결과물)

ex) 열대 우림정글에서 길을 잃었을 때, 리더, 관리자, 생산자가 각각, 맡아야 할 역할리더 → 가야 할 방향 제시(주변에서 제일 높은 나무 위로 올라간다.)
관리자 → 제각기 해야 할 일들 제시(측정, 계획서 작성, 도구관리)
생산자 → 앞으로 가야 할 길을 도구들을 이용하여 만든다.

★ **자기 사명서(使命書)**

⇒ 生命을 使

자기 인생의 목표와 의미를 표현하는 글
나만의 독특한 삶의 목적
(자기의 의사를 결정하고, 행동을 선택하는데 있어서 지침이 되는 개인 헌법과 같은 역할)

☞ 토마스 제퍼슨 – "우리가 특히 안전한 이유는 바로 성문화된 헌법을 갖고 있기 때문이다."

ex)

해상 뗏목 (사명 없음)	모터 보트 (사명 있음)
해류에 의존 목적지 없음 불안한, 의존성	자체 동력 이용 목적지가 분명함 안정적, 독립적

– 자기사명서란?

⇒ Mission(사명–목적)
Why do we exist?(존재의 이유는?)
Vision(비전–목표)
Where are we going?(성취하고자 하는 것은?)
Values(가치관–방법, 도구의 개념)
How will we interact with people?(상대방을 어떻게 대할 것인가?, 어떤 기준으로 세상을 살 것인가?)

⇒ 사명서 작성을 위한 프로세스

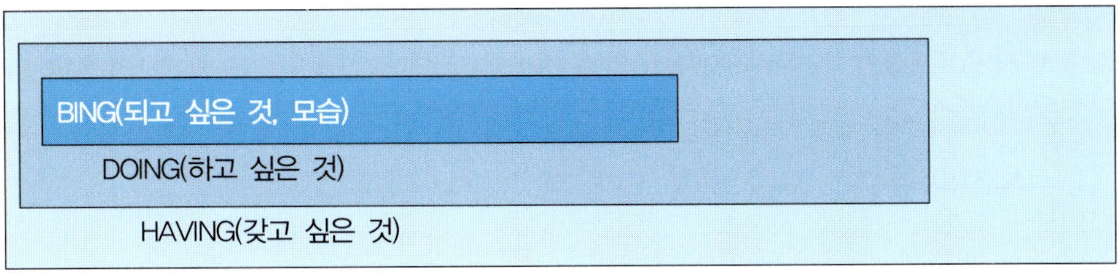

★ 우리가 사는 3가지 삶

- 공적인 삶(직업, 활동)
- 사적인 삶(가족, 친구)
- 내면적인 삶(정신적)

★ 4가지 처방

⇒ 병명을 알 수 없는 병에 걸린 환자가 의사인 친구에게 진료를 하였다.

그리고 병에 대한 처방전을 내려달라고 하였다. 그 친구는 진료 후 무언가를 적어 환자에게 주었고, 그 종이에 적힌 대로 하라고 하였다.

환자인 친구는 처방전을 왜 주지 않고 종이를 주냐며 따지며 처방전을 달라고 하였다.

그러나 의사는 "자네가 어릴 때 가장 좋아하던 곳이 어딘가?"라고 물어 보고, 환자의 "해변이네"란 대답을 듣고 그곳으로 가서, 종이에 적혀있는 처방대로 시간을 맞춰 행하라고 하였다.

환자는 해변으로 가서 종이를 펴서 의사의 처방대로 행하였고, 병이 말끔히 나았다.

¥ **의사의 4가지 처방**

⇒ 주의 깊게 귀를 기울여라.(공적, 공허한 사적인 삶에서 벗어나라, 희열, 평화)
⇒ 과거로 돌아가 보아라.(향수를 느껴라, 감성적, 내명으로 깊이 빠져라.)
⇒ 내면의 동기를 재검토하여라.(중심사명, 비전, 핵심, 넌 누구냐?)
⇒ 당신의 문제를 모래 위에 쓰라.(깊이 있는 글로 표현하라.)

□ 청강소감

처음 외부청강을 하여야 한다는 것에 "어떻게 해야 하나?"라는 생각에 막막함밖에 없었습니다. 그리고 조금은 멀지만 ○○대학교에 리더십 센터가 있다는 반가운 소식에 기쁨 반, 걱정 반인 마음으로 전화를 걸었습니다. 전화 수화기 너머로 들려오는 조금은 딱딱하고, 단호한 말투의 ○○○교수님의 목소리에 기뻤던 마음은 온데간데없이 사리지고 걱정으로 가득하였습니다. 교수님의 도움을 받아 어렵게 허락을 받아 ○○대학교 "인성 · 감성훈련" 강의를 듣게 되었습니다.

○○대학교에 도착하여 처음 ○○○교수님을 뵙게 되었을 때 보여주신 얼굴 가득한 미소와 따뜻한 말들에 포근함과 오래된 듯한 친근감을 느끼며 즐겁게 수업을 들었습니다. 교재가 없어서 조금의 어려움이 있었지만 농담을 중간 중간 섞어 가시며 진행하시는 수업에 푹 빠지게 되었습니다.

중요한 부분을 콕콕 찍어 주시고, 수업 전반이 조별 토론식으로 이루어져 처음 수업을 들어가는 저희들에게도 많은 참여의 기회를 주셨습니다. 낯선 저희들에 대한 교수님의 깊은 배려심을 느꼈습니다.

외부청강을 하게 되면서 처음에 신청을 하며 있었던 작은 난관들에 부딪치고 헤쳐나감에 있어서 저는 모든 일에 있어 당당하게 맞섬이 얼마나 중요한지 알게 되었습니다. 그리고 수업시간에 들었던 ○○○교수님의 알찬 강의 내용을 들으면 인생에 있어서 과거의 일들을 인식하는 것과 버려야 할 일들을 깨끗이 지워버리는 것 또한 앞으로 나아갈 인생에서 아주 중요하며, 인생의 목표를 명확하게 하고 그에 따른 계획을 세우는 것 또한 중요하다는 것을 깨달았습니다.

2) 사회교육기관에서의 리더십강좌 수강사례

제목: SLC(Success Leadership consulting) 리더십 교육을 청강하고 나서

저는 외부리더십수업 청강으로 현대백화점 문화센터에 가서 SLC ㅇㅇㅇ강사님의 수업을 듣게 되었습니다. ㅇㅇㅇ강사님의 꿈 중에 한 가지가 중 · 고등학교에 리더십수업이 필수 과목이 되는 것이라고 말씀하셨습니다.

1. SLC(Success Leadership consulting) 리더십 교육의 필요성

– 현재능력 & 잠재능력 & 끈기

1) 자신감(열정) 2) 꿈과 비전 3) 자기관리 4) 대중화술
5) 성공마인드 6) 인간관계 7) 창의성

2. 21C 성공을 위한 변화의 중요성

1) 변화를 두려워하는 자는 설 자리가 없다. – 변화는 급속도로 일어난다
2) 정보화 시대에 따라가지 못한다. – 인터넷 혁명
3) 개인 & 기업의 성장을 보장할 수 없다.
4) 창의성을 발휘하지 못한다. – 변화를 하지 않기 때문에
5) 투명한 사회가 되었다.
6) 경쟁무대가 글로벌화되고 있다.
7) 1위 기업만이 살아 남는 시대가 되었다.

3. 미래를 위해서 무엇을 변화시킬 것인가?

1) 사고방식 – 긍정적인 사고방식 ⇒ 어떤 상황에서든 긍정적 마인드로 바꾼다
2) 자세 – 걸음걸이
3) 표정 – 웃는 얼굴

4) 인간관계 - 만나는 사람
5) 시간관리 - 능률이 오르는 시간을 찾는다 ⇒ 배움의 시간
6) 말 - 긍정적인 말
7) 옷 - 깔끔한 이미지 ⇒ 외형변화가 곧 마음변화가 된다
8) 지식 - 새로운 분야 ⇒ 21C 지식과 정보세대

4. 변화의 원리 이해

- 생각 ⇒ 마음 ⇒ 행동 ⇒ 습관 ⇒ 성격 ⇒ 인격 ⇒ 인생 ⇒ 운명
- 생각이 바뀌면 마음이 바뀌고 마음이 바뀌면 행동이 바뀌고 행동이 바뀌면 습관이 바뀌고 습관이 바뀌면 성격이 바뀌고 성격이 바뀌면 인격이 바뀌고 인격이 바뀌면 인생이 바뀌고 인생이 바뀌면 운명이 바뀐다 ⇒ 운명은 정해진게 아니라 내가 만들어 가는 것이다.

5. 잠재능력을 깨우는 Power

1) 집중력 - 돋보기의 원리 - 아이디어 노트
2) 자료수집 - 창의적인 발상 - 독서
3) 자기암시 - 정신적인 세뇌 - 말의 힘을 이용
4) 메모하는 습관 - 생각의 힘을 이용 - 저장하는 마리가 아니라 생각하는 머리이다.
5) 폭 넓은 경험 쌓기 - 실패의 경험
6) 현재하고 있는 일을 사랑하기
7) 관심의 초점이 중요하다 - 성공일지 작성
   - 관심이 있다면 그 일에 대한 바탕과 기초가 되어있는 것이다.

6. 꿈과 비전을 설정

1) 명확한 목표설정 작업
2) 꿈을 빼앗기지 않는 정신력
3) 목표설정 마감일
4) 하루일과에 포함시킴
5) 꿈을 선언하고 벽에 걸기
6) 목표달성을 위한 이미지 트레이닝
7) 꿈과 관련된 인물 찾기 – 동호회 – 수긍해 줄 수 있는 인물
8) 자료수집 – 결단력
9) 단기목표보다 장기적인 목표에 우선 순위
   – 성공하는 사람은 명확한 목표를 가지고 있지만 실패하는 사람은 소망만 있을 뿐이다.

7. 리더십 외부청강 후 느낀 점

울산동구현대백화점 문화센터에서 11월 24일 목요일 11시~12시 30분까지 ○○○강사님의 SLC수업을 청강하였습니다.

○○○교수님의 수업과 ○○○강사님의 수업 내용들이 저에게 자신감을 갖게 해주었습니다.

저는 남들 앞에서면 떨리고 얼굴이 빨개지고 많이 당황스럽습니다. 이런 자신 없는 모습들이 많이 변화되고 있습니다. "변화를 두려워하면 설 자리가 없다."라는 말에 많은 공감이 됩니다. 먼저 내 자신이 바뀌어야 한다고 생각했습니다. 생각, 마음, 행동, 습관… 등 내 스스로 생각을 바꾸지 않고 남 탓을 하는 경우가 많았는데, 내 자신 먼저가 바뀌어야 합니다. 무엇보다 긍정적인 사고방식을 가져야겠습니다. 컵에 물이 반이 있는데 두 가지로 볼 수 있습니다. 긍정적으로 보면 '컵에 물이 반이나 있구나!'로 볼 수 있지만 부정적으로 보면 '컵에 물이 반밖에 없잖아!'로 볼 수 있습니다. 사람 머리에서 나오는 생각의 차이가 너무 큰 차이가 난다는 것. 생각을 조금 긍정적으로 바꾸면 모든 게 달라진다는 것을 배웠습니다. 내 자신에게 "나는

할 수 있다."라는 암시를 걸면서 자신감을 더더욱 키워야겠습니다. 이번 기회가 정말 저한테 도움이 되었고 너무 좋은 수업이었습니다.

2. 관광지 안내체험 실습

1) 문화유적지 및 관광지 관광가이드체험 사례

제목: 경주 불국사를 안내하고 나서

푸른 하늘에 유독 따뜻한 날이었던 20일. 우리 1조 엔돌핀조는 현장수업의 또 다른 일정인 "관광지 안내체험"을 위해, 나는 20일이라는 시간을 정하고 조원들에게 알렸지만 모든 조원이 참석한 것이 아니라 조금은 아쉬운 마음을 안고 오전 11시 30분 불국사로 출발! 버스를 타고 붉은 단풍이 만발한 보문단지를 지나 12시즈음 불국사에 도착했다.

학생증을 제시하고 3000원에 입장권을 구매했다. 표 뒷면에는 BULGUKSA TEMPLE의 타이틀로 "신라 23대 법흥왕 15년에 창건한 이후 1450여년이 되었음. 현 석조물은 1230여년전 경덕왕 때에 김대성 공에 의하여 조성되었음. 대웅전, 극락전, 자하문은 임진왜란 대화재 때에 담화스님이 문도들과 신명을 돌보지 않고 진화하였으며, 그 외 목조건물 등은 3년에 걸친 복원공사로 1972년 12월에 완성되었음"과 함께 법구경 183번이 적혀 있었다. 문화유적의 도시 경주를 수십 번은 더 다녔었고, 그리고 경주의 꽃인 불국사를 열 번은 더 다녀갔지만 입장권은 그냥 버리기 일쑤였다. 불국사를 알리는 어문이 적혀있었고 부끄럽지만 입장권의 뒷면을 처음 본 나에게는 "자주 와본 곳"이 아닌 새로운 기대감을 안고 불국사 정문에 발을 들였다.

우리조, 그리고 나의 이번 체험활동 목적은 단지 관광지를 다녀오는 것이 아니라, 경주의 지역적 특색을 활용하여 국내외 관광객을 대상으로 관광지 안내를 하는 것이었다. 말그대로 "관광지 안내체험". 정문에 들어선 우리는 사실 문화재는 뒷전이고 외국인 찾기에 바빴었다.

이 체험활동을 위해서 나는 만반의 준비를 해왔기 때문이다. 영어와 일본어를 준비했지만 영어는 솔직히 자신이 없어서 일본인을 더 찾았던 것 같다. 일본인도 한국인과 같은 동양인이기 때문에 사실 일본인이나 한국인이나 생김새는 별 다른 차이는 없었다.

하지만, 일본인에게 문화재를 안내하기 위해서 우선 조원들과 이곳저곳 다니면서 문화재에 대해 알아갔다.

안내책자를 보고 이미 보았고, 또한 알고 있었던 문화재라도 다시 한 번 눈에 익혔다. 드디어 용기를 내서 일본인에게 다가갔다. 일본어 전공을 한때 꿈꿨던 것이 아깝지 않게 나의 외국어 실력을 발휘할 시간 일본인에게 다가가 "실례하겠습니다. 혹시 일본인입니까?"의 첫 물음을 시작으로 간단한 소개를 했다. 그리고 그 분은 오오이시히로미라는 이름을 가진 여자분이였다. 경주의 방문은 처음이시냐고 일본어로 여쭈어 보니 두 번째 방문이라고 하셨다. 작년 이맘때쯤 석굴암을 방문했었고 이번 해에는 불국사로 오셨다고 한다. 간단한 대화에 이어 다보탑과 삼층석탑에 대해 부족하지만 간단한 설명을 드렸다. 그리고 경주 불국사에 대해 일본어로 직접 적은 조그만 종이를 한 장을 건네 드렸는데 너무 고마워 하셨다. 한국에 온 김에 불국사에 이어 보문단지도 방문하실 거라 하셔서 나도 역시 기뻤다.

일본어가 서투르다고 처음에 양해를 구했지만 대화가 끝나고 난 후 능숙하다고 칭찬을 받아 정말 기분이 좋았다. 다음에 기회가 되면 또 뵙자는 말과 감사하다는 말을 전하고 함께 사진을 찍어도 되냐고 존중어를 사용하여 물었는데 흔쾌히 승낙해 주셔서 같이 사진을 찍을 수 있었다. 대화에 성공하여 같은 조원에게 사진을 빨리 찍어 달라고 했다. 그리고 조원의 기념촬영을 깜빡하고 너무 기쁜 나머지 나만 생각했던 것이다. 같은 조원들도 사진을 찍었지만 내가 찍었기 때문에 나만 없어서 조금 아쉽다.

"하이 치~즈" 이것은 일본에서 쓰는 말인데, 사진을 찍을 때 우리나라에서 쓰는 "하나둘셋"과 같은 의미이다.

국내외 관광객을 대상으로 관광지 안내체험을 드디어 임무 완수!

하지만 난 여기서 뭔가 부족하다는 것을 느꼈다. 오랜만에 사용하는 일본어라 슬슬 재미도 갖기 시작했고 다른 일본인을 찾기 시작했다. 일본인을 찾기 전 우선 다른 문화재를 둘러보았다.

다보탑을 다시 보던 중 중년의 일본 여성분을 만날 수 있었다. 먼저 다가가 실례를 구하고 내 소개를 한 뒤 앞서 그랬듯 간단하게 경주에 대해 설명을 해 드렸다. 어디에 사냐고 물으시길래 울산에 산다고 했더니 공업도시 울산도 꼭 방문하고 싶다고 하시며 울산에 가게 되면 기회가 된다면 가이드를 해 줄 수 있냐고 물었는데 나로써는 정말 기쁜 환영이었다.

언제 한번 꼭 울산에 오시라는 말씀을 전한 뒤 이번에도 일본인과 함께 기념사진 찰칵!

약 2시간 동안의 체험 임무를 마치고 우리는 후문으로 내려오던 중 빨갛게 물든 예쁜 단풍나무들도 많이 보았다. 그리고 요즘 계속 추웠던 터라 옷을 두껍게 입었었는데 체험활동 하는 날은 유독 따뜻해서 목이 말라서 계속 물을 찾았었는데, 약수도 있어서 조원들과 시원한 물을 마시며 오늘 했던 활동들에 대해 간단한 이야기를 나누었다.

사실, 이런 체험활동은 처음이다. 경주 불국사는 많이 방문했었지만 문화재만 대충대충 보고 오는 경우가 많았지만, 이번 리더십수업을 통해 새로운 체험을 할 수 있어서 뜻깊었다. 한동안 쓰지 않아 자신 없었던 일본어도 잠깐이지만 일본인과 대화했던 것이 나에게는 외국어의 자신감을 불러일으키는 계기가 되었다. 처음 만난 사람에게 말을 걸고, 더구나 한국인이 아닌 외국인에게 외국어로 말을 거는 것은 쉽지 않았다. 그렇지만, 이번 체험을 톡톡히 임무 완수하기 위해서는 나의 용기를 불러일으켜야 했고 그 일으킨 용기로 외국인과 대화를 하고 관광지안내 소개를 하며 “관광지 안내체험”이라는 임무도 완수했을 뿐더러 나에게는 뜻갚은 시간이 되었던 것 같다.

꼭 수업 때문에 관광지 안내체험을 하는 것이 아니라, 이번 방학 때는 외국어를 좀 더 열심히 배워서 울산을 대상으로 외국인에게 관광지 안내체험을 해볼까나?

2) 문화유적지 및 관광지 관광가이드체험 사례

"불국사 관광 안내체험 프로그램을 다녀와서"

학기말 과제물 제출을 위해 12월 2일 예정된 계획대로 준비물인 발표안과 설문지, 디지털 카메라 그리고 오늘 하루 나에게 도움을 줄 친구 한 명과 우리는 불국사 가이드를 하기 위해 버스에 올라탔다.

불국사로 가는 동안 마음속으로 주문을 걸었다. "나는 문화재학부 학생이니 가이드 하는데 별 문제가 없을거야" 마음속으로 수 천번 되새겼다. 그러는 동안 우리는 불국사에 도착하였다.

제일 먼저 가이드 할 장소를 우리는 청운교와 백운교 앞마당으로 선정하고 그곳에서 "저희는 경주대 문화재학부 학생입니다. 관람 중 궁금한 것이 있으면 문의하세요. 무료로 가이드 해드립니다."라는 팻말을 들고 있었다. 하지만 그 수많은 관람객들 중에 아무도 관심을 가져주지 않았다. 그렇게 30분을 기다렸다. 역시 아무도 오지 않았다. "이 수많은 사람들이 얼굴 한번 보지도 못하고 문화재 지식에 관한 실력조차도 알지 못하는 나에게 쉽게 가이드를 부탁하지는 않겠구나" 하고 본능적으로 느꼈다. 나는 결정했다. 그들에게 내가 먼저 찾아가야겠다.

(청운교)

(백운교)

그리고 그들이 나의 가이드에 안심할 수 있게 본보기를 보여줘야겠다고 생각했다. 그러면서 나는 청운교, 백운교 앞에서 이야기 중이던 외국인 두 명에게 당당히 걸어갔다. 가서 그들에게 "Excuse me please give me a little time for me?" 라고 말했다. 매우 떨렸다. 내가 하는 영어가 맞는지 틀린지 구별조차 되지 않는 시간이었다. 그러자 그들은 "OKay" 라고 말했다. 나는 그때부터 몸짓반 영어반으로 그들에게 문화재 가이드에 대하여 설명해 준다고 말하니 둘 중에 키가 큰 외국인이 한국말로 "감사합니다. 그리고 저는 한국어를 잘해요"라고 말했다. 그때부터는 일사천리로 일이 진행되었다. 한마디로 통역관이 생긴 것이다. 그들이 나에게 처음으로 질문한 것은 앞에 두 다리, 즉 청운교와 백운교, 연화교와 칠보교는 현재 무슨 이유로 못 올라가냐고 물어 보았다. 나는 현재 두 다리는 천년 이상의 세월을 지나온 탓에 내구도가 많이 약해졌다고 대답해 주었다. 그러자 또 앞마당에 세워져 있는 당간지주를 가리키며 저기 서 있는 저 돌덩어리는 무엇이냐고 물어 보았다. 나는 저 돌기둥의 이름은 당간지주로 기능은 멀리서 이곳에 절이 있다는 것을 알려주는 표시관 같은 것이라고 하였다. 또한 문화재 관련뿐만 아니라 불국사 경내 위치와 관람 코스, 현위치 등을 알려 주었다. 물론 대화하는데 장시간이 걸렸으며, 그리고 때때로 내가 어리숙한 영어를 구사하니 두 외국인은 놀라운 것인지, 웃긴 것인지 모를 미소를 지었다. 그렇게 그들과의 만남을 헤어질 때 나는 내가 외국인과 의사소통을 했다는 왠지 모를 뿌듯함과 주위에서 나를 바라보는 시선이 조금은 나를 인정해주는 것 같아서 내 자신이 대단해 보였다. 거기에 용기를 받은 나는 두 외국인에게 한마디 했다. "Hey Take a pictuer with me" 그러자 뜻이 통했는지 흔쾌히 사진을 같이 찍었다. 그러고 헤어짐을 인사로 서로 하며 우리는 헤어졌다. 물론 그들에게 나의 가이드가 도움이 되었는지는 나로서는 알 길이 없다. 하지만 나로서는 방금한 외국인 가이드가 앞으로의 다른 사람들에게 가이드 할 때 큰 도움이 될 것을 알고 있었다. 이렇게 좋은 경험을 하고 나는 불국사의 중심부인 석가탑, 다보탑이 있는 대웅전 앞마당으로 갔다. 거기에는 방금 전 외국인을 가이드 한 아이라는 것을 알아보는 사람들이 몇 명 있는지 나를 힐끗 힐끗 쳐다보는 사람들도 있었다. 나는 속으로 생각했다.

"이제부터 가이드 부탁하는 사람들이 많겠지?" 하지만 결과는 정반대였다. 역시

나 사람들은 아무도 나에게 관심을 가져주지 않았다. 나름 석탑에 대한 많은 지식을 갖고 있다고 자부심을 느끼는 나로서는 매우 어처구니가 없었다. 나는 또 다시 관람객들 사이로 돌진했다. 그러고는 물어보고 싶지만 다른 사람들 앞에 나설 용기가 없는 사람들을 위해서 직접 찾아다니면서 가이드를 해주었다. 그 중에서 인상에 남은 50대 중 후반의 중후한 분위기의 아저씨께서 대웅전 앞마당을 이리저리 돌아다니는 것을 유심히 보셨는지 다가와서 "젊은이 이 다보탑은 내가 수차례 보았지만 볼 때마다 느끼는 것인데 모습이 다른 탑들과는 전혀 다르지 않나? 왜 그런 건가?" 나는 속으로 기뻤다. 오랜만에 좋은 질문을 받았기 때문이다. 나는 묘현법화경에 나오는 상주여래설법증명탑이라는 다보여래에 관한 일화를 말씀드리며 설명해 드렸다. 그러자 그분께서 하시는 말씀이 그러면 "돌사자는 왜 하나밖에 없는가?" 하셨다. "원래는 각면에 네 개가 있었지만 일제강점기 당시에 일본이 가져가 버렸어요." 하고 대답해 드렸다. 그리고는 이것저것 더 물어보시더니 그분 하시는 말이 "자네가 이리저리 바쁘게 움직이며 가이드를 열심히 하는 것을 보며 기특하게 여겨 이렇게 불렀네." 하시며 이름을 물으셨다. 그러고는 "기특한 젊은이 기억해 두겠네" 하시면서 사진 한 장을 찍으시고 가셨다. 나는 속으로 드디어 "나에게 관심을 가지는 사람이 있구나?" 하며 즐거워했다. 그리고 더욱더 가이드에 자신감이 생겼다. 그러면서도 이번 불국사 가이드를 하면서 한편으로는 섭섭함 또한 느꼈다. 사람들이 타인에 대한 배려와 관심을 가져주지 않는다는 것 때문이었다. 그 예로 석가탑 앞에 꼬마여자아이 두 명이 매우 젊은 어머님과 관람중이어서 옆으로 다가가 학생증을 보여주며 자초지정을 말씀드리고 부탁을 하니 어머님 하시는 말씀이 "저희 바빠요. 다른 사람 찾아보세요."라고 하시며 내 옆을 지나갈 때 하시는 말씀이 "뭐야!"라고 하셨다. 나는 순간 내가 잘못한 것도 없는데 내 자신이 창피하고 죄를 지은 것 같은 느낌과 얼굴이 화끈거렸다. 물론 처음 보는 사람이므로 경계하는 것은 맞지만 정당한 사유와 자초지정을 설명해 드렸는데도 그런 식으로 대하니 현재 사회의 불신과 자기 중심적 사회를 간접적으로나마 느꼈다. 그리고 너무 대조적이었다. 조금 전 외국인은 그 어머님보다도 의사소통이 어려웠지만 재미있었고 외국인이라는 생각이 들지 않을 만큼 친밀감을 느꼈는데 반면에 한민족 계통 사람에 대한 배려 없는 행동에 왠지 모를 서러움과 화가 치밀어 올랐다. 반면에 또한 이번 가이드를 하면서 새롭게 알게 된 사실을 발표시 나의 문제점이 정확한 발음이 되지 않아서 그러한 점이 타인에게 정확한 정보 전달에 방해가 된다는 점과 나도 모르게 발표시 관람객과의 eyecontect, 즉 어색한 시선처리가 된다는 점이었다. 그래서 설문지에 응답한 일부 사람들에게 발표시 내가 어떠했는지 물어보니 손동작이 화려한데 반해 다리는 무엇인가 불안한지 가만히 서있지 못하며 눈을 어디에 둘지 몰라 당황한 기색을 보였다는 것이다. 나는 생각했다. 다음번에 동아리 답사나 다른 수업 중 앞에 나가서 발표를 할 수 있는 기회가 된다면 이러한 점들을 의식적으로나마 고치도록 노력해야겠다고. 이점 외에도 이번 가이드를 위하여 내 나름대로 설문지를 만들어보았는데, 특히 설문지 속의 "불국사 주변 환경이 문화재 보존에 긍정적이라고 생각하십니까?"라는 질문에 나는 큰 비중을 두었는데, 이 질문에 대한 다수의 사람들은 "그렇다.", 즉 불국사의 주변 환경이 문화재 보존에 악영향을 미친다고 대답했지만 구체적으로 어떠한 요소가 불국사 문화재 보존에 악영향을 미치는가에 대해서는 모르는 것 같았다. 이러한 것을 보아서 문화재를 관람하는 현 세대의 관람객들의 문화재보존에 대하여 보는 시각은 문화재는 "우리 선조들이 만들어낸 귀중한 문화유산으로써 자손대대로 지켜야 해"라는 식의 막연한 생각을 가지고 있는 것 같았다. 그러한 점에서 문화재를 전공하는 사람으로서는 여간 안타깝고 문화재한테 미안한 마음이 들었다. 하지만 비단 이러한 생각을 하는 책임을 관람객에게만 물어서는 안 된다고 생각했다. 달리보면 이것은 문화재 관련 직종의 사람들이 일반 관람객들에게 기본적인 정보를 알려주지 않은, 즉 달리 말하면 직무유기에 해당될 수 있기 때문이다. 내 생각으로는 정부 또한 산하 단체에서 일반인들을 상대로 한 무료 문화재 교육 강좌 개설이나 전파력이 가장 강한 언론매체를 통한 문화재의 일반지식을 알려주는 등의 문화 사업을 하면 조금이나마 일반인들이 문화재를 인식하는 태도에 변화가 생기지 않을까 생각된다. 이번 가이드 프로그램을 하면서 몸소 느낀 점은 사람들 앞에 나가서 말하는 것의 어려움과 사람들의 이목을 끌기 위한 행동이 얼마나 어려운 것인지 다시 한 번 느끼게 되었다. 불국사 가이드를 가기 전의 원래 제 생각에서는 막상 가기만 하면 일반 관람객들이 피켓속 문장을 보며 많은 호응을 해주실 것이라 생각했지만 막상 현실 속에서는 정반대였다. 그런 점에서 이번 가이드 보고서의 제목을 내 나름의 힘들었던 상황을 대변하는 심정으로 "Hey Please Look At me!"로 해보았다. 다음번에 가이드를 하는 기회가 다시 오면 사람들의 눈에 각인될 수 있는 더 철저한 준비를 해가야겠다고 생각했다. 가령 예를 들자면 복장을 가이드를 하는 사람의 복장을 하고, 호루라기로 시선을 끈다든지, 아니면 사전에 불국사 종무소에 사전에 연락을 하여 도움을 받는 등의 노력을 해보아야겠다.

3. 재래시장체험

1) 사례 1

제목 : "칭찬은 고래도 춤추게 한다"

11월 14일 3시 10분 우리는 경주역 앞에 '재래시장 활용 체험'을 하기 위해 모였다. 날이 너무 추워서 따뜻한 커피 한잔을 뽑아 들고 경주역만의 대합실로 들어갔다. 시간에 맞추어 경주역 앞에서 교수님과 순간 야외수업이 되었는데 교수님께 출석을 체크하고 재래시장 활용 체험을 하기 위해 주의할 점이나 우리들이 어떤 태도를 가지고 그 실습에 임해야 하는지에 대해 자세히 설명해 주셨다. 우리가 실습할 곳은 성동시장으로 경주에서 가장 큰 재래시장이었다. 교수님과의 만남도 잠시 우리는 시장으로 발걸음을 옮겨야 했다. 하지만 생각과는 달리 교수님께서 충고해 주신 것처럼 쉽지만은 않았다.

한참을 실습할 가게를 찾아 이리 저리 돌아 다녔다. 시장 안에 들어갔다 또 다시 나왔는데 과일 집 아주머니가 참 푸근해 보이셔서 아주머니께 양해를 구하고 말씀을 드렸는데 아니나 다를까 교수님께서 말씀하신 그 아주머니였다. "체험하러 왔나? 아이고 됐다. 필요 없으니 가라가라" 하시며 고개를 절래절래 저으셨다. 인사를 하고 뒤로 돌아섰는데 뒤에서 하시는 말씀 "아무것도 하지도 않고 가만히 앉아 있는데 뭐하러 올려고 하노?" 하시는 것이었다. 씁쓸한 기분이 들어 발걸음을 돌려야 했다. 그래서 시장 입구 쪽에 있는 분식점에 가서 여쭈어 보았다. 세 군대가 붙어있었는데 두 군데는 아주머니가 두 분이 계셔서 여쭤 보지 못하고 아주머니 한 분 계신 곳으로 가서 정중하게 말씀을 드리고, 양해를 구했다. 하지만 아무리 아주머니를 설득하고 부탁을 드려도 아주머니는 끝까지 안 된다고 거절을 하였다.

그렇게 또 발걸음을 돌렸다. 정말 눈물이 쏟아지려고 했다. 생각대로 잘 되지 않아서 어떻게 해야 할지 모르고 계속 시장을 돌아다녔다. 그리고 다른 쪽의 골목에도 분식점이 줄지어 있었다. 이번에도 아주머니께 사정을 해 보았다.

그 아주머니도 안 된다며 이야기를 하시는데 옆집 아주머니께서 나에게 무슨 일이냐며 물어보셨다. 그래서 나는 얼른 기회를 놓치지 않고, 학생증을 보여드리며 자초지종을 설명했는데 아주머니께서 뜻밖에 그럼 우리 집에서 하라며 오라고 하셨다. 얼마나 기뻤는지 모른다. 매고 있던 가방과 옷을 벗고, 아주머니가 주신 앞치마를 매고 바로 팔을 걷어 붙여 설거지통에 한 가득 쌓여 있는 설거지부터 하기 시작했다. 마음씨 좋은 아주머니는 옆에서 계속 칭찬을 아끼지 않으셨고, 나는 힘이 나서 더 열심히 아주머니를 도와드렸다. 내가 계속 설거지를 하고 있는데 나하고 같이 다니는 효진이와 경민이가 왔다. 그래서 사진을 찍어 달라고 부탁하였고, 설거지 하는 모습을 찍었고, 아주머니께서 이번에는 김밥을 싸보라고 하셨다. 한 번씩 집에서 어머니가 김밥을 싸실 때면 나도 어머니를 돕기 위해 김밥을 싸 보았던 것이 많은 도움이 되었다. 앞집의 순대 할머니도 옆집의 또 다른 분식점 아주머니도 어쩜 처음 하는데도 그렇게 잘하느냐며 칭찬을 계속 해 주셔서 기분이 참 좋았다.

'칭찬의 효과가 이렇게 큰 것이구나'라는 생각을 했다. 예전에 읽었던 켄블랜차드의『칭찬은 고래도 춤추게 한다』가 생각이 났다. 계속 칭찬을 들으니 더 잘해야겠다는 생각에 김밥을 싸면서 내가 싼 김밥을 누군가 맛있게 먹는다고 생각을 하니 더 예쁘게 쌀 수 있었다. 그렇게 사진을 찍고 또 설거지가 가득 담긴 싱크대로 갔다. 그렇게 설거지를 하는데 그날은 우리 반뿐 아니라 다른 반도 성동시장에서 시장조사 수업을 같이 하였기 때문에 그 반 아이들도 그곳을 많이 지나갔다. 과대를 맡고 있어서 모르는 사람이 없기 때문에 설거지 하는 나를 보고 모두들 한 마디씩 하고들 갔다. "언니, 수고 하세요", "언니, 여기서 뭐하세요?", "누나, 분식점 사장님 같아요", "언니, 앞치마가 너무 잘 어울려요" 등 많은 힘이 되었다.

내가 체험하는 분식점은 음식이 맛있어서 그런지 단골손님이 참 많았다. 손님이 가시면 얼른 그릇을 가지고 오고 행주로 깨끗하게 테이블을 닦고, 의자를 가지런히 정리하였다. 또 계산하시는 분들의 돈을 받아서 바쁜 아주머니에게 갖다 드리고, 또 손님이 오면 주문을 받았다. 아주머니가 준비해 주시는 음식들을 손님들께 드리면서 "맛있게 드세요" 하며 서빙도 하였다. 아주머니 혼자서 어떻게 그렇게 일을 하시는지 모를 정도로 많은 손님이 오셔서 마음속으로 이집에 와서 일하길 정말 잘한 것 같다는 생각이 들었다.

우리 반에 재곤이가 친구와 함께 체험할 가게를 찾다 못 찾았다고 투덜거리며 배고픈 김에 내가 설거지를 하고 있어서 그 가게에 배를 채우기 위해 들어왔다. 재곤이가 시킨 떡볶이와 김밥 그리고 따끈한 어묵 국물을 갖다 주면서 또 사진 한 장을 찍었다. 재곤이가 부끄럽다며 눈을 가렸다, 아주머니는 정말 친절하셨다. 인정이 넘치셨고, 손님이 없을 때는 차 한 잔 하고 하라며 따뜻하고 맛있는 커피도 타 주셨다. 좋은 아주머니를 만나 일을 시켜 주신 것만으로도 감사한데 아주머니는 원룸에 가서 먹으라고 김밥도 싸주셨다. 그리고 다음에 또 시장 올 일이 있으면 꼭 들리라고 하셨다.

하루 종일 그렇게 일하시면 많이 힘드실 것 같단 생각을 했다, 그렇게 장사를 하시며 아이들 공부를 시키셨을 것이다. 손님들이 많아서 비록 힘들었지만 나에겐 다행이었다. 만약에 도와드린다고 갔는데 손님이 없으면 얼마나 죄송스러웠을까? 설거지를 하면서도 서빙을 하면서도 참 재미있고, 아주머니를 조금이나마 도와 드릴 수 있어서 참 보람을 느꼈다. 비록 오랜 시간 아주머니를 도와 드리지는 못했지만, 친절한 아주머니 밑에서 잠시 나마 도와 드리고 시장체험을 할 수 있어서 너무나 보람 있었다. 어느 정도 시간이 흘렀을까? 옆집의 아주머니가 "이 아가씨 아직도 하고 있네. 다른 아이들은 다 하고 가던데" 하는 것이었다. 그러자 우리 아주머니께서 "가 봐야 되지 않느냐"고 여쭈어 보셨다. 하지만 그때 손님이 많아서 그냥 올 수가 없었다. 시간 많다고 아주머니를 안심시키고 더 도와드리려고 했다, 그러자 아주머니는 한 10분 정도 시간이 흘렀을까 뒤에서 슬그머니 오셔서 앞치마를 풀어주셨다, "고생 많이 했다"며 수고했다고 하셨다. 그래서 나는 아주머니 덕분에 일할 수 있어서 제가 더 감사했다며 말씀을 드리고 다음에 시장에 올 일이 있으면 꼭 들리겠다고 인사를 하고, 아주머니가 챙겨 주신 김밥을 들고 그렇게 시장체험을 마치고 시장을 나왔다.

마음씨 따뜻한 아주머니를 만나 맛있는 커피에 맛있는 김밥까지 받고 허리는 조금 아팠지만 2시간이나마 도와 드리면서 나의 시장체험을 할 수 있어서 너무나 좋았다. 잠시지만 정말 많은 일을 했던 것 같다. 다음에 그런 비슷한 일을 할 기회가 있으면 많은 도움이 될 것 같다. 체험을 통해서 모르는 사람에게도 친절하게 행동하고, 학교 이름이 실추되지 않기 위해 열심히 해야 했다. 쉽지만은 않았지만 보람있고, 뿌듯한 경험이어서 끝나고 나서 가슴 한쪽에서 따스해 지는 것을 느꼈다.

2) 사례 2

"재래시장의 잡화점 판매 체험"

◆ 체험내용

리더십 체험 중 하나인 시장체험을 하기 위해 경주역으로 모였다. 예상보다 적은 인원이었지만, 굴하지 않고 함께 체험하기 위해 모인 친구들과 함께 걱정반기대반으로 중앙시장에 갔다. 중앙시장의 풍경은 내가 사는 곳에서도 충분히 볼 수 있었던 정겨운 풍경이었다.

자그마한 향수를 자아낸다고나 할까? 아무튼 우리의 목적인 리더십 체험을 하기 위해 먼저 가게에 들러 주스를 샀다. 채소, 과일, 생선을 비롯한 많은 물건들이 시장 안에 가득 했다. 우리는 한 생선 가게에 가서 일단 양해를 구하고 생선을 팔아보려고 했지만 가는 날이 장날이라고 때마침 손님이 없는 시간이라 헛걸음 쳤다. 이후에도 가는 곳마다 퇴겨버렸다. 우린 어떻게 할까 고민하다가 어쩔 수 없이 경주 시내로 가보기로 했다. 이리저리 아무것도 결정하지 못하고 계속 돌아다니다가 예쁜 장식품과 액세서리가 파는 잡화점이 우리 눈에 띄었고 "아! 저기다" 싶어서 그 가게로 향했다. 우리는 일단, 경주대학교에서 왔으며 리더십과목의 체험활동 때문에 이렇게 양해를 구하게 됐다며 상황 설명을 드리고 아까 전에 샀던 주스를 드렸다. 다행히 흔쾌히 허락하셨고, 우리는 그때부터 물건을 팔기 시작했다. 가게 앞에 자그마한 가판대에 있는 예쁜 액세서리들을 팔기로 했는데 아무런 대책 없이 무작정 팔기엔 좀 그런 것 같아서 우리끼리 나름대로 계획을 짰다. 일단 손님들의 경향을 파악하고 주위를 집중시킨 뒤, 물건을 보러 올 때엔 친절하게 대하자는 식의 계획이었다. 계획을 짰음에도 불구하고 처음엔 무척 부끄러워서 입도 뻥긋 못하고 우왕좌왕하고 있었다. 하지만 이러면 안되겠다 싶어서 마음을 꾹 먹고 우리의 계획대로 시행하기로 했다. 우선, 학생들이 지나갈 땐 학생들 취향에 맞는 물건을 소개하면서 물건을 팔았고, 아줌마들이 지나갈 땐 딸에게 주기 위해서 많은 물건을 사셨는데, 왠지 그때 집에 있는 엄마가 생각나서 기분이 짠했고 엄마도 이런 마음이었을까 하는 그런 생각이 들었다. 물건을 팔 때마다 알게 모르게 드는 뿌듯함과 함께 조금 서있었는데도 다리가 아픈 육체적 고통을 느꼈다. 1시간 30분 정도 물건을 팔았는데 예상외로 큰 돈을 벌어서 정말 뿌듯했다. 이 일을 하면서 돈의 소중함을 알게 됐고, 모르는 사람 앞에서도 기죽지 않고 내 의견을 자신 있게 말할 수 있는 용기를 얻은 것 같아 좋은 체험이 된 것 같다.

◆ 체험소감

요즘 우리 또래의 여느 보통 아이들은 거의 다가 부모님께서 벌어다 주시는 돈으로 풍족하다면 풍족하게 살아가고 있다. 사고 싶은 것이나 먹고 싶은 것이 있다면 웬만큼 어렵지 않게 구하거나 얻어 내는 것도 사실이다. 이러한 성향이 짙어지면서 "모든 것은 대부분 쉽게 얻을 수 있다."라는 말도 안 되는 생각이 의식의 일부분으로 자리 잡게 되었고, 그 때문에 독립심이나 자립심도 결여되는 경우가 많아졌다. 몇몇 예외의 경우도 있겠지만, 막상 직접 체험 해보거나 부딪혀보는 경우는 많이 없다.

나는 이번 리더십 체험을 통해서 내가 잠시 잊고 있었던 부분을 조금이나마 되찾게 되었고 다시 생각하게 되었다. 물건을 팔기 위해 서있던 1시간 30분이란 시간이 왜 그렇게 곤욕스럽던지 팔 다리가 쑤시고 아파오는데 나보다 더 어려운 일을 해내며 살아가는 사람들은 어떨까 하는 생각과 함께, 나는 고작 이까짓 일로 이렇게 힘들어 하나라는 반성까지 하게 되었다. 또 내가 아무 생각 없이 펑펑 써대는 돈들이 알고 보면 우리 부모님께서 뼈 빠지게 하루 종일 고생해서 얻게 된 피와 땀이라고 생각하니 내 자신이 너무 한심하고 어리석기까지 했다.

어쩌면 이번 체험이 나에게 아무 의미 없을 그저 평범한 체험으로 남았을지도 모른다. 어떻게 받아들이고 어떻게 생각하느냐에 따라 그에 따른 의미가 달라지기 때문이다. 나의 단점이자 치부라고 할 수 있는 점을 리더십 체험으로 다시 한 번 자각하게 되어서 너무 뜻 깊은 체험이 된 것 같고, 나는 이제부터 쉽게 생각하고 쉽게 살아가기보다는 한 번 더 신중하게 생각하고 의미 있게 사는 사람이 되어야겠다. 체험의 본래 취지와 내가 얻게 된 바가 다를 수도 있겠지만, 나는 그저 "무언가"를 얻었다는 것에 의미를 부여하고 싶다.

4. 산악 등반체험

1) 사례 1

제목: 화랑정신을 되새기며 "선도산"오르기

1. 들어가면서

"리더십과 자기계발캠프" 수업에는 '선도산타기'라는 프로그램이 있다. 이것은 그냥 강의실에 앉아서만 수업을 하는 것이 아니라 '리더십함양'을 위해서 실제로 체험을 해 보는 프로그램이다. 여러 가지 리더십함양 프로그램이 있었지만 그 중에서 선도산을 오르는 것은 수업 중에 교수님과 함께 하는 프로그램이다. 개강하고 처음 수업을 들어갔을 때 교수님께서는 학교 뒤편에 있는 '선도산'을 등산하는 것이 수업 중에 있다고 말씀하셨고 가만히 앉아서만 수업하는 것이 아니라는 사실이 '신선하다'라는 생각을 가지기에는 충분했다.

평소에 산을 좋아하고 있었지만 시간을 내서 산을 오르지는 못하고 있었던지라 선도산 등산을 기대하고 있었고 11월 7일에 실제로 선도산을 올라가 보게 되었다.

2. 선도산이란

1) 위치

선도산은 경북 경주시 서악동에 위치하고 있는 경주시의 바로 서쪽에 자리 잡고 있다.

2) 높이

선도산의 높이는 약 390m로 낮은 산에 속한다.

3) 선도산 관련 전설

(1) 신라 건국 설화와 관련 있는 선도산 성모가 신라 개국 이전부터 이곳에 살면서 신라를 지켜주었다는 전설이 있다.

(2) 김유신의 첫째 누이동생인 보희가 어느 날 밤 선도산에 올라가 오줌을 눈 꿈을 꾸었는데, 오줌은 골짜기를 흘러내려 어느 사이에 온 경주를 덮어 버렸다. 이튿날 아침 이 꿈 이야기를 동생인 문희에게 하니 문희는 그 꿈을 팔라고 졸랐다. 보희는 문희에게서 비단을 받고 그 꿈을 문희에게 팔았다. 꿈을 사게 된 문희는 치마를 벌려 그 꿈을 사서 안았다. 문희는 훗날에 무열왕의 부인인 문명왕후가 되었다.

4) 마애삼존불상

보물 제 62호로 지정된 마애삼존불상의 크기는 본존불이 높이 6.85m, 오른쪽 협시보살이 4.62m, 왼쪽 협시보살이 4.55m이다. 본존불은 경주 주변의 석불로는 가장 큰 불상이지만 파손이 심해 조각의 세부는 물론 옷무늬마저도 판별할 수 없을 정도이다. 특히 눈의 윗부분이 떨어져 나갔고 몸의 정면에도 상하로 균열이 생겼다.

본존불 좌우에는 협시보살이 있는데, 몇 개의 조각으로 파괴되어 아래 계곡에 있던 것을 최근에 복원한 것이다. 왼쪽 협시보살은 머리에 삼산(三山)보관을 쓰고 있으며, 갸름한 얼굴에 윤곽선이 부드럽고 적당히 살져 복스럽다. 왼손은 내려서 정병을 잡고 있으며 오른손은 가슴께로 들어 손바닥을 보이고 있어 관음보살로 추정된다. 오른쪽 협시보살은 5개로 조각을 이어붙인 것으로 왼쪽 보살보다 훨씬 파괴가 심하다. 왼쪽 팔이 심하게 떨어져 나갔다. 얼굴은 왼쪽 보살과 비슷하지만 얼굴이 직사각형에 가깝다. 왼쪽이 관음보살임에 비추어 대세지보살로 추정된다. 두 협시보살의 모습은 길고 시원한 눈썹, 웃음 짓는 가는 눈, 큼직한 코, 입가에 깊이 파인 보조개, 터질 듯 부푼 뺨 등 어느 것 하나 소홀이 다룬 데가 없는 맵시 있는 조각이다.

5) 선도산 주변

선도산 주변에는 고분이 많다. 동면의 남쪽에는 태종무열왕릉을 비롯하여 김인문(金仁問)과 김양(金陽)의 무덤이 있고 태종무열왕릉과 같은 직선상에는 일렬로 4기의 고분이 있어 태종가(太宗家)의 가족묘역으로 추측된다. 이들 고분군의 북쪽 서악서원의 뒤쪽 산 허리에 또 일군의 고분군이 있는데 진흥왕릉, 진지왕릉, 문성왕릉, 헌안왕릉이라고 전하고 있으나 능묘의 양식이나 위치, 그리고 사실 등으로 미루어 믿을 수 없는 일이다.

태종무열왕릉의 북쪽 대구로 통하는 국도변에서 조금 들어간 곳에 서악서원이 있다. 서악서원은 사액서원이며 홍규공 설총, 개국공 김유신, 문창후 최치원을 위한 서원이다. 선도산의 서면, 애공사지의 서쪽에 율령정치의 실시, 연호의 사용, 불교를 공인하여 신라의 문화사에 새로운 장을 펼치게 한 법흥왕릉이 있다.

3. 선도산을 오르면서

11월 7일 오후 3시 정각에 선도산으로 등산을 가게 되었다. 본관에서 모여 스포츠수건과 생수를 하나씩 받은 후 경주대 뒤편에 있는 선도산으로 향하게 되었다. 생활체육학과 교수님과 영어과 교수님께서 함께 동행하셨다.

원석 생활관을 돌아 선도산으로 향하는 길은 도시처럼 이것저것 꾸며져 있는 것이 아니라 시골과 같이 정감이 있었다. 시골에 가면 맡을 수 있는 시골 고유의 냄새가 풍기기도 했다.

처음 선도산을 오를 때에는 한라산이나 설악산처럼 높지 않고 산의 높이가 390m밖에 되지 않아서, 그리고 대구에 있는 앞산과 같이 동네에 있는 산이기 때문에 쉽게 오를 수 있을 것이라고 생각했었다. 물론 처음에 산 입구에 들어설 때에도 그 생각에는 변함이 없었다. 산 입구에서 한 10분 정도 오를 때까지는 산책을 하는 정도의 경사였기 때문에 이 산은 쉽게 오를 수 있겠다는 생각이 들었다.

그런데 이게 웬일인가? 10분 이후부터는 산이 갑자기 경사가 심해지기 시작했다. 급경사가 조금만 올라가면 사라지겠지, 사라지겠지 하면서 올라갔지만 경사가 완만해지기는커녕 길이 더 좁아지기도 하고 낭떠러지도 생기곤 했다. 선도산을 처음에는 만만하게 생각했더니 그것이 아니었다. 길이 너무 경사가 심해서 '이게 무슨 등산인가?'라는 생각이 들었다. 처음에는 휴식 없이 잘 걷던 아이들도 급경사 앞에는 도리가 없는 듯 했다. 하나 둘씩 지치고 휴식을 취하기 시작했다.

하지만 나는 끝까지 쉬지 않고 올라갔다. 물론 다른 아이들과 마찬가지로 어딘가에서 쉬고 싶었다. 하지만 마라톤을 할 때 쉬지 않고 한꺼번에 끝까지 달려야지만 골인점에 다다를 수 있는 것처럼 이것도 한 번에 정상까지 올라가야지 한 번 쉬기 시작하면 끝까지 올라가지 못할 것 같았다. 그리고 이만한 자연현상에서 지고 싶지가 않았다. 이만한 경사도 극복하지 못하고 헐떡거리면서 휴식만을 취하려고 한다면 그만큼 의지가 나약하다는 것만을 보여주는 것 같았다. 지고 싶지가 않았다. 그래서 힘들어도 쉬지 않고 한 번에 끝까지 올라갔다.

길은 생각보다 가팔랐고, 가을이라 낙엽이 떨어져 있어서 길 또한 미끄러웠다. 그렇지 않아도 신고 있던 신발 자체가 미끄러운 재질이라서 그 다른 어떤 때보다 산을 오르는데 애를 먹었다. 길 가던 도중에 많이 미끄러질 뻔 했지만 그때마다 뒤에 따라오는 아이의 도움으로 넘어지는 불상사는 피할 수 있었다.

한참을 올라가다 보니 평지가 나오기 시작했다. 그리고 앞에서는 마애삼존불상이 보이기 시작했다. 드디어 목표까지 올라온 것 같았다. 꼭대기까지 올라오고 난 뒤에 마시는 물이 이렇게 달고 시원한지는 처음 알았다.

마애삼존불상 앞에서 인원체크를 한 후 선도산에 얽힌 전설에 대해 들었다. 전설을 듣고 난 뒤 교수님께서 이곳이 정상이 아니라면서 정상으로 가던지 아니면 경주 시내가 한눈에 보이는 곳에 갔다 오자고 하셨다. 나는 당연히 정상에 가려고 마음먹었다. 뭐든지 한 번 시작하면 끝을 봐야 하는 성격을 가지고 있었던지라 정상에 가고자 했다. 그런데 교수님께서 경주시내 한 번 보러 갔다 오라고 해서 경주시내를 보러 가기 시작했다.

경주시내를 보러 가는 길은 내리막길이었다. 선도산에 같이 올라오신 생활체육학과 교수님을 따라 내려가다 보니 경주시내를 보러 가는 사람은 나와 내 뒤에 따라오던 박영진이라는 아이 단 둘 뿐이었다. 교수님께서는 우리 두 사람 말고는 전부 정상에 간 모양이라면서 정상에는 볼 것이 하나도 없다고 하셨다. 차라리 경주시내 보는 것이 더 낫다고 하시면서 열심히 그곳을 향해 나아가셨다.

얼마 가지 않아 확 트인 공간이 하나 나왔다. 그곳에서는 경주가 한 눈에 내려다 보였다. 근 2년 동안 경주대를 다니면서 대구에서 경주를 들락날락거렸지만 한 번도 경주시내를 한눈에 내려다 본적은 없었다. 정상에서 내려다 본 경주시의 모습은 다른 말이 필요 없이 이뻤다. 선도산을 올라갔던 날이 비가 올 것 같이 흐린 날씨여서 경주시가 선명하게 보이지는 않았다. 맑은 날에 올라왔다면 좋았을 것이라는 아쉬운 생각이 들었다. 교수님께서 하나하나 가르쳐 주면서 뭐가 있는지 가르쳐 주셨다.

모형 같은 경주시를 계속 내려다보고 있는데 옆쪽에서 무언가 부시럭 거리는 소리가 났다. 고개를 돌려보니 초등학생으로 보이는 아이 2명과 그 아이들의 아버지로 보이는 사람이 우리가 있는 곳까지 올라온 것이었다. 아마도 충효동에서 선도산을 타고 올라온 듯 했다. 초등학생들은 전혀 힘들다고 우는 소리하지 않고 올라왔다. 그 모습을 보고 나니 그 아이들 보기에 민망했다. 나는 경사가 급하다고 힘들다면서 끙끙 거리면서 힘들게 올라왔는데 그 아이들은 그 힘듬마저도 즐기면서 올라온 것 같아서 부끄러웠다.

같이 올라오신 교수님께서 그만 가자고 하셨다. 좀 더 경주시내를 둘러보고 싶었지만 더 있다가는 스쿨버스 시간을 맞출 수 없을 것 같아서 사진 몇 장을 찍고 내려왔다. 경주 시내를 배경으로 내 사진도 찍고 말이다.

산을 내려가기 전에 산 정상에도 올라가 보았다. 등산을 하면 에베레스트와 같은 산이 아니고서야 정상을 올라가는게 당연하게 아니겠는가? 그런데 정상에 올라가 보니 볼 것이 전혀 없었다. 그냥 선도산 정상이라는 표시와 돌 무더기만 있을 뿐이었다. 정상이라고 하지만 정상이 아닌 것 같다는 생각까지 들었다. 아까 교수님이 말씀하신 것처럼 정상에는 볼 것이 없다는 말이 무엇인지 알 것 같았다. 만약 경주시내를 보지 않고 정상에만 올라갔더라면 후회했을 것이라는 생각이 많이 들었다.

선도산에서 내려오는 길은 올라오는 길보다 많이 힘들었다. 경사가 가파르다 보니 내려가는 것에 속도가 붙고 그러다 보니 쉽게 미끄러지고 하는 것이었다. 차라리 올라가기만 하면 얼마나 좋을까 하는 생각이 머리 속을 떠나지 않았다.

얼마쯤 내려가다 보니 경사가 완만해지기 시작했다. 그리고 주위를 둘러보니 올라갈 때는 보지 못했던 무덤들이 하나 둘씩 보이기 시작했다. 그러고 보니 선도산 주변에 많은 고분들이 있다는 사실이 새삼 다시 떠오르게 되었다. 옆 사진에 있는 무덤이 역사상 제왕의 무덤인지, 아니면 어느 누군가의 조상의 무덤인지는 잘 모르겠지만 선도산에 많은 고분이 있다는 사실을 일깨워주는데 아무런 문제가 없었다.

학교까지 무사히 도착하고 스쿨버스를 탔다. 2시간 동안의 짧은 산행이었지만 땀도 많이 나고 옷 여기저기에 흙이 묻어 있었다. 하지만 땀을 흘리고 나니 개운했다. 시간이 난다면 다시 한 번 선도산에 올라가 보고 싶었다.

4. 나가면서

학교 뒤에 아담하게 있는 선도산을 처음에는 얕잡아 보았다. 산이라고 하지만 그저 어느 동네에나 있는 산이라고 단정지었기 때문인지도 모르겠다. 하지만 선도산은 나의 예상을 깨고 만만하지만은 않은 그런 산이었다. 생각보다 길은 매우 큰 경사를 가지고 있었을 뿐만 아니라 많은 유적을 가지고 있는 산이었다.

조경학과 학생이다 보니 이런 산이 전국적으로 알려져 있지 않다는 것이 안타깝다는 생각이 들었다. 보통 사람들이 동네에 있는 아담한 산보다는 높고 이름 있는 산을 타고 싶어 한다는 것은 알고 있다. 사실 나조차도 근처에 있는 앞산보다는 팔공산, 지리산, 설악산을 더 많이 올랐으니 말이다. 하지만 선도산도 낮기는 하지만 충분히 매력적인 산이다. 완만한 등산로보다는 선도산과 같은 경사가 심한 등산로가 정상에 올랐을 때의 기분이 사람마다는 다르겠지만 정복했다는 느낌을 더 준다. 그렇기 때문에 경주시 투어에 선도산을 타는 프로그램을 만들면 좋겠다는 생각이 들었다.

그리고 선도산을 오르다보니 군데군데 낭떠러지가 보이곤 했다. 조심한다고 하기는 했지만 사람 일이라는 것이 언제 어떤 일이 일어날지 모른다. 그렇기 때문에 그런 낭떠러지에 보호난간을 설치하는 것이 어떨까 하는 생각이 든다.

산을 타는 것이 리더십함양에 어떤 도움이 될까? 하는 생각이 처음에는 막연하게 들었다. 하지만 막상 여러 사람들과 함께 산을 타다 보니 산을 타면서 서로에 대한 협동심을 느낄 수 있었다. 혼자서 가면 절대로 느낄 수 없는 그런 기분이다. 또한 완만한 산을 타서도 절대 느낄 수 없는 기분이었다.

선도산을 올라가는 날은 흐린 날이었다. 선도산을 타면서 날이 조금만 맑았으면 하는 안타까운 마음이 많이 들었다. 너무 오래간만에 산을 타서 힘들기는 했지만 산을 타면서 땀을 흘리는 것이 매우 좋았다. 지금부터라도 시간을 만들어서라도 산에 많이 올라가 보아야 겠다는 생각이 많이 든다.

2) 사례 2

제목: "오늘은 선도산 화랑캠프 가는 날"

우와!! 드디어 선도산 화랑캠프를 가는 날. 13일 오후 1시 약속된 장소에 모여서 교수님께서 나눠주신 프린트와 물을 들고 출발 !! 교실에서 하는 수업이 아니라 오랜만에 야외수업을 하니 기분이 좋았던 것 같다. 기숙사 뒤쪽을 지나 선도산 입구 도착. 사실 학교에서 나가기 직전에 선도산이 도대체 어디에 위치한 것인지 전혀 몰랐었다. 하지만 현재 살고 있는 자취방의 바로 뒤편에 선도산의 입구가 있었던 것이다. 선도산 입구에 발을 디디는 순간 우리 조원들은 교수님께서 나눠주신 프린트를 읽기 시작했다. 길지 않은 글이어서 금방 읽을 수 있었다.

380m의 산이라고 프린트에 적혀있어서 등산 같은 작은 산이라 생각하고, 겁도 없이 실컷 담소를 나누면서 열심히 올라갔다. 헉 그런데 그게 아니었다. 그렇게 만만하게 보이던 등산이 가파른 길을 뿜어내고 있는 것이었다. 그 순간 물을 계속 먹기 시작했고 앞에서 우리들을 리더하시는 교수님의 바로 뒤에 따라 선두를 달리고 있던 우리는 점점 꼴찌와의 거리가 가까워졌다. 점점 다리는 힘이 빠지고 있었고 물을 많이 섭취하는 바람에 속이 너무 좋지 않았다.

중간쯤 올랐을 즈음 몇몇 친구들이 그냥 내려가자고 차라리 다른 체험활동을 하자고 유혹? 하는 친구들도 있었지만, 그 말에 현혹되지 않고 나는 나 자신을 위해서 내가 갈 길을 당당히 오르고 있었다. 이것은 단지 수업이라서 산을 오르는 것이 아니라 나 자신과 싸움이기도 했던 것이었기 때문이다. 나 자신과의 싸움에서 승리해야 리더십이 함양되는 것이다. 그렇게 이를 악물고 다시 산을 오르려는데 같은 조원의 친구가 지쳐서 많이 힘들어 하는 것이 눈에 띄였다. 빨리 정상에 올라가 교수님께 도장을 받고 다시 내려가고 싶었지만, 이 수업은 나 자신만을 위한 수업이 아니라, 주위의 친구들도 챙기고 주위사람들과 함께 목표를 달성하는 것이 리더십 함양의 진정한 의미였던 것이다. 리더십과 자기계발캠프라는 수업은 나 자신을 위하는 것도 물론 중요하지만, 주위사람, 즉 타인을 도와 함께 목표를 달성하는 것 또한 중요한 의미라고 또한 깨닫게 해주는 수업이었다.

힘들어 하는 친구의 손을 잡고 우리의 목적지에 도착했다. 삼층석탑과 무열왕릉을 보지 못한 것으로 보아 정상은 아닌 듯 싶어 조금은 아쉬웠다.

선도산. 이 선도산에서 내려다본 경주는 매우 아름다웠다. 김유신장군의 동생 보희가 꿈에 소피를 보니 서라벌이 물바다가 되었다는 그 장소. 결국 문희에게 꿈을 팔았지만 선도산은 서산, 서술산, 서연산, 그리고 서형산이라는 또 다른 이름을 가지고 있다. 사적과 전설이 많으며 안강읍의 북방에 있는 북형산과의 대칭에서 생긴 이름이라고 한다.

우리의 목적지는 선도산 마애삼존불상 앞이었는데, 이 불상에 대해 간단히 서술을 해볼 생각이다. 선도산 마애삼존불은 보물62호(프린트에는 65호로 잘못 표기되어 있음.)는 통일신라시대 초기작품이라고 한다.

사진으로 봐도 꽤 높아 보이는 불상이다. 어마어마한 높이의 685m이며, 왼쪽 협시보살은 관음보살인데 왼손에는 정병, 오른손은 가슴께로 들어 손바닥을 보이고 있다. 가운데 본존불은 경주 인근의 석불로는 가장 큰 불상이지만 파손이 심해 판별도 어렵고 특히 눈의 윗부분이 심하게 떨어져 나갔다. 오른쪽 협시보살은 대세지보살로 마모가 심하며 왼쪽 팔이 떨어져 나간 것을 볼 수 있었다. 이 두 분 보살상은 미끈한 화강암으로 조성되었으나 바위의 질이 좋지 않아 잘 떨어져 나가는 것을 알면서도 이곳까지 옮긴 것은 바로 믿음과 결단이 있었던 것 때문이 아닐까 라는 생각이 든다.

불상 앞에서 조금 숨을 돌린 뒤, 다음 수업 때문에 급하게 산을 내려갔다. 산을 내려가면서 올라올 때 힘들어서 미처 보지 못했던 주위를 돌아보며 여유 있게 내려왔다.

처음 산을 오를 때 힘이 들어 포기하고 싶기도 했지만 나보다 더 뒤처진 친구를 위해서라도 내가 그 친구 손을 잡고 목적지까지 오르는 것이 리더십이라고 나는 깨달았다.

대학 수업중에서도 색다른 체험활동이었던 것 같고, 기회가 된다면 미처 가보지 못한 삼층석탑과 무열왕릉을 가볼 생각이다. 그리고 또 기회가 된다면 리더십과 자기계발캠프 수업처럼 참여가 활성화된 수업이 많았으면 좋겠다.

참고문헌

김대규 외, 교양인을 위한 리더십, 학문사, 2006.
김대규 외, 리더십, - 무한경쟁시대를 대비한 자기혁신 프로그램-, 삼우사, 2001.
김대규, 이준한, 정기억, 디지털시대의 리더십, 삼우사, 2004.
김영천, 전략적 리더십의 비밀, 한울출판사, 2007.
김위찬, 르네 마보안, 강혜구 옮김, 블루오션 전략, 교보문고, 2005.
로버트 슬레터, 형선호, 잭웰치 최후의 리더십, 명진출판, 2001.
로저본 외흐, 정주연 옮김, 생각의 혁명 Creative Thinking, 에코리브르, 2002.
박형미, 벼랑끝에 나를 세워라, 맑은소리, 2004.
버락 오바마 지음, 이경식 역, 내 아버지로부터의 꿈, 랜덤하우스코리아, 2007.
버락 오바마 지음, 임재서 옮김, 사람의 마음을 얻는 말, 중앙북스, 2008.
버락 오바마 지음, 홍수원 옮김, 버락오바마 담대한 희망, 랜덤하우스코리아, 2008.
브라이언 트레이시 지음, 정범진 옮김, 목표 그 성취의 기술, 김영사, 2003.
블랜차드 외 지음, 조천제 옮김, 칭찬은 고래도 춤추게 한다, 2002.
쉐럴 리처드슨, 나선숙 옮김, 네 자신의 편에 서라, 베텔스만, 2002.
스티븐 샘플, 표완수, 창조적인 괴짜들의 리더십, 김영사, 2003.
스펜스 존슨, 이영진, 누가 내 치즈를 옮겼을까? (주) 진명출판, 2000.
신완선, 컬러리더십, 더난출판, 2002.
앨고어, 진대제 외, 유비쿼터스의 최전선, 미래 M&B, 2005.
장영희, 문학의 숲을 거닐다, 샘터, 2005.
정진홍, 감성바이러스를 퍼뜨려라, 위즈덤하우스, 2002.
정창덕, 유비쿼터스 리더십, MJ 미디어, 2005.
제임스 C. 헌터, 서번트 리더십, 시대의 창, 2002.
조윤경, 새로운 문화 새로운 상상력, 이화여자대학교 출판부, 2006.
존 맥스웰, 강준민 옮김, 리더십의 법칙, 비전과 리더십, 2008.
최정우, 발상의 전환이 세상과 인생을 바꾼다, 새로운 사람들, 1999.
카즈아키 카토우 지음, 박경란 옮김, 코칭 리더십 요럴땐 요렇게, 영진미디어, 2007.
코라베서, 홍명희 옮김, 당신에게는 자신도 모르는 창의력이 있다, 생각의 나무, 1998.
팻맥라건, 윤희기 옮김, 바보들은 항상 결심만 한다, 에문, 2002.
하타무라 요타로 지음, 정택상 옮김, 失敗學-실패를 감추는 사람, 실패를 살리는 사람-, 세종서적, 2001.
M.스캇 펙 지음, 김영범 옮김, 끝나지 않은 여행-아직도 가야 할 길, 열음사, 2003.

찾아보기

[인명]

[내용]

ㄱ

ㄴ

ㄷ

ㄹ

ㅁ

ㅂ

ㅅ

ㅇ

저 | 자 | 소 | 개

■ **김대규**

한국교원대학교에서 교육학 박사를 취득하고 경주대학교 교양과정부 교수로 재직하였다. 재직 중, 창의력 및 리더십개발 연구소 소장 및 학생생활관 관장 등 학교보직을 비롯하여, 민주평통 자문위원과 통일교육위원, 민주시민교육 위원을 역임하였다. 주요 저서로는 『무한경쟁시대에 대비한 리더십』, 『디지털시대의 리더십』, 『교양인을 위한 리더십』, 『웹 2.0시대 인간성회복을 위한 H&C 리더십』 등이 있으며, 「리더십교과 운영의 학업성취도 분석과 개선방안 연구」와 「리더십 教育의 必要性과 深化를 爲한 考察」 등 '리더십' 관련 다수의 논저가 있다.

교양인을 위한

휴먼 리더십 이론과 실제

1판 1쇄 인쇄 – 2019년 8월 20일
1판 1쇄 발행 – 2019년 8월 26일

저 자 - 김대규
발 행 인 - 강철원
발 행 처 - 양성원
주 소 - 경기도 파주시 검산로 173번길 29-20
전 화 - 031-946-3861(代)
팩 스 - 031-946-3864
이 메 일 - tnwpub@naver.com
홈페이지 - tnwpub.co.kr
출판등록 - 2015년 8월 31일 제 2015-000211 호

ISBN 979-11-6126-192-8

정가 18,000원